不正選挙

電子投票とマネー合戦がアメリカを破壊する

マーク・クリスピン・ミラー 編著
大竹秀子／桜井まり子／関 房江 訳

LOSER TAKE ALL
Election Fraud and The Subversion of Democracy
Mark Crispin Miller

亜紀書房

不正選挙
電子投票とマネー合戦がアメリカを破壊する

目次

LOSER TAKE ALL
edited by Mark Crispin Miller

不正選挙

電子投票とマネー合戦がアメリカを破壊する

凡例——※は原書の脚注を、傍注は原注を、（　）内のゴシック体小文字は訳者による訳注を示す。

序論

コモン・センス

マーク・クリスピン・ミラー

ブッシュ政権が法の支配について独特な考えを持っており、特にアメリカ合衆国憲法に対して反動主義的な怨念を抱いていることは、長年にわたる公然の秘密だった。こんなに極端な過激思想が公然の秘密にとどまったのは社会的に権威を持つエスタブリッシュメント――すなわち報道機関、（ごく少数の例外を除いた）民主党員、及び共和党のはぐれ者たち（中道派、リバタリアン、終末論にくみしない福音派など）――がこぞって恭しく沈黙を守り、ブッシュ/チェイニー・チームに関する不安を口にしなかったからだ。「ビッグマネー」がブッシュ一派の仕事を気に入っていたため、エスタブリッシュメントもその非アメリカ的な活動を大目に見ることにしたのだ。だがその間にも、ブログ・コミュニティや独立系ラジオ（及びプログレッシブなラジオ・ネットワーク局エア・アメリカのいくつかの番組）、名もない白熱したフォーラム、そしてまた、茶の間や無数の私的な集まりは、この話題でもちきりだった。

だが二〇〇五年になると、「リベラル・メディア」や両党の主要メンバーの中にも、「ブッシュ一味」はアメリカ合衆国の独立革命の精神を根底的に裏切っていると指摘する者が出るようになった。とはいえ、批判は概してあまりにも甘く、指摘する対象も限られていた。遅まきながら政権を批判してはみたものの、たった一つのスキャンダルを激しく非難しては（他の同じくらい、あるいはもっと悪質なものを無視し）、まるで何事もなかったかのように次に移ってしまい、「点と点をつなげて」打撃的な大事件に仕立てあげるという、トマス・ペインが生きていたら必ずやったに違いない試みを行おうとはしなかった。(※) その上、この時機を逸した批判の多くは、イラク侵攻後のバグダッドやハリケーン・カトリーナ前後のニューオーリンズで見られたようなブッシュ一味の「無能力」をやり玉にあげるばかりで、ブッシュ一味が憲法を公然と無視していることを問題視しなかった。この手の苦情だけでは、ブッシュの問題、ひいてはアメリカの問題は、単に技術的なマネジメントの問題にすぎないように見えてしまい、市民に関する問題、ましてや政治問題であることが伝わらない。

とはいうものの、不十分でまとまりがなかったとはいえ、こうした批判はブッシュ一味による憲法への大規模な攻撃に注意を怠ってはならないことを、我々に警告してくれた。アメリカ大統領を法を超越した皇帝に仕立てあげようとするディック・チェイニー副大統領のあからさまな動きに、ついに報道機関と上院、特に共和党議員たちが「〈権力の〉抑制と均衡」を求めて声を上げたのだ。ブッシュは「抑制と均衡」をあらゆる局面で、あらゆる手を使って破壊していた。彼は外交・内政の両方で議会に諮ることなく政策を実行していた。これまでにない数の「署名見解」（アメリカで大統領が法案に署名する際、その法案に関する意見を添付し公式表明することがある。ブッシュ時代には、そこに記された解釈や指示が法案の修正になりかねない規模に及んだとして物議をかもした）を発行し、法律を曲げたのだ（オンライン・ニュースのロー・ストーリー誌によれば、その数は一一〇〇回にのぼる。これは歴代の全大統領が行った署名見解の二倍にあたる）[1]。反響はさほどなかったが、エスタブリッシュメントの間でもブッシュ政権による市民の自由の広範な侵害について抗議が巻き起こった。異端児のアーレン・スペクター上院議員は、基本的な権利である「ヘイビアス・コーパス（人身保護令状）」（当局により不当に拘禁されている者の身柄の解放を求める令状）を擁護した。また大勢の人たちが（つかの間ではあったが）、ブッシュ／チェイニー・チームによる、電話やメール、図書館や学校への大がかりな監視は、合法的な理由のない捜索や逮捕・押収を禁止する憲法修正第四条に違反するとして、抗議の声を上げた[2]。

　ブッシュ／チェイニー・チームは、「テロへの戦争」に関する重要な情報を引き出

（※）もちろん、特筆すべき例外もあった。上院ではロバート・バード議員、下院ではジョン・コンヤーズとロン・ポール両議員、そしてメディアでは（と言っても実はマスコミの本流ではないのだが）公共放送PBSのビル・モイヤーズ、ニューヨーク・タイムズ紙のポール・クルーグマンとボブ・ハーバート、MSNBCの稀少な存在、キース・オルバーマン、そしてコメディ・セントラルなどで皮肉たっぷりに愛国的な論をとうとう論じて風刺するスティーブン・コルベアなどである。

すためと称して、海外で「拘留者」に対して日常茶飯事のように拷問を行っていたが、これも著名なジャーナリストや特定の政治家たちから糾弾された。[3] 拷問では偽の「自白」しか得られないというだけでなく、「残酷で異常な刑罰」を禁止する憲法に違反する野蛮な行為だというのが、糾弾の理由だった（ちなみに、九・一一事件以来、アメリカで急増している警察によるテーザー銃の使用も「残酷で異常な刑罰」だ）。またブッシュ政権が、「キリスト教右派」と呼ばれる人々が推し進める神権政治を奨励し、憲法修正第一条で規定された「国教樹立禁止条項」（信教の自由に鑑み、憲法は国教を樹立することを禁止している）に公然と対抗していることについては、主流派と言われる人々からも激しい抗議の声が上がった。USAトゥデイ紙は早くも二〇〇三年一月、「ブッシュ政権のアジェンダ――教会と国家との境界線で綱渡り」という分析記事を掲載したが、キリスト教保守派の改革運動はその後も続々と繰り広げられた。[4] たとえば、生命維持装置によって生かされていた女性、テリ・シャイボの尊厳死をめぐる裁判が開かれた時、装置の取り外しに反対して「テリ・シャイボを救え」運動が起こったし、公立校のカリキュラムに創造説（「インテリジェント・デザイン」説〔進化論に反対し、知性ある何かによって宇宙の精妙なシステムが設計されたとする説〕）の導入が強要された。また（効果がないと分かっている）禁欲を基本にした性教育を義務づけた。最悪の例は、米軍基地や士官学校を暴力的なキリスト教福音主義の拠点にしようとしたことだ。だが、いずれにも反対の声が巻き起こった。

このような遅まきながら起きた主流派の抗議や数々の批判的な報道は、概して微力で断続的ではあったが、一流の書籍と映画が多数登場したことで勢力を増した。アメリカの共和制の伝統に対するブッシュ一味の攻撃に手加減なく立ち向かったこうした作品こそ、真の意味で愛国的だ。そのような作品は多数に上り、全ての名をあげることはできないが、欠くことのできない存在だった。たとえば、映画「レンディションン」やドキュメンタリーフィルム「闇へ」は、アメリカ政府による拷問がもたらす惨事を生々しく暴き出し、テレビドラマ「ロー&オーダー」と「ザ・ホワイトハウス」のいくつかのエピソードも、このテーマを取り上げた。特に「ザ・ホワイトハウス」は、憲法に対するブッシュ／チェイニー・チームの犯罪の多くをすっぱ抜いた。アメリカの神権政治運動（最近は指導者を欠いているものの死に絶えたわけでは毛頭ない）にメスを入れた説得力ある書籍も数冊生まれた。ミシェル・ゴールドバーグの *Kingdom Coming*（『王国の到来』）、ケビン・フィリップスの *American Theocracy*（『アメリカの神権制』）、デイモン・リンカーの *The Theocons*（『セオコン』）、そしてキリスト教保守派民兵組織の危険をテーマにしたジェレミー・スケイヒルの *Blackwater: The Rise of the World's Most Powerful Mercenary Army*（『ブラックウォーター　世界最強の傭兵軍の勃興』）などだ。ブッシュ政権がもたらすあからさまなファシスト的脅威を、単刀直入かつ綿密に指摘した本もある。ナオミ・ウルフの *The End of America*（『アメリカの終焉』）、ジョー・コナソンの *It Can Happen Here*（『ここでも起こりうる』）、ジョン・ディーンの *Conservatives Without Conscience and Broken Government*（『良心を欠いた保守派と壊れた政府』）、クリス・ヘッジズの *American Fascists*（『アメリカのファシスト』）、アル・ゴアの『理性の奪還』などである。こういった大胆な作品はテレビやラジオを通して反響を生み、このようなことがアメリカでも起こりうること（アメリカ合衆国建国の父たちにはそのことがよく分かっていた）、そして実際には、しばらく前から起こり始めていたことを明らかにした。

＊＊＊

アメリカにファシズムが到来するなどという考えを、エスタブリッシュメントの守護者たちはもちろん即座に笑い飛ばす。そんなことはこの国では起こりえないと信じているからだ。（エスタブリッシュメントに言わせれば）ここは民主主義の国、それも有史以来最も偉大な民主国家なのだ。メキシコやパキスタンやケニアのようなすぐに火の手が上がる後進的で混沌とした民主国とは一線を画し、はるかに整然として洗練された民主主義国なのだ。だから、今のホワイトハウスがどんなに羽目を外していようが、それが積もり積もって意識的で組織的な反民主的な動きになるなどありえない。なぜなら、アメリカ合衆国の民主主義は完璧だからだ。こんな思い込みがあったからこそ、ブッシュ／チェイニー・チームは自分たちの言葉が法であり、自分たちは神から権威を授かっていると主張して、好き勝手な戦争を始めても許された。そしてそれを自由自在に長引かせ、誰でも思うままに拘束して拷問し、国民全員を完全かつ永続的な監視の下に置き続けた。権威をふりかざすその主張の一つ一つがどんなに理解に苦しむものであろうと、それが積み重なってアメリカの民主主義を否定することはありえないし、そんなことが起こると口にするなど正気の沙汰ではない、と見られていたからだ。

こうした楽観論のために、ブッシュ／チェイニーによる統治の重大な一面がエスタブリッシュメントの目からかき消された。「リベラル・メディア」と二大政党に言わせると、アメリカ市民社会の展望には、異様に大きな明るい材料が存在する。国政選挙だ。この暗い新ミレニアムの時代において、アメリカでは選挙以外のあらゆる民主制度が腐敗し、機能不全に陥っている。たとえば、不正行為や賄賂、縁故主義、密かに行われるプロパガンダ、警察の蛮行、極端な司法積極主義（司法、特に最高裁判所が憲法判断に関して法令を過大解釈することにより事実上の立法や行政の機能を果たすこと）などの横行だ。しかし、二年に一度の選挙はいつも正直であり続けてきた、とエスタブリッシュメントは主張する。確かにいくつかの機械で誤作動が起きたし（コンピューターは予測がつかないことをするものだ）、管理上の混乱（投票所で働くお年寄りの中には頭の回転が遅い人もいる）もあった。「どちらの党も」**いくつかの**（ささいな）悪事を働いた。それについては疑いの余地はない。だが報道機関によると、二〇〇〇年やそれ以降も集計結果を変えるような大規模な悪行がなされた証拠は、一切ないという。

まず、ブッシュがアル・ゴアを打ち負かし、第四三代アメリカ大統領に就任した二〇〇〇年の選挙を（リベラル・メディアの言い分に沿って）見てみよう。確かにあの時、最高裁が手集計を停止させた。それは不当な決定だったかもしれない。そして、最高裁によるブッシュ対ゴア判決の論旨はいかにも奇妙だった。だが最終的には全ての票が数えられ、その結果、至極僅差とはいえブッシュの優勢が決定的になった。その大きな原因は、もちろん、ラルフ・ネーダーが特にフロリダ南部で命運を左右する票をゴアからさらってしまったためだ。民主党は二大政党にくみしない偏屈な「スポイラー」（二大政党による政権支配を事実上の前提として築かれているアメリカの大統領選挙制度で、独立系や第三政党の候補が選出されることは不可能に近い。そのため、勝ち目はないが一定数の支持者を持つネーダーは、民主党候補の票を奪う者として恨みをかった。実際に二〇〇〇年の選挙ではフロリダ州やその他の州で、ネーダーはブッシュとゴアの票差を上回る得票数を得ていた）と、ガタが来ている二層式の選挙制度（アメリカの大統領選挙は形式上、間接選挙である。一一月の選挙で有権者の投票は州ごとに集計され、大半の州では一位の票を獲得した候補がその州の全ての選挙人票を獲得する「勝者独占」方式を採る。当選者は事実上、この時点で判明する。これを受けて選挙人による選挙が一二月に行われ、翌年一月に上下両院議員の前で投票が開封され、大統領選が正式に終結する。この二層システムのため、全国の総投票数でより多く得票しても、選挙人の獲得数で当選できないことがある）の挟み撃ちに遭って敗北したのだ。ゴアは投票者の全国総得票数ではブッシュをしのいでいたにもかかわらず、選挙人獲得数で負けた。民主党は現場でも、選挙後の三六日間に及ぶ乱闘を通して、目端が利くブッシュの手先たちに裏をかかれ続けた。ゴア陣営は（ワシントンで）寝ている間に（あるいは日帰りバケーションのようにフロリダとの間を何度も往復している間に）、共和党の工作員によって挽回のあらゆる機会を奪われたのだった。

次の国政選挙は二〇〇二年一一月五日の中間選挙だった。ここでもブッシュ／チェイニーの政権党である共和党が勝利をおさめた。特に上院では、二〇〇一年五月にバーモント州のジム・ジェフォーズ議員が、共和党の強硬右派路線に抗議して離党して以来、共和党は少数派となっていたが、この選挙で余裕ある多数派の座を占めるようになった。これは、予期せぬ勝利が重なったためだ。ジョージア州ではサックスビー・チャンブリスがマックス・クリーランドを、コロラド州ではウェイン・アラードがトム・ストリックランドを、ニューハンプシャー州ではジョン・スヌヌがジーン・シャヒーンを、ミネソタ州ではノーム・コールマンがウォルター・モンデールを破った（モンデールは、人気候補者だったポール・ウェルストーンが選挙キャンペーン中の一〇月二五日に飛行機事故で死亡したため、その代理として担ぎ出された）。この四つの勝利はいずれも、世論調査専門家を驚かせるものだった。大半の調査で民主党が数ポイントもリードしていたからである。開票結果を受けて報道機関は、この圧倒的な勝利はブッシュ陣営、特にカール・ローブの巧みな選挙戦略の成果だと歓声を上げた。特に、タイム誌などはローブを「中間選挙のエース」と持ち上げた。(※)(5)

ローブの見事な策略に報道機関は圧倒された。ニューヨーク・タイムズ紙のエリザベス・ビューミラーとデイビッド・サンガーは「戦略家」と題した熱狂的な分析記事を書き、「投票用紙のどこにも彼の名前はない。だが、ホワイトハウスの『ウェスト・ウィング（西棟）』の黒幕カール・ローブは、長年にわたってジョージ・W・ブッシュと共和党を政権の座につけるべく策をめぐらし、二〇〇二年の中間選挙で最大の勝利者の一人として頭角を現した」と絶賛した。(6) ローブは選挙戦最後の二、三日間にわたり、ブッシュを一万マイル一七都市一五州の集中キャンペーンに送り出した。ミネソタ州では選挙直前に飛行機事故で亡くなったウェルストーン民主党上院議員の追悼会に集まった人々が（少数党院内総務として上院でリーダーだった共和党上院議員）トレント・ロットに向かってブーイングを行ったことをあげつらい、参会者たちを攻撃する激しいプロパガンダ作戦を繰り広げた。ジョージア州では民主党のマックス・クリーランドを、国土安全保障省の創設に楯突いた裏切り者とする中傷キャンペーンで攻撃した（そしてこの戦術で、共和党のサックスビー・チャンブリスを上院に送り込んだ）。ローブはその他にも、数え切れないほどの悪賢い手口で選挙の天才として得点を稼ぎ出した。

それから二年後の二〇〇四年一一月二日、ブッシュ／チェイニーは、高い不支持率にもかかわらず、またしても勝利した。加えて、この時ブッシュは、総得票数でも「圧倒」し、四年前の勝利よりも一一〇〇万票得票数を伸ばし、三〇〇〇万票の差でケリーを破った。もちろん選挙人の数でも勝利したが、一一万八〇〇〇票差で辛勝したオハイオ州での劇的な結果が大きかった。オハイオ州での勝利とブッシュ／チェイニーの全国的な大躍進は、キリスト教右派の空前の高投票率によるものだという説が、エスタブリッシュメントの間で幅をきかせた。この説によるとオハイオ州をはじめ、どの州でも有権者を投票所に駆り立てたのは主に「道徳的価値観」、とりわけ同性婚への嫌悪、さらにはテロへの恐怖だった。「信仰に根ざした」票のこの巨大な波は、再選された大統領に彼の計画をさらに進める権限を与えた。選挙終了後二日目、ブッシュはこれらの票を「政治的財産」と呼んだ。オハイオ州での共和党による違法行為に対して告発が数件あったが、負け惜しみか、願望に根ざした妄想家の思い込みにすぎないとエスタブリッシュメントは一蹴した。たとえば、オハイオ州では開票結

（※）この結果は、他の点でも奇妙だった。まず何よりも与党が中間選挙で議席を増やすのは異例のことだ。また、一一月後半のハリス世論調査は、共和党が上院で議席を伸ばしたにもかかわらず、有権者の両党への評価にはさして変化が見られないのは特異な現象だと指摘した。「この調査ではまた、大統領、上級閣僚、そして連邦議会の両党への評価は一一月の大統領選前と実質的に変わっていないというかなり驚くべき結果も出ている。シャーロック・ホームズの有名な『吠えなかった犬の推理』のように、これは通常の予測とは異なっている。普通に見れば、この年の選挙で共和党が手にした際立った勝利は、勝者の人気を勢いづけるもののはずだ。だが一〇月以来、実質的に何の変化も見られない」(7)

果と出口調査との差がさんざん取り沙汰されたが、結局、出口調査の間違いとされた。

共和党の選挙違反説は、二〇〇六年の中間選挙で民主党が勢いを盛り返したことで立ち消えになった。確かに、もしブッシュの党が不正行為で選挙結果を覆す力を持っていたなら、民主党はブッシュを支持する六人の現職上院議員を打倒することはできなかったに違いない（バージニア州のジョージ・アレンやペンシルバニア州のリック・サントラムなどが、この選挙で敗れた）。また、下院でも二九議席を獲得するという驚異的な結果をあげることはできなかっただろう。（ブッシュも認めたように）共和党が民主党に「惨敗」したのは間違いない。メディアはラーム・エマニュエルとチャック・シューマー（それぞれ、民主党の下院と上院の選挙対策委員長だった）に、この大勝利をもたらした「設計者」と賛辞を贈り、今や用済みのカール・ローブを持ち上げた時と同じように書き立てた。ローブ自身は相変わらず驚くほど楽観的だったが（「共和党の哲学は健在で、二〇〇八年には多数派として再登場する」とローブはワシントン・ポスト紙に語った）、メディアはこぞってブッシュ／チェイニーの時代は終わったと主張した。[8] 民主党は「今では同等の権力を持つパートナー」（ニューズウィーク誌エレノア・クリフトの記事）になり、「リアリストたち」が仕切るようになったのだ（タイム誌ジョー・クラインの指摘）。[9] ニューヨーク・タイムズ紙のマット・バイは、民主党議会キャンペーン委員会のオフィスに赴いた際、「若い側近たちが、ホワイトボードを消してはマーカーで最新の当選者数に書き換えているのを見て、ワシントンに残っていたブッシュの影響力が消されていくのを見る思いがした」と評した。[10]

こうして見てきたように、二〇〇〇年以来、全ての国政選挙で「システムはきちんと機能してきた」はずだった。実際、メディアはそのような物語を語り、共和・民主両党も、それを繰り返した。左派でさえ、異論を唱えたのはごく少数の例外にすぎなかった。ブッシュの再選が正当だったか否かに関して熱い議論を戦わせたのは、ネイション誌、マザー・ジョーンズ誌、サロン、トムペイン・ドットコム、マイケル・ムーアなどだった。しかし、ブッシュ／チェイニー・チームによる憲法改変の過激な動きを厳しく批判するジョン・ディーン、クリス・ヘッジズ、ジョー・コナソン、切れ者のナオミ・ウルフといった人々もみな、暗黙にではあれ「選挙システム自体は健全だ」というメディアが流す話を追認した。そして驚いたことに、アル・ゴアまでもが、共和党は選挙で公明正大にプレーしたと信じている節がある。自分自身はもちろん、（もっと重要なことだが）彼に票を入れようとした有権者に対して、共和党から「不合理な攻撃」を浴びせられたゴアにして、である。国を愛するこのような人々でさえ、選挙というテーマについては一言も語らないか、国民はブッシュとチェイニーを選んだのだと不本意ながらも認めている。

要するに**誰もが**、この公式の物語に同意している（ように見える）。多くの善良なアメリカ人に心地よい物語が、今では真実のように聞こえる――そしてこれは無理もないことであり、同時に非常に恐るべきことである。なぜなら耳慣れたこの物語は偽りで、どの主張も誤認か誇張か、あるいは的はずれだからである。そしてこれに対する反論が、「真っ赤な嘘」か野蛮な妄想に聞こえるとしたら、それは、この反論が裏付けとなる証拠を欠いているからではない。本書に掲載されている数々の著述（そしてこれまでに著された多くの書籍）が明らかにするように、ブッシュ／チェイニー・チームがアメリカの選挙を転覆させたことを示す確たる証拠は増え続けている（受動的とはいえ、民主党もその片棒を担いだ証拠もある）。反論が偽りに、公式の物語が正当に聞こえるのは、真実は権力を持つ多くの利害関係者にとって不都合であり、さらには我々、あるいは我々の一部にとって耐えがたいものだからだ。

　報道機関がこの真実に恐れをなしたのは確かだ。メディアの人々は、まるで上流階級の上品なディナーのゲストが、キッチンからの叫び声や銃声にノーコメントを決め込むように、一貫してそのような真実はないかのように振る舞ってきた。ゴアがフロリダで「敗北した」例を取り上げてみよう。デイビッド・W・ムーアとランス・ディヘブン－スミスが本書で改めて語っているように、実際には、ゴアはフロリダで**勝利していた**。このことは（シカゴ大学の）全国世論調査センター（NORC：National Opinion Research Center）の多額の費用をかけた調査で発見された。同センターのアナリストたちは丁寧に**一票一票を数えた**のだ[11]（マイアミ・ヘラルド紙も独自の調査でゴアが勝利したことをつかんだ）。ところが、同センターが九・一一同時多発テロ事件から二カ月後に調査結果を公表した時、報道機関はこれでブッシュの勝利が公的に確認されたと報じた――つまりは、都合のよい解釈をしたのだ。これにより、ブッシュの共和党は無罪放免となり、最高裁の介入に関する議論は意味を失った。

ニューヨーク・タイムズ紙は、「争点となったフロリダの投票調査、最高裁の判定は選挙結果に影響なし」⑿と書いた。ワシントン・ポスト紙は「票の再集計、ブッシュが優勢」⒀、ウォール・ストリート・ジャーナル紙は「選挙再検証　最高裁の後押しなしにブッシュ当選」⒁、ロサンゼルス・タイムズ紙は「調査結果　再集計でブッシュが十分な票を得ていたことが判明」⒂、CNNドット・コムは「フロリダ再集計調査ブッシュ勝利に変化なし」⒃と報じた。祝辞を述べたのは企業メディアにとどまらなかった。たとえばセントピーターズバーグ・タイムズ紙は、「票集計　ブッシュ」⒄と簡潔な見出しで決めた。これで分かるように、ブッシュに軍配を上げたのはマスコミだった。明らかな証拠を確かに「報道」したものの、フロリダの勝利者がゴアであり、ゆえにアメリカ合衆国の正当な大統領はゴアだったという恐るべき真実を記事の奥底に隠し、闇に葬ったのだ。

おそらくジャーナリズムによるこのようなフィクションは、「対テロ戦争」に（無意識に）左右されていた。「我々市民」が、ブッシュは我々の大統領だと考えていなければ、ブッシュにここまでしてやられることはなかっただろう。だが、そのような策略だけでは、なぜジャーナリストたちが、ゴアはフロリダで敗れたと主張し続けるのか説明がつかない。ゴア敗北の神話は奇妙なほどに揺るがないのだ。ニューヨーク・タイムズ紙のウォルター・ギブズとサラ・ライオールは、「二〇〇〇年の錯乱した大統領選でのゴアの敗北」を回想したし、ウォール・ストリート・ジャーナル紙のジャッキー・カームズは、「米最高裁の裁定後、ゴアは選挙人数で敗北した」と主張し、ワシントン・ポスト紙のピーター・ベイカーは、「この格闘の勝者がホワイトハウスを掌握し、戦時の指導者となり、今では苦闘に満ちた大統領職の最後の年に向けて邁進している。敗者は、慎重な政治家からアクティビストの英雄へと自己改革し、今では平和の人として称賛されている」と、英雄的な回想録を展開した。[18] ジャーナリストの中には、さらに進んで歴史を改竄する者も出た。ロサンゼルス・タイムズ紙のマイケル・フィネガンは、こう書いた。「ゴアは、延々と続く熱い物議を呼んだフロリダでの票の再集計の末、選挙人の数で大統領選に敗れた。再集計の可否は最高裁にまで持ち込まれたが、再集計により、ブッシュが得票数六〇〇票未満の差で同州を制覇した」。これこそ、まさにニュースだ。フロリダで唯一、票の再集計が行われたのは、最高裁によるブッシュ対ゴア判決から何カ月も後のことであり、その結果、ブッシュの敗北が「確定した」のが事実だからだ。

公式の説明とは異なり、ブッシュ／チェイニーの二〇〇〇年一二月の「勝利」は、即興的な出来事ではなく、長期にわたる共和党の陰謀の結果だった。ランス・ディヘブン－スミスが本書で明らかにしているように、陰謀以外の何物でもない。ブッシュ一味は票が実際に数えられる前に、陰で不正に民主党票を大幅に削減した。首謀者はブッシュ大統領の弟で当時フロリダ州知事だったジェブ・ブッシュと、同州の州務長官キャサリン・ハリスだ。この二人が共謀して様々な手を使い、最終的に集計される（またはされない）票の数を削減した。この陰謀は、アメリカ公民権委員会による正式な公聴会で暴露されたが、報道機関はこの調査結果を完全に無視した（BBCのグレッグ・パラストは、ブッシュ／チェイニーとブッシュ／ハリスとの結託を暴いた唯一のジャーナリストだった）。この工作を操作したのは主にジェブ・ブッシュだったが、彼はそれにとどまらず、二〇〇〇年一一月七日の投票日に兄ジョージを自らの手で勝者に仕立て上げた。トップレベルの世論調査員であるデイビッド・W・ムーアは、選挙当夜、前線の真っ只中に身を置いて一部始終を目撃した。データの裏付けは皆無だったにもかかわらず、ジェブ・ブッシュがそう発言したというだけの理由で、FOXニュースやその他のネットワーク局、そして選挙戦の出口調査を行う統計専門家集団「ボーター・ニュース・サービス（VNS）」までもが、「ブッシュが勝利した」と公式報道を行ったのだった。

この選挙の真相を追及する気もなかったマスコミは、数万人のフロリダ州民が公民権を剥奪されたことを無視した。ジェブ・ブッシュは、自分の息がかかった者を組織的に動員し、先手を打って投票を阻止したり票の改竄や破壊を行ったが、報道機関はそれ以外の票のみに注目した。かくしてジャーナリストたちは真相を無視し、ラルフ

・ネーダーがスポイラー役を演じたという表面的なドラマばかりを騒ぎ立てた。的はずれなだけでなく、あまりにも単純化された議論だったが、多くの民主党員はいまだにネーダーに恨みを抱いている。だが、たとえラルフ・ネーダーの存在がなかったとしても、ブッシュ・チームはこの選挙に「勝った」だろう。ジェブの作戦組織は、兄ブッシュが勝利して任務が完了するまで、ジョージ・ブッシュのために票を掘り出し続けたに違いないからだ（ネーダーがいなければその票がゴアに回ったという証拠はほとんどない）。要するに、ネーダーの立候補はブッシュの集票組織の違法行為をマスコミの目から隠すことになったと同時に――もっと重要なことに――ゴア「敗北」の絶好の**論拠**として利用されたのだった。

フロリダ（二〇〇〇年大統領選）以降も、ブッシュ共和党は票を盗み続けた。だが、報道機関（と民主党）は、犯人である共和党が辻褄合わせに仕立てた作り話をそのまま採用し、手をこまねいていた。ブッシュとローブが「中間選挙を席巻した」二〇〇二年の番狂わせの大勝を見てみよう。ロバート・F・ケネディ・ジュニアは本書で、ジョージア州で再選を目指した民主党候補二人の選挙結果には疑惑があるとし、その理由を指摘している。マックス・クリーランド上院議員とロイ・バーンズ知事が二人とも予期せぬ敗北を喫したのだ。ジョージア州におけるこの二つの番狂わせとその他の民主党員の落選は、民主党が圧倒的に強い二つの郡で起きた。そこでは五〇〇〇台あまりのディボールド社の電子投票機に、認可を得ていないソフトウェア・パッチが陰で違法に導入されていたのだ。ジョージア州の投票システムを事実上管理していたのがディボールドだったことを記者たちは報道せず（おそらく知らなかったのだ）、逆転の理由として二つの点をあげた。いずれの主張にも証拠のかけらもなかったが、彼らにとっては好都合だったために通用することになった。まずクリーランドの敗北は、彼が国を裏切ったと巧妙に告発する広告のせいにされた（クリーランドはベトナム戦争で両脚と片腕を失った英雄として人気があり、選挙の直前まで五ポイントリードしていたが、七ポイント差で敗北した）。一方、バーンズの落選はもっと劇的だった。選挙前には一一ポイントもリードしていたが、五ポイントの差で敗北した。これは、州旗を州民に愛されている南北戦争当時の南部の旗から変更したことで、無数のジョージア州民を激怒させたためであるとされた（ニューヨーク・タイムズ紙は、州全土に広がっていた「非常にプライベートな」恨みが世論調査に一切、反映されなかったこと自体が驚きだと報じた(19)）。

その年、ディボールドの投票機は、ジョージア州以外でも使われた。コロラド州では、直前の世論調査でトム・ストリックランドより九ポイント低かったウェイン・アラードが五ポイントの差をつけて勝利し、ニューハンプシャー州では、ジーン・シャヒーンより一ポイント低かった共和党のジョン・スヌヌが五ポイント差で勝利した（スヌヌは、マンチェスター市や他の市で共和党全国委員会が行った電話妨害作戦にも助けられた。共和党の工作員たちは民主党が電話で行っている投票推進運動に対抗し、〔民主党の回線が集中するコールセンターに〕電話を八〇〇本以上かけて妨害した。ロビイストのジャック・エイブラモフが、自分のクライアントである先住民チョクトー族からだまし取った資金で仕掛けたようだ）。ミネソタ州ではディボールドの機械は使われなかったが、同州におけるノーム・コールマンの当選にも疑問がある。コールマンは投票日前には、民主党のウォルター・モンデール候補に五ポイントの差をつけられていたが、二・二ポイント差で勝利した（ポール・ウェルストーン追悼会におけるトレント・ロット騒動のせいにしては、票差の動きが大きすぎる）(※)。

こうして見てくると、カール・ローブが大勝利の全てをもたらした「黒幕」だという評判は、実際に使われた手口への無理解から生じたことが分かる。マスコミは彼を単なる強引な選挙キャンペーン、すなわち組織的中傷、票の操作、動員の天才として描いたが、ローブが使った実際の手口ははるかに悪辣なものだった。ラリサ・アレクサンドロブナが述べるように、ローブは明らかにアラバマ州知事のドン・シーゲルマンを破滅に陥れる策を弄した「黒幕」であり、実際に、二〇〇二年のシーゲルマン再選を阻んだ。シーゲルマンの敗北は、ボールドウィン郡における選挙の不正行為に基づくものであったと、ジェームズ・H・グンドラックが本書で分析している。この選挙戦やその他の不愉快な話題について公の場で声を上げたばかりに、シーゲルマンはアラバマ州の共和党に無実の罪を着せられ、捏造された容疑で二〇〇七年一月二七日、連邦刑務所送りになった。さらには彼をそこに送り込んだ判事によって反論の機会を奪われ、有罪判決に抗して上訴する道を事実上、閉ざされた。

シーゲルマンの苦難は、本稿を執筆している時点で地元アラバマの報道機関以外ではほとんど報道されていない。MSNBC局のダン・エイブラムズがこの事件に関して一時間枠のインパクトある番組を放送し、ニューヨーク・タイムズ紙が二〇〇七年一二月二六日の論説で、ほんの少し触れたことがあった。しかしいずれの報道でも、二〇〇二年の選挙についての言及はなかった。

次の二〇〇四年選挙では、ブッシュ／チェイニー・チームが「再選」を果たした。だが広く報じられたように、キリスト教右派の影響による勝利ではなかった。キリスト教右派の有権者数は、そんな快挙を成し遂げるほど多くはない。また、投票者が「道徳的な価値」を重視したからとも思えない――道徳的価値が主要な問題だとする有権者は九パーセントにすぎなかった。同性婚に「我々」が反対票を投じなければと

（※）もちろん、このような選挙前の世論自体、調査専門家のミスや投票者が考えを変えることがあるため、何の証明にもならない。最強の証拠は、投票日に出てくる「調整なし」の出口調査だ。二〇〇二年選挙では出口調査の結果が一切公表されなかったため、この年の票集計を分析することは、きわめて困難だ。

投票所に駆けつけたのでもなかった——この問題に熱狂していたのはわずか三パーセントだった。テロへの恐怖に駆られて大勢が投票したわけでもなかった——これに刺激されたのは九パーセントにすぎなかった（以上の数字はいずれもピュー研究所の投票後世論調査による）。有権者が最も重要な課題と考えていたのは、まずイラク戦争、次に雇用と経済であり、いずれもブッシュ／チェイニーにとって有利なテーマとは言えなかった。その上、ブッシュ／チェイニー・チームの選挙開始時の不支持率は四〇パーセント台の後半に達していた。一九六八年のジョンソン大統領よりも、そして一九八〇年のジミー・カーター大統領よりも不支持率が高かったのだ。

本書が明らかにするように、ブッシュ／チェイニー・チームの「再選」は最高レベルの詐欺だった。しかもオハイオ州**に限ったことではなく**、全国規模で行われていた。「二〇〇四年選挙における都市伝説」の章でマイケル・コリンズは、ブッシュ／チェイニー・チームが彼らの重要な地盤である過疎地と小規模自治体の両方で有権者の支持を失い、そのため都市部に流れ込んだ白人層に頼らざるをえなかった事情を説明している。だがコリンズによると、そんな票は実際には存在せず、想像上の産物にすぎなかった。その一方で実在した何百万もの票は、集計されぬまま闇に葬られた。ブッシュ・チームは「勝利」をおさめるためにありとあらゆる戦術を使ったが、その最たる道具が電子投票だった。デイビッド・グリスコムは本書で、それまでも異常な不正選挙が繰り返されてきたアリゾナ州ピマ郡の投票を取り上げ、選挙改革アクティビストのジョン・ブレイキーが入念に行ったリサーチに基づいて、「ハック・アンド・スタック（hack and stack）」と呼ばれる絶妙の手法を綿密に分析している。これは共和党の工作員が、民主党が強い投票区を共和党が強い投票区に組み換えるために使った手口で、これによりアリゾナ州で大きな割合を占めるラティーノ人口（州の二九・二パーセント、ピマ郡では三二・五パーセント）は分断され、威力を削がれたのだった。(※)

ブラッド・フリードマンとマイケル・リチャードソンは本書で、ネバダ州の二〇〇四年選挙にいたるまでの悲惨ないきさつを紹介している。同州の投票システムは、長年にわたり州務長官のディーン・ヘラーにハイジャックされていた。共和党の工作員だった（現在は連邦下院議員）ヘラーは全米州選挙管理者協会（NASED）という秘密会議のメンバーで、似たような思惑を持つ共和党員たちと共謀していた。ネバダ州が、セコイアエッジⅡというベリボート・プリンターを装備した新しい電子投票機を導入することになったのも、この会議がきっかけだった。これの採用でネバダ州は、投票者が自分の投票を紙の記録で確認できるVVPAT（voter-verified paper trail）と呼ばれるシステムを初めて選挙で使用する州になった。ところが、「失敗のない」機器だと鳴り物入りで広告されていたこのシステムは、テストのたびに不合格を重ね

（※）ピマ郡は長期にわたってデータベースの公開を拒否していたが、ブレイキーの取り組みにより最終的に選挙の透明性を求める画期的な訴訟につながった。

た。おまけに実際にはハッカーたちにとってこの上ない「夢」のような代物で、証拠文書になるはずだった自慢の「ペーパー・トレイル（紙の記録）」は何の役にも立たなかった。アクティビストのパトリシア・アクセルロッドが非難したように、このシステムはことごとく、民主党が支持基盤とする地区で大失敗を繰り返し、ブッシュが（総投票数八二万中）わずか二万二〇〇〇票を下回る得票差で「勝利」するのを助け、ブッシュ／チェイニーの「再選」に貢献した（さらに重要なのは、〔投票機を承認する権限を持つ〕アメリカ選挙支援委員会〔EAC〕の人事にVVPATの販売が絡んだことだ。このシステムの欠陥が証明されたにもかかわらず、委員会はこれを黙殺した）。

　そして、もちろん、オハイオ州を忘れてはならない。ここではブッシュ／チェイニーが一一万八〇〇〇票ほどの差で勝利したと報道されたが、**実際には**ケリー／エドワーズ組が（少なくとも）三五万票の差で勝利したはずだった（ロバート・ケネディ・ジュニアが調査しローリング・ストーン誌に掲載した証拠によると、少なく見積もってもこの数字になる）。ただし、「もし投票希望者全員が投票でき、全ての票が数えられていたのなら」という条件が付く。広範にわたる不正はオハイオ州に限られたものではなく、二〇〇四年に票が再集計され逆転が起きたとしても、それで決着するわけではなかった。本書でボブ・フィトラキスがオハイオで起きたことの全貌を語っているが、そこで遂に明らかになったことの多くは、悪名高い二〇〇四年選挙**の後に起き**ている。とはいえ、悪いニュースばかりではない。二〇〇七年三月には、選挙作業員二人が、カヤホガ郡の再集計で不正を行おうとしたとして有罪判決を受けた。しかしその他のケースでは、暗雲が垂れ込めていた。たとえば、不正選挙防止のための住民投票が不正選挙によって「阻まれた」。二〇〇四年選挙では、数百万票が裁判所の命令を無視して大量に破棄された。中でもロシア並みの「改革」法（HB3）が成立したことで、電子投票機の監視が不可能になり、党派に属する人々が有権者登録キャンペーンに挑戦（つまりは阻止）できるようになり、再集計の費用が五倍に跳ね上がり、大統領選の票集計に対する異議申し立てが違法行為になった。これらの措置は、オハイオ州で過去に起きていた民主主義に対する犯罪の痕跡を消し去るだけではなかった。さらに重要なことだが、将来の選挙における民主主義の実践を「合法的手段」によって妨げることが意図されたのだ。

言い換えれば、オハイオの出来事は偶然ではなく、公民権の大量剥奪を狙う大きな流れの第一歩だった。これが全国的なプロセスであることは二〇〇四年の選挙で明らかになったのだが、エスタブリッシュメントはこの事実に気付くことを拒んだ。数多くの証拠は無視され、報道機関はケリーの勝利を予測した出口調査に罪を着せた。公式発表された集計が動かぬ証拠であるかのように、「問題があった」のは出口調査だったと切り捨てた。しかし実際には、スティーブ・フリーマンとジョエル・ブレイファスが明らかにしているように、出口調査に関するマスコミの議論や論点は、首をかしげるものばかりだ[20]。たとえ出口調査を考慮に入れなくとも、不正の証拠は明らかだ。何万人もの有権者が、電子投票した候補者名が機械によって別の候補者名にすり替えられたと報告している。あるいは投票所に設置された投票機の数が少なく、長蛇の列になり投票できなかった、（登録済みの人が）未登録を理由に投票を断られた、（事実でない）重罪の前科を理由に投票資格がないとされた人もいた。さらには指定された投票所が閉まっていた、投票所が変更されていた、数少ない投票機が壊れた、起動しなかった、紙による投票でも投票用紙が足りなくなったなどの理由で、投票できなかったという報告が相次いだ。ごくごくわずかの例外（ブッシュに投票したのに、ケリー票にされたと主張した共和党員が五、六人いた）を除き、**投票に関することのような問題で被害を受けたのは、全て民主党だった**——選挙に不正があったという証拠は十分にある（神が「ブッシュを当選させよう」と仰せられ、山のような偶然が重なったのでない限り）。

二〇〇六年選挙でメディアが行った報道は、一部は正しかったが、基本的には間違っていた。[21] 有権者がもはやブッシュ一味にうんざりしていたのは真実だ。だが、その幻滅が、選挙間近に生じたというのは真実でない。マイケル・コリンズが明らかにしているように、ブッシュは二〇〇四年の「再選」前に共和党の支持を失っていた（二〇〇四年の選挙日までには、二〇〇〇年にブッシュ／チェイニーを推薦していた新聞六〇紙が、ケリー／エドワーズ支持に回るか、どちらも支持しないに変わっていた[22]。さらにメディアは、そうした反動が強く広がりを持っていたことを軽視した。ゆえに（二〇〇六年中間選挙では）共和党は弱体化し、多くの選挙戦で不正を行わなければ、党が壊滅していたに違いない。つまり「惨敗」どころではなく完敗、あるいはそうなっていたはずだった。言い換えれば民主党には勝利を祝う権利があり、この不法に奪われた大勝利のために堂々と戦うべきだった。民主党は、特に下院において、実際には想定以上の成果をあげていたことを示す証拠がある。

たとえばフロリダでは、現職に対抗した民主党の候補者四人が、自らの敗北が不当だったことを証明する確固とした証拠を手にした。サラソータでは、クリスティーン・ジェニングスが、四〇〇票未満で現職のヴァーン・ブキャナンに「敗れた」とされた。しかし不思議なことに、民主党が強い地区で使われた機械でのみ、一万八〇〇〇票を超すアンダーボート（投票者が誰を選んだか不明と見られ、集計されない票）が生じていた。オーランドでは、クリント・カーティスが選挙日まで互角でせりあっていたが、共和党のトム・フィーニーに一六ポイント差で敗北した。カーティスはすぐさま自分の選挙区全域で徹底的なキャンペーンを行い、一人一人の投票者から署名入りの宣誓供述書を集め、公的な票集計の七～一一パーセントに不正があったことを突き止めた。これは選挙結果を覆す数字だ。カーティスの支援を受けて、ジョン・ラッセル、フランク・ゴンザレス両候補も、それぞれの選挙区で徹底したキャンペーンを行い、やはり、公式の票集計が共和党に水増しされていたことを発見した。全米各地で民主党の下院議員候補たちは、不正とみられる行為により共和党候補に敗れていた。中でもニューメキシコ州のヘザー・ウィルソン、コロラド州のアンジー・パチオーネ、ペンシルバニア州のロイス・マーフィ、カリフォルニア州のフランシーン・バズビー、オハイオ州のメアリー・ジョー・キルロイとビクトリア・ウルシンの面々は全員、大接戦か奇妙な状況下で敗北を喫していた。また、テネシー州の上院議員選でも大きな問題がいくつかあった。同州では、民主党のハロルド・フォードが共和党のボブ・コーカーに五万票の差（投票総数一八〇万票中）で敗れたが、敗北の一因はメンフィスとナッシュビルという民主党が強固な二つの地盤で、投票者に対して実施された投票妨害戦術と明らかな不正行為だった。

確実だった勝利を奪われた候補者の一人に、タミー・ダックワースがいる。イリノイ州第六区で三二年間、連邦下院議員を務めた共和党の強者ヘンリー・ハイドの引退に伴い、後継候補となったピーター・ロスカムに対抗して出馬した。デュページ郡で選挙戦を監視した時の現実とは思えない体験を、ジーン・カツマレクが本書で語っている。デュページ郡は共和党の牙城で、その腐敗ぶりは昔から民主党の強固な地盤である隣接のクック郡を上回る（ライターでアクティビストのベブ・ハリスによると、デュページ郡は最悪の投票エリアという点で、全国一、二を争うという）。カツマレクの鮮やかな描写によると、この選挙クーデターは、デュページ郡で長年行われてきた民主的プロセスの破壊工作――縁故主義、公的記録の破棄、有権者登録の妨害といった悪しき歴史——の結実だった。さらにはディボールド電子投票機の操作をはじめとする様々な犯罪行為によって（二〇〇四年にアリゾナ州ピマ郡で起きたことを彷彿させる手法で）、このクーデターは遂行されたのだった。

二〇〇六年選挙で不正が横行したとすれば、次のような疑問も生まれて当然だ。共和党がそれほどの操作を行っていたのなら、民主党が完敗せず、勝利したのはなぜなのか？「阻まれた大勝利」の中でジョナサン・D・サイモンとブルース・オデルは、この重要な問題に答えを出しており、これを読めば、我々が今どんな状態に置かれているかが分かる。出口調査の綿密な比較分析、すなわち、投票当日に出される「加重された」出口調査結果と翌朝の「修正された」出口調査の結果を比較することにより、サイモンとオデルは、共和党が一昼夜にして全米規模で三・九パーセント、票差を縮めたことを突き止めた（しかし、メリーランド州とペンシルバニア州では、この現象が起きなかった。この二つの州では当時、共和党が、組織的な不正選挙の疑いで民主党を追及しようとしていた）。これは、電子投票機のメモリーカードにプログラミングを仕込んでおくことで、簡単に実行できたはずだ。今では選挙改革アクティビストたちが投票機を油断なく見張っていることが多いため、共和党は、このような秘密の変更を投票日の前、できるだけ早い時期に行わざるをえない。その上、票の上乗せはせいぜい四パーセントが限度だった。上乗せが誤差の範囲を超えてしまうと、改竄の疑いを持たれるからだ。こうして共和党はリードを確保し、おそらくそれで十分だと思い込んでいたが、結果は勝利に手が届かなかった。偽のリードが、党の力が及ばない二つの出来事によって帳消しになったからである。番狂わせの一つは、投票日に夥しい数の有権者が投票所に現れたことだ。票を投じたい一心で、何百万人もの人たちがやって来たのだ。この人々は、投票を阻もうとするあらゆる動きに対抗する準備ができていた。また、共和党にとって壊滅的な事件が選挙間際に続々とニュースになったこと（企業メディアが異常に騒ぎ立てた感がある）も同様に、共和党に不利に働いた。たとえば、フロリダ州共和党下院議員だったマーク・フォーリーが若い男性に言い寄ったというスキャンダルや、今やイラク戦争は世界中で「イスラム戦士にとっての『一大事』」になっている（アメリカの介入に対するムスリム世界の深い怒りを生んでいる）というCIA報告の漏洩、ボブ・ウッドワードの『ブッシュのホワイトハウス』出版（驚いたことにブッシュ政権の「偉大な書記官」ウッドワードが、「戦時下のブッシュ」の無能を描いていた）、米国福音同盟のリーダー、テッド・ハガードの不祥事といった事件が相次いだ。これらを見れば共和党の「惨敗」をもたらしたのは、反ブッシュの選挙民と、ブッシュ政権は自分たちにとって都合がよくないとみたエスタブリッシュメントの利害が奇妙に一致した合弁事業だったことが分かる。

一方でセレブリティ好きのマスコミは、全ての手柄をラーム・エマニュエルとチャールズ・シューマーに与えた。二人は、この誇大な賞賛に舞い上がり（確かに二人にとっては滅多にない経験だった）、民主党が勝利するべきだった選挙戦にまで、気が回らなかった。共和党なら、自分のものだと主張できる可能性がある（あるいは、その可能性がなくても）あらゆる議席を手に入れるべく、野犬のように戦っただろう。だが民主党は、一切の戦いを拒否した。実際、民主党は明らかに詐欺に遭った候補者たちに、笑って耐えるよう強要した。共和党の破壊活動の証拠を集めて戦い続けた人々も、最後は壁にぶつかった。民主党の長老の中には、クリスティーヌ・ジェニングス候補の身に起きたとんでもない出来事に憤慨してみせる者もいたが、結局は体よく裏切った。クリント・カーティス候補が不正の証拠を下院運営委員会に提出すると、満場一致で証拠の点検を拒否した。ましてや調査に乗り出すこともなかった。

＊＊＊

かくして民主党は二〇〇〇年以来、何度も繰り返されてきたブッシュ一味の犯罪に見て見ぬふりを続けた。確かにアメリカにおける選挙の不正自体は、今に始まったことではない。両党とも権力を手にするために——あるいはそれ以上に——権力を維持するために、常に不法な手を使ってきた。だが二一世紀の不正は、民主主義自体を揺るがす動きである点で、これまでとまったく異なっている。しかもその規模と洗練されたテクノロジーにおいて、かつてのボス・ツイード（一九世紀半ばに活躍した民主党の大ボス）や、ありし日のジョー・ケネディ（ケネディ大統領の父親）、デイリー市長（大都市シカゴを二〇年あまり牛耳った）の見果てぬ夢を遥かに超えている。民主党が知ろうとしないのも無理はない。オハイオ州ヤングスタウンのロバート・ヘイガン民主党上院議員が二〇〇四年にケリー候補に投票しようとした時、何度やり直しても、投票機は彼の票をブッシュにすり替えた。ヘイガンはケリー／エドワーズ選挙陣営に通報したが、「放っておけ。その話はやめだ。公にしたくない」と言われた。私自身も二〇〇五年一〇月にケリーとの間で次のようなことがあった。私と話した時、ケリーは選挙が盗まれたことを認め、首都ワシントンの民主党の同僚たちが動こうとしないことをいぶかり、憤慨した。その前の週、ケリーは民主党のベテラン議員クリス・ドッドに対して電子投票がもたらす危険性に注意を促したが、ドッドは相手にしなかった。「もう、調べたさ。何の問題もない！」とドッドは言い切ったという。「現実を見ようとしないんだ」ケリーは目を丸くしてそう言った。しかしながら、ケリーもまた現実から目を逸らした。それから二、三日後、私がケリーとの会話について公の場で（エイミー・グッドマンのラジオ番組「デモクラシー・ナウ！」）で話したところ、ケリーのオフィスは即座に、ケリーと私が話をした事実はないと全面否定した。

ケリー上院議員が一歩後退したのは、「負け惜しみ」の誹りを恐れたからだという説がある。私が彼と話した時にも、その話題が出た。だが、その説明は妥当ではない。なぜなら、もしケリーが選挙は盗まれたと本当に信じており、その事実が持つ意味を完全に把握していたなら、人々がどう言おうと意に介さなかったに違いない。結局ケリーが口を閉ざしたのは、カール・ローブの一団や商業メディアによる声高な嘲りを恐れたからではなく、実際に起きたことの規模が、あまりに大きかったからだ。彼の前にはアル・ゴアやヒラリー・クリントン、ハリー・リード、ナンシー・ペロシ、バラク・オバマ、ハワード・ディーン、そしてその他ほとんど全ての民主党トップが同じ体験をしていた。ケリーもまた、導き出されることになる恐るべき真実を直視できなかったのだ。

思考停止状態はそれほどまでに深刻で複雑だ。まず何よりも、この厳然たる真実によって、我々が慈しんできたアメリカ像が暴力的なまでに侮辱を受ける。ゆえにそのようなことは真実ではないと言う、あるいはそのように振る舞うほうがまったく気が楽だ。アルコール依存症患者の家族や家庭内暴力に遭う妻たちのように、「民主」国家の市民もひたすら目をつぶり、自分を苛む鉄の拳に次第に服従するようになる。さらに、失うものを数多く持つ市民は社会的、物質的に強いしがらみの中にある。ジョン・ケリーは、長年にわたるワシントンの住人で党の長老格、おまけに億万長者でもある。今、この危機の克服に必要な民主主義の戦いを担うには、ケリーは不向きな人物だ。他の大半の「民主党議員」も事情は変わらない。彼らには、アメリカの民主主義のために一肌脱ぐことよりも、党内での自分の縄張りや地位、そして党への巨額の支援金提供者のほうがずっと大事なのだ。さらに当然ながら、巨額の支援金提供者たちは、「我々市民」にアメリカ合衆国を支配させたりしたくない。彼らが求めるのは、その正反対だ。現在、民主党を動かしているのは、我々ではなく彼らのコンセンサスだ。マスコミとそこに登場する中道派のスターたちも、とうの昔に目前の出来事を見ないことにした。事実を認めれば、自分のキャリアが損なわれるからだ。

もちろん、この法則には例外があり、党にもマスコミにも、はぐれ者の理想主義者はいる。この国の建国の原則に敬意を抱き、上層部の圧力に抗して民主主義のために立ち上がる人々だ。だが概して、そのような理想主義者も、この国で真に起きていることを考えるのはあまりに不都合が多いため、実際に起きていることを直視できない。

この国はもはや民主主義に向かう歩みを完全に停止し、まったく逆方向に傾いている。この後退は、二〇〇〇年投票日の前に「アメリカの朝」（一九八四年に共和党のレーガンが大統領選で使ったキャッチフレーズ）のほのかな光と共に始まっていた。だが我々が初めて激しいショックを受けたのは、二〇〇〇年の選挙後の危機に瀕し、共和党員が暴力的な右翼と化すのを目の当たりにした時だった。この年、マイアミ州デイド郡で暴徒が票集計を停止させた。ニューヨーク・タイムズ紙の報道によると、暴徒は止めに入った人を「踏みつけ、殴り、蹴り」、「腹を立てたキューバ人がまもなく大勢押しかけて、話をつけてやるからなと叫んだ(23)」（フロリダ州には亡命キューバ人コミュニティがあり、反共で保守的な共和党支持層を形成している。ニューヨーク・タイムズ紙の報道によると、この時共和党や地元コミュニティ・ラジオ放送が、票の再集計は「ラティーノ投票者に対する偏見」の表れだと喧伝し、抗議運動をけしかけた）。一般市民の自発的な集会に見せかけていたが（「ブルジョワの蜂起」だとウォール・ストリート・ジャーナル紙の社説エディター、ポール・ジゴーは肯定的に評価した）、暴徒と化したこの群衆は、トム・ディレイ（当時は党の要職にあったテキサス州選出の共和党下院議員。二〇一一年に資金洗浄容疑で有罪判決を受けた）の支援を受けて共和党のジョン・スウィーニー下院議員が派遣した共和党の工作員軍団だった。[24] この活動は功を奏し、マイアミ州デイド郡の選挙委員会は、アンダーボートの集計を試みる計画を中止した。

民衆の「抵抗」に見せかけた攻撃は、これだけではなかった。『負け惜しみ野郎』というプラカードを掲げた共和党支持者たちが、ボロワードならびにパームビーチ両郡で報道陣や公務員たちと押し合いになり、やじで攻勢した。フロリダ州外からバスで来た一団もいた」と二〇〇〇年一一月二五日付で英国のガーディアン紙は報じた。『違法な政府は許さない』と書かれたレンガが、前日に再集計を始めていたブロワード郡の民主党事務所の窓から投げ込まれた」とも同紙は報じている。一方ワシントンでは、怒りに駆られた共和党のアクティビスト団が、アル・ゴア一家が身をひそめる副大統領公邸を包囲し、「チェイニーの家から出て行け」と一昼夜にわたり叫び続けた。「組織がらみの行動」だったと後にアル・ゴアの長女、カレナ・ゴアは語った。「人工中絶反対派もいれば、銃規制反対派もいました。みなそれぞれ様々なプラカードを掲げていました」。ジョージ・W・ブッシュの妹、ドロ・ブッシュも群衆の中にいた。雇われ暴力団に混じったドロの姿は、母親のバーバラをいたく喜ばせた。『ドロって、こうなのよ！』ミセス・ブッシュは、そう話しながら興奮して叫んだ。『ゴア邸の前でしばらく大声を上げて、気が晴れたようですよ』とミセス・ブッシュは語った」とニューズウィーク誌が後に報じている。

ここには、民主的な手続きに対するあからさまにファシスト的な攻撃が見られたのだが、「リベラル・メディア」も民主党もその事実から目を逸らした。数人の学者たちが腹を立てた以外、マイアミ・デイドの封鎖は、それ以上の影響を何一つ残さなかった。犯人たちの名前と顔は全て知れわたっていたにもかかわらず、闇に葬られた。アメリカのメディアも、何台もの満員バスで郡外から押し寄せた狂信者たちに注意を払わず、我が国の首都で起きたゴア一家への暴徒の嫌がらせは、軽視あるいは無視された。二〇〇二年一一月、ニュースキャスターのバーバラ・ウォルターズはＡＢＣ局の人気報道番組「20／20」のためにゴア一家を取材し、彼らの一連の苦難について詳細に話を聞いた。ＡＢＣはそのやりとりを全てカットし、番組はそのテーマに触れずにオンエアされた。

＊＊＊

共和党によるフロリダでの暴力沙汰はショッキングではあったが、実を言うと、ブッシュ／チェイニーがアメリカの民主主義に対して起こした動きの中では些細なものだった。最も重要だったのは、ブッシュ対ゴア判決だ。ポール・レートが本書で論じているように、この判決は、二〇〇〇年大統領選だけに対する（厄介だが）単純な干渉にとどまるものではなかった。判決は最高裁の権限を拡張し、選挙を無効にすることさえできる力を最高裁に与える、過激なものだった。しかも最高裁のこの権力に対して、我々市民は不服申し立てができない。なぜなら最高裁判事は（上院の助言と同意に基づいて大統領が任命するため）市民が選挙で辞めさせることができないからだ。ブッシュ対ゴア判決は、共和制の民主主義に死の一撃を与えた（さらには「司法積極主義」の究極的表現でもあった）。それにもかかわらず、保守派からもリベラル派からもほとんど抗議の声が上がらず、報道機関と民主党員もこれを即座に忘れ去った。ジョン・ロバーツがウィリアム・レンキスト（レンキストは第一六代、ロバーツは第一七代最高裁長官。いずれも保守派として知られる）と交代し、サミュエル・アリートがサンドラ・デイ・オコナー（いずれも最高裁判事。オコナーが二〇〇六年に引退後、ブッシュ大統領によりアリートが任命された。一般にオコナーは保守穏健派、アリートは保守派とされる）の後継者となったが、最高裁内の強力な反民主主義陣営は無傷のままで、投票権に対する攻撃再開の準備は整っている。

二〇〇八年一月、最高裁でインディアナ州の投票者ＩＤ法（投票時に政府発行の写真入り身分証明書〈ＩＤ〉の提示を義務づける州法）に関する公聴会が開かれた。インディアナ州の投票者ＩＤ法はアメリカ国内で最も厳しいと言われる。写真付き身分証明書を持たない投票者の場合、暫定投票はできるが、自分の票を集計に加えさせるためには郡の首都まで出向かなければならない。だが公聴会で最高裁判事たちは、有権者の実情を一蹴した。「インディアナ住民にとって郡の首都はさほど遠くない」とロバーツ長官は述べた。貧しい人々が首都に出るには長距離バスを使う必要があり、時間もお金もかかることをおそらく知らなかったのだろう。インディアナ州の歴史を眺めても、身分を偽った投票者による「投票詐欺」事件が実際に起きたという記録は一件も見つからない。だが、ありもしない犯罪を防ぐための新しい法が論じられているという事実を、ロバーツをはじめとする最高裁判事たちは無視した。「問われているのは不正であり、実際に起きていても発覚していない可能性がある」と最高裁長官は論じたが、その論法は、サダム・フセインは核兵器と毒ガスの巨大兵器庫を持っていると想定し、「証拠がないからといって、存在しないという証拠にはならない」と主張したドナルド・ラムズフェルド（イラク戦争開始時の国防長官）の発想を彷彿させる（二〇〇八年、最高裁はインディアナ州の投票者ID法に合憲判決を下した）。もし裁判官たちがこの法を支持するなら（番狂わせは常に可能だ）、投票権の大義は五〇年前に後戻りするだろう。

ブッシュ／チェイニーの「勝利」は、我々市民の票を無効にする権利を最高裁が持つ、という事実を浮き彫りにした。同時に、手集計でオープンに数える紙の票に対する新たな不信を喧伝するためにも利用された。「『チャド』のミステリー」（パンチ・カード方式を採る投票用紙のパンチしてくりぬかれた紙片を「チャド」と呼ぶ。チャドが完全に外れず、用紙にぶら下がった状態などの票を有効とするか無効とするかの判断基準がなく、二〇〇〇年のフロリダ州で大問題になった）を解決しようと疲れ果てた官僚の悲喜劇を見せられ、我々は、問題は**投票用紙**だと、何度も吹き込まれた。ナンシー・トビは、この計算ずくで植え付けられた誤解が、**紙を使わないコンピューターによる**集計の推進に貢献したと本書で論じている（この機械はDRE＝「直接記録電子装置（Direct Recording Electronic）」と呼ばれている）。コンピューターの表作成は目に見えないところで行われる。そしてそれが正当か否かは、プログラマーのコマンドにかかっている。だがアメリカ人は、**秘密の集計**というきわめて非アメリカ的な考えを売り込まれてしまった。そこから選挙民営化へのステップは、わずか一歩だ。両党ともに民営化に熱心なのは**同様**だが、恩恵を受けるのは一方の党だけだろう。だが民主党は、自分たち（そして我々市民全て）に対するクーデターの準備に加担していることを認めようとしない。そしてコモン・コーズやピープル・フォー・ザ・アメリカン・ウェイなどのリベラルな団体と手に手を取って、ブッシュ一味とさして変わらない「選挙改革」を嬉々として推進している。煩雑な投票用紙や高齢者ボランティアはお払い箱にして、民間企業が製造しサービスを提供するコンピューター・システムを導入することが、改革なのだ。かくして民主党とリベラル団体は、元共和党のボブ・ネイが立案したアメリカ投票支援法（Help America Vote Act＝HAVA）の支援に回った。最終的には全ての州が電子投票を使用するよう義務づける法律だ。

こうしてアメリカの選挙は――思惑通り――次第に透明性を失い、理解不能で複雑怪奇になった。分かりにくさにおいては、企業の医療保険や大手電話会社の契約書並みだ。この大惨事に民主党とその周辺は、ためらいがちに対応をはかったが、トビが述べているように、彼らが支援したのは一貫して技術的な解決策に限られていた。そのような小手先の、錬金術的小道具自体に問題があるとは思わないようだ。

最初に登場したのは、投票者が自分の票を「紙の記録」で確認できるVVPATと呼ばれるシステムだった。リチャードソンとフリードマンが本書で述べるように、この方式はネバダ州で不名誉なデビューを飾った。紙の記録を残さない全ての投票機にプリンターを装備し、投票者一人一人が自分が投じた票のハード・コピーを見られるというこのシステムは、リチャード・ホルト議員（民主党、ニュージャージー州選出）が全国的な使用を提案し、HAVA支援に回った左派／リベラル・グループの支持を得て導入された。投票者は理論的には、票が機械に入力され見えなくなる前に、自分の票を確認し承認できるとされた。印刷される紙は投票用紙ではないが（あたかもそうであるかのように宣伝されたが）、監査の際に、票が数えられたかどうかを担当者がチェックできるというわけだ（実際には、「投票用紙」の大半は数えられずに終わる。監査者が行うのは、サンプル抽出だけだからだ）。こうした「紙の記録」では、選挙の不正予防には役立たない。どんなハッカーでも、投票された候補者の名前で紙の記録を印刷し、数える時にはその「票」を別の候補の名前にすることが瞬時にできる。あるいは「投票用紙」の印刷を間違えるようにプログラミングできる。またほとんどの投票者は自分の「紙の記録」を確かめない。あるいは意図的に判読できないように印刷される場合が多いため、印字を解読することが不可能だ（ディボールドの文字はとても小さいので、虫眼鏡がなければ読めない）。最近の疑わしい選挙のいくつかでVVPATが使われていたのは、驚くにあたらない。二〇〇四年のニューメキシコ州での選挙では、ブッシュが七〇四七票差で「勝利」したが、民主党地盤の投票区でDREに記録されたアンダーボートは一万七〇〇〇票を超えていた。同じく二〇〇四年、ワシントン州スノホミッシュ郡では共和党の知事候補ディノ・ロッシが三〇〇〇票あまりを盗んだ。そして二〇〇六年のフロリダ州第一三選挙区では、一万八〇〇〇票のアンダーボートにより、共和党の新人ヴァーン・ブキャナンに民主党下院議員候補のクリスティーヌ・ジェニングスが「敗れる」羽目になった。

「紙の記録」方式（ホルト法とも呼ばれる法案八一一が二〇〇七年秋に否決された後、勢いを失った）の後押しをやめた後、民主党とその仲間は、別のテクノロジーを解決策にした。それは光学スキャナーだった。紙の投票用紙を集計し、総計を電子的に報告する方式だ。理論的に見れば、この方式を選ぶことでDRE機より大きな改善が見られるのは間違いない。なぜならDREが「数える」のは投票用紙ではなく、実在しない「票」だからだ。これ対して光学スキャナーは紙の投票用紙の痕跡を残し、理論的には人々の手によって、公開の場で再集計できる。光学スキャナーは一般に、改革派が選択する投票方式になった。ラッシュ・ホルトやムーブオン、コモン・コーズなどの団体からカリフォルニアやフロリダ、オハイオ、メリーランド、コロラドなどの州務長官、ニューヨーク・タイムズ紙、ワシントン・ポスト紙、ロール・コール紙、ジャーナリストのルー・ドブズなどの間で、広く支持されている。

電子信号だけに頼るより、紙の投票用紙がよいのは間違いない。だがスキャナーは過大評価されている。その性能の信頼性は、高く見積もってもＤＲＥ機と同等だ。二〇〇六年の選挙で起きた光学スキャナーの故障やフリーズ、クラッシュの例をあげれば、オハイオ州のアセン郡、コロラド州のモントローズ郡（ならびにデンバー）、サウスカロライナ州のグリーンビル郡、アイダホ州のバノック郡、カリフォルニア州のメンドチーノ郡、モンタナ州のフラットヘッド郡、ロードアイランド州のポータケット、メイン州のウォーターービル、及びケンタッキー州の一三郡の投票所に及ぶ。しかもこの機械は偶然の故障を頻繁に起こすばかりではなく、不正行為の影響も受けやすい。本書でデイビッド・グリスコムが論じるように、二〇〇四年にはアリゾナ州で明らかにハッキングを受け、二〇〇六年のサンディエゴでの悪名高い予備選挙や下院総選挙、その他の選挙でも疑わしい動きが見られた。サンディエゴでの下院議員選では、選挙に使われた何台もの投票機がある民間人の家に数日間、非合法に保管された後、共和党のブライアン・ビルブレイ候補が「勝利」をおさめた。また二〇〇八年、ニューハンプシャー州の民主党大統領予備選では、光学スキャナーだけで集計された場所ではヒラリー・クリントンが勝利したが、手集計を行った投票区では、バラク・オバマが勝利をおさめた（いつものことながら、メディアは慌ててヒラリーの勝利について根拠の乏しい説明を並べたが、その解説はあらゆる世論調査に照らして辻褄が合わなかった)。

専門家は、これらの出来事にまったく驚かなかった。二〇〇六年一〇月、ジョンズ・ホプキンズ大学のコンピューター科学者(そして長年にわたる電子投票推進者)アヴィ・ルービンは、コネチカット大学の研究者が公表した新たな研究結果を腹立たしげに報告した。コネチカット大学の研究は、ディボールドのアキュボートOSという名の光学スキャナーについて、悪意あるハッカーの格好の餌食になると論じていた。ルービンはこう書いた。

この研究は、たとえメモリーカードを封印し選挙前にテストを実施したとしても、メモリーカードへの物理的アクセスやアキュボートOSのシステム・ボックスのオープンなしに、市販の機器を使うだけで選挙に壊滅的な打撃を与えることが可能であることを明らかにした。

ルービンはさらにこう続けた。

そのような「攻撃」は巧妙に設計されている。システムの監査報告書が評価される際や、機械が選挙前にテストされる際には、感染した機械が正常に作動しているように見せかけることができる。この調査研究の著者たちは、投票機の総計と報告を操作できることとは別に、誰にも見られていなければどんな投票者も、(どこでも手に入る)付箋「ポストイット」を投票用紙に貼り付けることにより、好きなだけ何度でも投票できるとし、その方法も説明している。[25]

こんなにも杜撰な新案機械のメーカーが、民主主義の維持などにまったく無関心なのは明らかだ。彼らには市民のことなど念頭になく、関心があるのはカール・ローブが仕切る党だけなのだ。だが、ラッシュ・ホルトやムーブオン、コモン・コーズなどはこうした事実を直視することを拒み、アメリカのメディアも報道する気はない。光学スキャナーの背後で、光学スキャナー製造の最大手企業――ディボールド、ES&S、ハート・インターシビック――が共和党との蜜月を保っている。二〇〇四年にディボールド(本社はオハイオ州キャントン)の最高経営責任者ウォールデン・オデルは、オハイオの共和党の有力政治家たちに送った資金集めに関する書簡で、「次期選挙でオハイオの電子投票を大統領にお届けするお役に立とうと尽力しております」と書き、顰蹙を買った。ネブラスカ州の共和党員チャック・ヘーゲルは、四年にわたってES&Sの最高経営責任者を務め、一九九六年にその地位を去ったが、辞任は上院議員として出馬するためだった(その選挙と次の選挙でES&Sの機械が票集計に使われ、ヘーゲルは二度とも驚くべき大差で当選を果たした)。ハート・インターシビックの最大の投資者には、ジョージ・W・ブッシュの旧友であり支援者のトム・ヒックスが経営する投資会社ストラトフォード・キャピタルが名を連ねている。

問題なのは、これらの閉ざされた企業が、共和党員により共和党のために経営されているということではない。ディボールドやその他の会社が民主党員だけのためにサービスを提供したからといって（ディボールドと同じような企業のために働くステニー・ホイヤーなどの民主党員もいる）、国に資するわけでもない。要は、いかなる民間企業も、そしていかなる閉ざされたテクノロジーも、我が国の選挙でなんらかの役割を演じるべきではないということだ。我々の票は全てオープンに、全ての市民が監視でき、理解できるやり方で集計されるべきだ。どんなに「効率がよい」ことだろうと、それ以外の手法は民主主義の敵勢に力を与えることになる。彼らは、多数の国民の意思を阻止するためどんなことも行ってきた。そして今後もそうするに違いない。

一方で、いまだ純粋にテクニカルな解決を擁護する人々もいる。彼らは民主主義の破壊もありうることに目を向けようとしない。そのため、この人々が何を計画しようが、アメリカの民主主義を撲滅しようとする運動にとっては何の脅威にもならない。民主主義撲滅運動は、鎮痛剤的な「改革」で阻止できる段階をとうに超えており、今では加速の一途をたどっている。共和党は各州で選挙権の剥奪を行っている。その傍若無人ぶりは、まるで「セルマの行進」（一九六五年三月七日、アラバマ州セルマで投票権確保を求めて行進する市民に警察隊が暴力をふるい流血の惨事となった。この事件をきっかけに投票権法が成立された）などなかったとでも言わんばかりだ。「カンザスの共和党は、一一カ月間で過去二年間をしのぐ数の有権者を特定し、ブタ箱に送った！」と、カンザス州の共和党議長クリス・コバックは、二〇〇七年一二月に配布したチラシの中で得意気に吹聴した。オハイオ州では、ボブ・フィトラキスが本書で述べているように、共和党の派閥組織が二〇〇四年の選挙で数え切れないほどの票を非合法に廃棄した。共和党を支持する選挙担当職員は、民主党のブラナー州務長官に公然と挑戦し、投票システムに関する調査用紙の提出を求める命令を一笑に付した。DRE機をお払い箱にする（そして、光学スキャナーに取り換えようとする）動きに憤慨した共和党議長のボブ・バーネットは、ブラナー長官は民主主義の転覆を目論んでいると非難した。「ジェニファー・ブラナーは、独裁者気取りでオハイオ州の選挙システムを手玉に取ろうとしている」と二〇〇八年一月にバーネットは息巻いた。「州民にはブラナーなど必要ない。州民（の票）を必要としているのはブラナーのほうだ。長官はそのことを早々に思い知らされるに違いない[26]」。

他の地域の共和党員はこれほど挑戦的ではなかったが、選挙権の制限に対する情熱では引けをとらなかった。登録推進運動を妨害する法を成立させ、投票希望者に州発行IDの投票所への持参を義務づけるなど、党員が投票権に「挑戦」しやすくしている。このような妨害的な法律は今に始まったものではない。しかし、実際には国民が選んだのではない政府が、投票権という領域で、（公民権運動時代に州による人種差別法を撤廃させ、憲法で保障された投票の権利実現を目指した）連邦アクティビズムの流れを過激に逆流させてしまった。そのため全国的な反民主主義運動は、今ではワシントンで大変強力な支援者を得ている。ウォレン（一九五三年から六九年まで最高裁長官だった）長官時代の最高裁が達成した選挙権拡大というすばらしい成果を、ロバーツ長官が仕切る最高裁が強引に巻き戻す一方で、ブッシュ／チェイニー政権の司法省もまた市民の投票権保護を放棄し、率直に言ってクー・クラックス・クラン（KKK）の一員になった。本書でスティーブン・ローゼンフェルドが明らかにしているように、司法省は、アメリカ市民の投票権を確保するために働くのではなく、民主党支持者たちが確実に投票「**できなくなる**」よう徹底化を図っている。投票権へのこうした抑圧は（民主党による）「投票詐欺」の恐れがあるため必要であると言われるが、それは言いがかりか、狂信にすぎない。事実、「投票詐欺」がはびこっているという証拠など皆無なのだが、運動の舵取りをしている狂信者たちにとっては、事実など何の意味もない。「投票詐欺」とは、狂信者に都合のよい妄想の産物なのだ。ブッシュ／チェイニーの選挙支援委員会（EAC）は、「投票詐欺」に関する自らの報告書をもみ消した後、共和党の利害に役立つよう改竄した、とローゼンフェルドは指摘している。

要するに共和党の戦略は、大半の改革者が理解している以上にはるかに過激だ。彼らが目指すのは我々の票を盗み、改竄し、消去するといった目に見える不正ではなく、**先手を取る**（選挙以前に投票する権利や機会を奪う）ことなのだ。二〇〇七年一二月、ローゼンフェルドがレポートしたように、司法省は「先手攻撃」原則の適用を求めている。すなわち——ブッシュ政権がイラク侵攻前に主張したように——投票権に関しても、今後の脅威を回避するため今すぐ行動すべき、というわけだ。司法省は先手攻撃論を選挙に用い、来るべき投票詐欺を取り締まる新法を成立させるにあたっては、実際の投票詐欺やなりすまし投票の証拠は必要ない、と判断したのだ。

かくしてブッシュ政権下の共和党員たちは、我々市民を投票税や白人しか投票できない予備選挙、リテラシーテスト、十字架焼却（暴力的人種差別のシンボルとしてKKKなどにより行われた）の時代へと連れ戻そうとしている。もちろん今回の攻撃は、これまでとはかなり違うやり方になるだろう。一つには、数十年前のように暴力を伴って投票行為が抑圧されることは少ないだろう。ミシシッピ州のセオドア・ビルボ上院議員は一九四〇年代に、「ニガーたちに投票させない最良の方法は、選挙前夜に彼らの家を訪問することだ」と現代の共和党が羨むばかりの率直さで言ってのけた。二一世紀の投票阻止に使われる手法は、そうしたあからさまな形は取らないだろう（とはいえ、度を越える「挑戦者」もいないとは限らないため、常に数人の警官を配置する投票所もある）。もう一つの違いは、もし「党」の手法が拡がれば、「投票を阻止する『最良の方法』は、あらかじめ選挙権を奪うことだ」とされた時代に、今度は（人種にかかわらず）**全ての人**が連れ戻されるという点だ。「党」の手口がまかり通るとなれば、これまで一度も彼らに票を投じたことがない「我々市民」は、彼らを落選させることができず、

全ての人が——白人も金持ちも——党の奴隷となる。これを我々の運命としないためにも、（もう一つの党が動くのを待つのでもなく）我々は事実を直視し、我々自身の建国の革命を取り戻し、絶えず実現していかなければならない。

2000年

二〇〇〇年の大統領選でジョージ・W・ブッシュがフロリダ州を制したという作り話は、多くの人が同州でのブッシュ「勝利」の実態を忘れたか、または知らなかったことに由来する。投票日の夜ブッシュが突然——そして後で考えれば断固として——ゴアを引き離したとして勝利宣言を行ったが、その主張は科学的根拠がまったくないものであった。ブッシュの勝利は（うさん臭いことに）FOXニュースによってもたらされ、すぐにNBCが追随、その後を他のネットワーク局が追う形で報道されたが、それは単に、フロリダ州知事であったブッシュの弟ジェブ・ブッシュが、自分の兄が勝ったと主張したことに全面的に依存したものだった。だがその発表は後に、データを追跡するために当時雇われていた世論調査の専門家グループによって確認された。同グループの責任者であったウォーレン・ミトフスキーによると、確認はその時点で入手可能であった投票データに基づいて行われたものだという。しかし本書でデイビッド・W・ムーアが明らかにした事実によれば、実際にはそうではなかった。ムーアは著名なベテラン統計専門家であり、その現場で起こったことを目の当たりにした人物でもある。

ブッシュが勝利したのは体制派が唱えるように、ラルフ・ネーダーがアル・ゴアから票を奪い取ったからではない。ランス・ディヘブン・スミスが本書で再認識させてくれるように、ブッシュがフロリダで勝利したのは、ブッシュ陣営が投票日のずっと前からフロリダ州の数万の民主党票を無効にしようと意図的に動いたからである。本書のエッセイの中でディヘブン - スミスは、共和党員による謀略の概要を説明している。民主党を支持する有権者の選挙権を奪う、海外駐在の軍人の投票数を歪曲する、正当な票の数え直しを阻止する、そして連邦最高裁による介入を要請するなど、様々な謀略があったのだ。

「ジェブがそう言ったから」
投票日の夜、フロリダ州で何が起こったのか

デイビッド・W・ムーア

「私は心の底では、二〇〇〇年一一月七日に、我がネットワーク局および他局によって、民主主義が損なわれたと信じています」
FOXニュース・ネットワークの会長兼CEO、ロジャー・アイルズ、二〇〇一年二月一四日

二〇〇〇年の大統領選挙の勝利は、アル・ゴアの手から「盗まれた」のだ。これは歴史的な考察であって党派的な告発ではない。強いて言うなら、一九四八年のテキサス州上院選の民主党予備選で、リンドン・ベインズ・ジョンソンの支持者が前テキサス州知事のコーク・スティーブンソンから勝利を「盗む」手助けをし、その結果ジョンソンがその後上院議員に選ばれたことを認める程度の党派的所見だと言えるだろう。アメリカの歴史には、これまでも多くの「盗まれた」選挙の事例があるが、その証拠は何十年も経ってから明らかになるのが普通である。(1)しかし今回のケースでは、たった数年

の調査でこの盗みを「合理的な疑いの余地なく」証明できる一連の出来事が明らかになった。

ここで、はっきりさせておこう。アル・ゴアは全米の獲得票数ではおよそ五〇万票の差をつけて勝利した。しかし、選挙人票で過半数に達しなかったため、正式にはアメリカ大統領選で負けた。もしゴアがフロリダ州を制していれば、彼は選挙人と得票数の両方で大統領選の勝利を収めていたことになる。公式の発表では、ゴアはフロリダ州で五三七票の差でブッシュに負けたことになっている。しかし実際には、フロリダ州の有権者はブッシュよりもゴアに、少なくとも数千票多く投票したことを証拠が示している。特に投票用紙のデザインに問題があった（悪名高き蝶つがい型の「バタフライ投票用紙の）パームビーチ郡やデュバル郡などでは、その投票用紙の多くは数えられなかった。しかし、票が数えられなかったことだけが「盗み」の理由となっているわけではない。票が数えられないままだったのは、党派的ないたずらではなく純粋なミスでもあったのだが、法律ではそのようなミスに対する明確な規定がなかった。しかし、別の理由で数えられないままだった票の中には、法律で対策が規定されていて数えられるべき票もあったのだ。しかし連邦最高裁判所が再集計を拒否したため、数えられなかった。

この盗まれたフロリダ選（つまり盗まれた大統領選）の背景には、選挙前に州知事のジェブ・ブッシュや州務長官のキャサリン・ハリスなど、同州の高官が行った違法行為があった。彼らはフロリダ州の有権者が投票権を行使する機会を奪い、その結果ゴアへの票が何万票も失われることとなったのである。(2) また、法で定められた公正な手作業による集計を州やその他の役人が阻止し、ブッシュ票である可能性が高い投票日以降に投票された票は数えるという、党派的な違法行為から生じたものでもある。(3) この「盗み」は最終的に連邦最高裁判所がフロリダ州での再集計の停止を命じ、実質的にブッシュに大統領選勝利を授与したことで成功したが、この最高裁の決定は法律専門家の間では、無節操で法的根拠のない判決として広く知られている。(4)

選挙前と選挙後の全ての違法行為の中心には、テレビ・ネットワークの誤った開票予測があった。彼らは選挙の夜、東部標準時間の午前二時一五分頃には、アメリカの次期大統領はブッシュだという誤った予測を流している。予測すること自体は違法ではない。しかし希にある運命のいたずらも加わって、もしネットワークがその予測を行っていなかったら——少なくとも全てのネットワークがブッシュ支持に便乗しなかったなら——選挙を盗むための努力が成功しなかった可能性は高い。ネットワークによるその予測がゴアに敗北を認めさせ、数時間後に実際の票集計の結果が五分五分だと分かると、それを撤回するという事態を生じさせた。その時点で、ゴアへのダメージはすでに決定的だった。

それから三六日間、保守的なメディアは、ゴアは負け惜しみを言って選挙を「盗もう」としている人物だとしてこきおろし続け、主要メディアでさえ、この再集計を試みようとする取り組みを、フロリダの有権者の意思を判定するための真剣な取り組みとは捉えず、奇想天外な茶番劇のように扱った。もしネットワークがあのような予測を行わずブッシュが勝ったような錯覚を与えなければ、両候補は投票日以後にまったく異なった政治的環境に迎えられ、フロリダ州全体の手作業による再集計実施を求めるゴアの試みに好都合であり、彼が勝利する結果となった可能性が高い。

ゴアがそのような環境でも勝ったかどうかは別としても、ネットワークの誤報は検証する価値がある。ブッシュがフロリダ州で勝利したという予測は、ネットワーク局が選挙後に主張したように誤ったデータが原因で起こったのではなく、データの正当性には十分注意が必要だと知りながら、お互いに負けまいとする競争の圧力に屈して報道したものであることが判明した。最も皮肉なことは、その予測はブッシュが勝者であるとする統計的な分析から来ているのではなく、ブッシュの弟がFOXネットワークに勤務する従兄弟に声をかけて報道させたということだ。それも、州全体でブッシュの得票数のリードが急速に下がってきた時に。

二〇〇〇年選挙の夜の誤った予測

「ジェブが俺たちの勝ちだって言ってる！　ジェブが俺たちが勝ったって！」

これが二〇〇〇年の投票日の夜、午前二時一五分頃、ジョージ・W・ブッシュがアル・ゴアに勝利してアメリカの次期大統領になるという予測をFOXニュースが発表する数秒前に、ジョン・エリスが発した言葉だった。エリスは投票日の夜、全ての州での勝者を予測する責任を持つ、FOXニュースの「決定チーム」のリーダーだった人物で、ジョージ・W・ブッシュとジェブ・ブッシュの従兄弟でもある（エリスの母、ナンシー・エリスは、元大統領ジョージ・H・W・ブッシュの妹である）。前日の夕方からその日の早朝にかけて、彼はテキサス州オースティンの同じ場所にいる二人の従兄弟とずっと電話で連絡を取り合っていた。「我々三人で、電話をかけ合っていたんだ」と、エリスは次週のニューヨーカー誌に語っている。「僕は集計した数字を従兄弟たちに見せていた。一人は州知事、もう一人は次期大統領だ。これはクールだと思ったね」[5]。

エリスが二〇〇〇年一二月号のインサイド誌に書いた記事によれば、彼が自分の従兄弟がフロリダの勝者であると予測したきっかけは、「必要／獲得」率の計算にあった。これはまだ数えられていない票のうち、ゴアがブッシュに追いつくために必要な比率と、ゴアが実際に獲得を見込める票数の比率を比べたものである。[6]「午前二時五分前には」とエリスは書いている。「私の目には、ゴアが勝てないことは明らかとなった。私はジョージ・Wに電話し、どう思うかと尋ねた」。ブッシュは逆に、エリスがどう思うかを尋ねた。「君が勝ったと思うよ」とエリスは答えた。ジョージ・Wとしばらくの間、「必要／獲得」率について議論したあと、彼らは電話を切った。エリスによると、それから数分後「必要／獲得」率を見ると、ゴアが必要とする票数の比率と、ゴアが獲得を見込める票数の比率との差が八ポイントとなったため、「ブッシュがフロリダ州で勝利した」と発表したのだという。

しかし、二〇〇〇年のFOXニュースの大統領選挙報道で、投票日の午後から夕方、そして次の日の朝まで、エリスの隣に座っていた統計の専門家によると、エリスの言い分は実際に起こったことと大きく異なる。この専門家シンシア・タルコフは、エリスが「統計の天才」と呼ぶFOXの「決定チーム」のメンバーの一人で、「我々の画面に表れる全ての〈投票予測〉システムの裏表や詳細、そしてその落とし穴を知り尽くした……」人物である。タルコフによれば、エリスが「必要／獲得」率を計算したところを見たことはなかったし、そのような比率が画面に表示されたこともないという。[7]その代わり、エリスは従兄弟の一人と電話で話をしていたが、突然立ち上がり、「ジェブが俺たちが勝ったって言ってる！　ジェブが俺たちが勝ったって！」と叫んだのだった。まさにその直後、FO

Xの「決定チーム」はブッシュが勝者だと予測し、数秒後それを発表した。ジェブ・ブッシュは事実上、自分の兄のために選挙結果の判定を下したのだ。

公式記録では、FOXが午前二時一六分にその発表を行い、その四分以内に、NBC、CBS、CNN、ABCがそれに追随し、ブッシュが米国の次期大統領であることを宣言した。ゴアは、ナッシュビルのロウズホテル七階のスタッフ用の部屋で、驚きのあまり言葉を失い、あごを手の上で支える恰好で、スタッフと共にそのニュースを聞いた。しばらくして立ち上がると、ゴアは「敗北を認めようと思う。負けたことについては、潔くありたい」と言い(8)、その一〇分後、ブッシュに電話で敗北を宣言し、ブッシュの幸運を祈ると伝えた。そしてその後、公的に敗北宣言をするため、側近と共にナッシュビルの戦争記念広場へ向かった。

もちろん、その後全てのネットワーク局の予測が間違いだったことが分かった。全ネットワーク局がブッシュ勝利の判断を下した時点で、ブッシュはフロリダ州で勝利していなかったのだ。実際、フロリダ州の分析では、同州ではブッシュよりもゴアに投票した有権者のほうが多かったという結果が出ていたにもかかわらず、ジョージ・W・ブッシュが最終的に勝者と認められたのはそれから一カ月以上経ってからであった。この分析はシカゴ大学の全国世論研究センターが実施した(9)。この分析結果を精査した後、CBSニュースとAP通信は、「州全体で争点となっている全ての票集計を見ると、どんな基準を使っても、ゴアがブッシュのリードを抑えて浮上し、結果として四二から一一七票という僅差で勝利している」と報じた(10)。ワシントン・ポスト紙もまた同じ結論に達している。「……報道機関が選挙結果についての論争を再検討する努力をしていれば、シンプルでセンセーショナルな新事実が明らかになったことだろう。二〇〇〇年の秋、フロリダ州の六七の郡における全ての票を再集計する方法があったなら、それが『アンダーボート』（八二頁参照）であっても、『オーバーボート』であっても、前副大統領のアル・ゴアがホワイト・ハウスの住人になっていたことだろう」。この記事の記者は、さらに付け加えて「この結果は明らかに、より多くのフロリダの有権者がブッシュよりもゴアに投票したことを示している。そして手作業による再集計が行われていれば、ほとんどの開票基準の下では、フロリダ州全体でゴアが勝利していたことになる」(11)と書いている。

ブッシュが勝利宣言をしてから二時間以内に、全てのネットワーク局が彼らの予想を撤回していた。その間に、ブッシュのリードがどんどん小さくなり、ゴアは敗北宣言をするという決定を撤回する決意をしていた。そしてついに、苛立つジョージ・ブッシュに、その決定を伝えるべく電話をかけた。テキサス知事ジョージ・ブッシュは、「弟」がフロリダ州で自分が勝利したことを保証していると、ゴアに言った。ゴアは「言っておくが、君の弟はこの件に関して最終的な権限を持っていないことを忘れないでくれ」と言い返した(12)。しかし、この時点でゴアはブッシュの弟ジェブの影響力の強さが、ネットワーク局の「誤った予想」を引き起こし、ゴア自身も危うく公に敗北宣言をしてしまうところだった、ということを認識していなかったのだ。

ネットワーク局の誤った結果予測の影響を、選挙後の政治的環境の中で過大評価することは難しい。このせいで、ゴアが「潔く負けを受け入れられない人物」だと非難する声が高まり、ゴア陣営を大混乱に陥れた。そして、フロリダ州で手作業による票の再集計の正当性を訴えるゴアの努力を損なうことになったのだ。この問題は何人かの保守派も認めていることだ。非営利のメディア監視団体アキュラシー・イン・メディア（Accuracy in Media―メディアの正確性）のリード・アーバインとクリフ・キンケイドは、「〈ブッシュ勝利というネットワーク局の予測〉は、ブッシュ陣営と彼の支持者に、彼らが勝ったのにそれが盗まれたのだという確信を与える結果をもたらした」と書いている。[13] このような見解は、明らかにFOXの保守的なコメンテーター、ショーン・ハニティの見解であり、彼は同局の選挙後の報道中に「副大統領ゴアは、自分の盲目的な野望を満たそうとして、この国を憲法上の危機に導こうとしている」というような意見を繰り返し述べた。ハニティはまた、民主党がフロリダ州で「選挙を盗むため」再集計させようとして圧力をかけていると非難した。[14]

アーバインとキンケイドは、さらにワシントン・ポスト紙のスティーブ・ルクセンブルクの次の記事を引用している。「ネットワーク局の勝利宣言は、有権者と候補者に大きな心理的影響を与え、それは政治的また歴史的に悪影響を及ぼした。有権者はフロリダ州での長い再集計のプロセスを、接戦だった選挙だから結果の公表が遅れても仕方がないとして受け入れたかもしれなかった。しかし、すでに決定されたことが『ひっくりかえされた』ことで、その結果が腐敗しているのではないかというレトリックが両陣営で盛んに使われるようになった……そしてアメリカが危機に陥っているという感情に火をつけた」。[15] この「巻き返し」――つまりブッシュは勝者だったが、ゴアがその結果をひっくり返そうとしている――という受け取り方は、ネットワーク局の誤った予測によって生じたものだ。その誤報のせいで選挙の夜、何百万人もの人々がテキサス州知事が次の大統領であると信じて眠りにつき、また別の何百万もの人々が翌朝目を覚まして、同じ誤報に基づいて書かれた新聞記事を読んだのだから。同様の誤った見出しを使った新聞には、ボストン・グローブ、USAトゥデイ、ニューヨーク・ポスト、サンフランシスコ・クロニクル、フィラデルフィア・インクワイアラー、ワシントン・タイムズ、サクラメント・ビー、セントルイス・ポスト-ディスパッチ、オースティン（テキサス州）・アメリカン-ステーツマンの各紙があり、少なくとも三つのフロリダの新聞、マイアミ・ヘラルド、オーランド・センチネル、タラハシ・デモクラット各紙も同様の報道をした。(16)

この誤報とそれがもたらした敵対的な環境が、ゴアのフロリダでの再集計に関する戦略に影響を及ぼしたことは疑いの余地がない。また、おそらく実質的にブッシュに勝利を手渡した最高裁判決にも影響を及ぼしたであろう。ゴアのアドバイザーたちは、彼が「潔く負けを受け入れられない男」だというイメージに拍車をかけないよう気を遣わなければならなかった。共和党がそのイメージをゴアに押し付けようと躍起になっていたからだ。(17) 報道機関の多くも、手作業による再集計を実現させようとするゴアの努力を、無駄な抵抗のように取り扱った。トッド・ギトリンがロサンゼルス・タイムズ紙に書いた記事によれば、過去にニューヨーク州上院議員パトリック・モニハンとニューヨーク州知事マリオ・クオモの下で働いた経験があり、自身も民主党の党員である、NBCのティム・ラサートでさえ、「〈選挙の翌日の〉一一月八日に少なくとも三回、視聴者に、フロリダでの状況を見ると、アル・ゴアは、そろそろ権威ある政治家として負けを認めるべきだ、という発言をしていた」という。さらに、「ブッシュが負けを認めるべきだという発言はどんな条件であっても示唆されたことはない」と付け加えている。(18)

ゴアのアドバイザーたちが彼に促した論理的な戦略は、フロリダの六七の各郡で再集計を求めることだった。ゴアはブッシュにこのアイデアを提案したが、直ちに自分で行動を起こすことはしなかった。提案を受け取ったブッシュは直ちに却下した。メディア・コンソーシアムの再集計データによれば、もし手作業による再集計が全州で完全に行われていれば、ゴアがほぼ確実に勝利していただろう。しかしゴアのチームは、彼のフロリダでの再集計を正当化するために、「全ての人々の意思に逆らう妨害者」というイメージと常に戦いながら、迅速に十分な票を拾うことができる郡を特定しようとしたのだ。しかし、メディア・コンソーシアムのデータによれば、ゴアの法務チームが最初に要求した限定的な手集計が認可されていれば、ブッシュが勝利者として浮上していた可能性がある。ゴアの勝利は全ての郡で手作業による再集計が行われた場合のみ、ほぼ確実だったと言える。そして、それは実現しなかった。

しかし、もう少しで実現できたのだ。ゴアが限定的な再集計を要求したにもかかわらず、フロリダの地方裁判所判事テリー・ルイスは、連邦最高裁判所がフロリダ州の全ての郡で行われている再集計を止める命令を出した時、アンダーボート及びオーバーボートの票を州全土で再集計する命令を出す準備をしていたのだ[19]。フロリダ州選出の下院議員ピーター・ドイチェは、議会の公聴会で「票の集計を止めろという最高裁の政治的決定は、実際〈ネットワーク局の〉誤まった予測に影響されている。もし一一月七日に勝者が決まっていなかったなら、（最高裁の）政治的決定はまったく違ったものであったと私は思う」と述べている[20]。

このような主張の背後にある論理は、連邦最高裁判事のアントニン・スカリアが執筆した票再集計停止の判決文に由来し、基本的にはブッシュ大統領がフロリダでの真の勝者であるというものだ。スカリアは票の再集計を続けることは、「申立人（ブッシュ）と国に対し、彼が主張する選挙の合法性に暗雲を投げかけ、取り返しのつかない損害を及ぼすおそれがある」[21]と書いている。これは明らかに、票集計が決定的に証明していなかったこと、つまりフロリダでブッシュがゴアより多くの票を獲得していたという前提に立ったまったく驚くべき主張である。もし、ゴアが勝者として浮上することを前提とすれば、再集計が許可されないことは、「取り返しがつかない損害」をゴアと国に与えるのだ。スカリアの判決文は、ブッシュが真の勝者であったことを前提としていた場合にのみ正当化される。しかしスカリアと他の四人の最高裁判事は、何を根拠にブッシュ大統領が真の勝者だったと仮定したのだろう？　それはネットワーク局の誤った予測と、フロリダやワシントンD.C.の政治的環境が原因だったようである。それがゴアの票再集計への戦いを、運命に逆らう破壊的な行動であるかのように扱ったのだ。このような環境が、最高裁の判決を決定づけたとまでは言わないが、少なくともその形成を助けたことは確かだ。

この理論への反論があるとするなら、ブッシュを勝利者とした五人の判事は、ネットワーク局の予測や政治的環境がどのようなものであっても、同じ結論に至っていたという説だ。しかしデイビッド・スーター判事は、公正な票の集計を実施するために、この件をフロリダの判事に差し戻すことを、アンソニー・ケネディ判事に、あと一歩で承諾させるところまで来ていたと信じていたという。ケネディ判事は当初、ウィリアム・レンキスト、クラレンス・トーマス、アントニン・スカリア、そしてサンドラ・デイ・オコナーと共に、再集計を一時的に停止するという判決を支持したが、最終決定では、彼は迷っているように見えた。スーターはこの一カ月後、ある私立高校の生徒たちを前に、「あと一日、もう一日あったなら」ケネディは説得されただろうと語った。しかし、ケネディはこの政治的な戦闘をさらに続けることに、この国が耐えられないだろうという見解を持っていた。[22] もし政治的な環境が異なるものであったなら、また大統領選が、敗北宣言をした敗者が負けを認めず権力にしがみつくと言われる状態ではなく、最初からほぼ引き分けと見られていたなら、政治的な戦いを継続することへのケネディの反発には議論の余地があっただろう。勝者が分からない場合、勝利者を決定する唯一の公正な方法は、投票者にそれを決めさせることだろう。ケネディが再集計継続に反対することを正当化できるのは、勝者がすでに確定されていることを前提とした場合のみである。

多くのコメンテーターは、FOXが二人の主要候補の一人の縁故者を「決定デスクの責任者」として雇ったことに驚きを表明した。これは明らかに「利益相反」である。しかしFOXはそれを認めなかったばかりか、政治家の親族への差別に反対するとして、この雇用を擁護した。一九六〇年代に出口調査を発明し、大統領選の夜も各ネットワーク局が使用していた予測システムを開発したウォーレン・ミトフスキーは、エリスの行動――FOXの「決定デスク長」でありながら彼の従兄弟と相談する――を「選挙の夜のプロにあるまじき、想像を絶する最悪の行為だ。彼はブッシュ兄弟や他のどの政治家とも、彼がやっていることについて話すべきではない」と評している。[23]

その夜のエリスの行動について、FOXとエリスが報道関係および世論調査関係者から厳しい非難を浴びると思いきや、そんなことはまったく起こらなかった。彼らは非難を逃れたのだ。皮肉なことに彼らを窮地から救ったのは、二〇〇〇年選挙の夜にCBS/CNNの「決定デスク」の共同ディレクターを務めていたミトフスキー自身だった。彼はブリルズ・コンテント誌のセス・ムヌーキンに次のように述べた。「FOXが他局に同じ予測をするように圧力をかけたという問題についてだが、私は今まで他のネットワークの予測に影響されて、自分の予測を出したことはない。FOXが〈ブッシュ勝利〉の予測を発表したと聞いた時、がっかりした。なぜなら、私がそれを最初にやりたかったからだ……われわれも、もう少しで予測を出すところだった[24]」。

このミトフスキーのコメントに加えて、選挙の夜にVNS（Voter News Service—有権者ニュースサービス）が提供したデータについての他の論評からも、FOXがその時点で予測を行っていなかったとしても、他のネットワークが間もなく同様の予測を行っただろう、という見方が通説になってしまった。スレート誌のジャック・シェーファーは選挙から一週間後、次のように書いている。「報道倫理学者が、ブッシュの従兄弟であり、他局と同時にブッシュがフロリダで勝利したと予測した、FOXニュースのジョン・エリスの解雇を要求しているというのはお笑い種だ。確かにエリスは自分の従兄弟を応援していることを隠さなかったが、ミトフスキーや他のネットワークも、エリスと同じデータを見て同じ予測をしたことを思い出すべきだ[25]」。

しかし、ネットワーク局がどのようにその予測を行ったかを詳しく調べると、今の社会通念とは異なり、FOXがその予測を公表していなかったなら、他のネットワーク局も予測の発表を控えたであろうことが分かる。NBCはFOXに次いで二番目に予測を発表したネットワークだったが、FOXが発表した時、NBCの決定チームのリーダー、シェルドン・ガワイザーは、VNSの編集ディレクター、マレー・エデルマンと電話で話している最中だった。エデルマンはガワイザーに、ブッシュを勝者と予測するのが好ましくない理由を説明していたのだ。しかし、FOXの予測がオンエアされると、ガワイザーが電話を切りNBCもブッシュ勝利の予測を報道した。私自身は、その瞬間ミトフスキーとレンスキーの隣に座っていた。彼らはコンピュータの画面を見て、FOXに追随するかどうかを決めようとしていたが、NBCが予測を発表した時、ミトフスキーは直ちに、CNNとCBSも同様の報道をすると宣言した。他のネットワーク局の予測報道にもかかわらず、ABCの決定デスクは、そのような予測をすることに反対だった。しかし、ABCの幹部がその決定を覆し、FOXの予測からわずか四分後にブッシュがフロリダ州の勝者であると報道した。AP通信とVNSは、FOXのバンドワゴンに乗ることを自制した。二時間後、全てのネットワーク局が予想を撤回し、APとVNSは自分たちが正しかったことを証明したのだ。

全米のネットワーク局は、二〇〇〇年の大統領選挙の夜の彼らの行動が選挙プロセスを損ねたことを認めたが、将来同じような失策を防ぐための対策はほとんど取らなかった。彼らはその問題をVNSのせいにして、基本的に自分たちの決定チームが性急な決定をしたことの言い訳とし、ネットワーク局間の競争という、真の問題に触れることを回避したのだ。しかし、フロリダ州でブッシュを勝者と誤報し大統領選で大混乱を招くという、この深刻な大失態を演じた原因は「競争」に他ならない。二〇〇四年の選挙では、ネットワーク局はVNSを解散させ、選挙の夜のための新しい予測システムを開始した。このシステムを率いるのはミトフスキーとレンスキーである[26]（VNSはアメリカの大手メディア（ABC、CBS、NBC、CNN、FOXニュース、AP通信）が出資した共同事業体。マレー・エデルマン指揮のもと国政選挙における出口調査のデータを収集・分析し、選挙報道を支援する目的で一九九〇年に設立された。しかし二〇〇〇年大統領選の特にフロリダ州で、VNSの出口調査分析を用いたネットワーク局の報道が大きな混乱を招き、二〇〇二年選挙でもシステムが機能しなかったとして二〇〇三年に解散。その後身として、前記の大手メディアが共同出資し創設したのがNEP（National Election Pool―国政選挙プール）である。本章で言及されているミトフスキーのミトフスキー・インターナショナル社とエジソン・メディア・リサーチ社（エジソン／ミトフスキー）が、NEPのコンサルタントとして調査・分析を担当した。その出口調査の方法は、本書「阻まれた大勝利」の章に詳しい。二〇一〇年選挙でNEPは五〇州の内三一州でしか出口調査を行わなかった。なお二〇一〇年からは、エジソン・リサーチ社がNEPの出口調査・分析を請け負っている）。しかし各ネットワーク局独自の「決定チーム」を解散させることは拒否した。彼らは互いに競争を続けており、従って、いまだに誤報をするリスクがある。マレー・エデルマンは「決定チーム」について次のように述べている。「彼らは、二〇〇四年の選挙では慎重だった。二〇〇〇年の選挙がまだ記憶に新しかったから。でも、いずれまた競争を始めるさ……この業界には競争がつきものなんだ。次に選挙結果の誤報をするまで、どのくらいかかるかは単に時間の問題だ(27)」。

フロリダ州二〇〇〇年
無法者大統領による無法政治の始まり

ランス・ディヘブン-スミス

多くの論議を呼んだ二〇〇〇年アメリカ大統領選挙の道徳的意味の重大さは、ブッシュ政権二期目の半ば、同政権の驚くべき犯罪性が一連のスキャンダルとして世間の目にさらされた時、ようやく全面的に明らかになった。二〇〇〇年当時、多くのアメリカ人は大統領選挙の道が逸れてしまったこと、そしてフロリダ州の高官が法律を遵守しているふりをしながら、実はブッシュを有利にする決定を下していたことに気付いていた。しかし選挙直後、フロリダ州のブッシュ支持者たちが（選挙よりずっと前から）仕組んできた様々な行為が、この選挙結果をもたらしたと信じた人はほとんどいなかった。当時の一般的なコンセンサスは、ブッシュが大統領になったのは「まぐれ」というものだった。

しかし今では、二〇〇〇年の大統領選挙のみならず、ジョージ・W・ブッシュと彼の側近についてより多くのことが分かってきており、ブッシュ政権はアメリカ史上、最も犯罪的で無法な政権の一つと言われている。もし二〇〇一年の時点で、二〇〇〇年大統領選挙についてもっと徹底的な調査がなされていれば、彼らによる権力の乱用が防止できたのかもしれない。そうすれば、他の政治エリートも国民も、ブッシュが犯罪的な陰謀によって当選したことを知ることになり、新大統領と彼のチームをもっと警戒していたはずだ。

この陰謀はおそらく、ジョージ・W・ブッシュの選挙運動の戦略家に誘発されたフロリダ州の有力議員らから始まったものだ。このグループは民主党員をターゲットに公民権を剥奪するプログラムを実施した。これは犯罪である。また、このプログラムには意図的に欠陥が仕組まれていたため、投票日には民主党員が多い都市部で大混乱が起きた。[1] 選挙後の紛争の時も、グループの中心メンバーに国会議員や海外駐在の軍人、そしてフロリダ州議会の下院議長までもが加わって再集計を妨害し、不法に投票された海外駐在軍人の軍事投票用紙をフロリダに輸送したり、フロリダ州の郡レベルでの海外駐在軍人による投票集計をブッシュに有利となるよう歪曲したりと、様々な不正行為を行った。さらに、他の方法では再集計が避けられないと見るや、憲法上の危機を装って連邦最高裁判所に訴えたのだ。[2]

人口動態を変更

二〇〇〇年大統領選における共和党のフロリダ州での犯罪は、その前二〇年ほどの間に起きた共和・民主党の苦い争いに端を発したものである。フロリダは南部連合国であった他の州と同様、六〇年代までは民主党支持州であったが、一九六四年の公民権法の成立後、徐々に共和党支持に傾いていった州である。ジョージ・W・ブッシュ大統領の弟ジェブ・ブッシュは、一九九四年に初の州知事選で、現職のロートン・チャイルズに五〇〇万以上の投票数のうち僅か六万四〇〇〇票の差で敗れた。当時これはフロリダ州史上二番目の大接戦で、チャイルズは汚い戦術でその勝利をもぎ取ったのだ。選挙戦の初めに、彼はジェブのビジネス取引に関して根拠のない非難を繰り返し、ついに選挙日の前の週に世論を味方につけた。ジェブは一九九八年に再び立候補し、チャイルズの副知事を務めたバディ・マッケイに大勝した。ジェブ・ブッシュの勝利で、共和党は南北戦争からの再統合期以来、初めてフロリダ州で知事と議会の両院を制したのである。

しかしその勝利の時でさえ、ジェブと共和党幹部は人口動向の流れは共和党に不利であることを認識していた。フロリダ州は一九五〇年代から急速に人口が増加し、二〇〇〇年選挙までの数十年間に人口構成が着実に高齢化し、人種・民族的にも多様化していた[3]。共和党はフロリダ生まれの白人、アメリカ中西部やキューバからの移住者などの間で支持を集めていたが、キューバ以外のヒスパニック系住民、カリブ系黒人、アフリカ系アメリカ人、またアメリカ北東部から移住した高齢者からの支持は得ていなかった。これらの層は民主党の支持基盤であり、中でも特に「マイノリティ」（一般的にはアフリカ系、ヒスパニック系、アジア系、その他の少数民族など、白人・ヨーロッパ系以外の人種・民族の子孫を指す）の人口の増加が、共和党基盤の人口よりも急速であった。二〇二五年までに、同州のマイノリティ人口は全体の四〇パーセントを占めると予想される。二〇〇〇年には三二パーセントだった[4]。

このような民主党基盤の人口増加に直面し、共和党は同州の政治における自分たちの支配力を強固にしようと躍起になった。まず、権力を知事のオフィス一手に集中させ、民主党の投票力を弱めるように選挙法を改定し、不在者投票を促進し、政府のアナリストからの批判を抑圧した。また民営化を促進して、民主党に投票する傾向のある州職員たちを民間事業者と置き換えた。事業者は州政府との契約に依存するため共和党の権力体制に忠実になるからだ。

このような戦術は、二〇〇〇年選挙のドタバタ劇で絶頂に達した。しかし選挙は共和党だけのものではない上、それ自体が彼らの主な目標ではなかった。二〇〇〇年に選挙の品位を損ねた共和党の行動は、実はフロリダ州の政治制度や市民文化への大規模な攻撃の一部だったのだ。フロリダ州はある意味ジェブ・ブッシュ州知事の下で、ブッシュ／チェイニー時代にアメリカという国が経験したことの前兆を経験したとも言える。ジェブと共和党の指導者たちは、州政府の重要な地位に共和党の利益を重視する共和党員を配置するという、長期的で多面的な取り組みを開始した。そうすることで州政府の資金と権力を使って共和党の政策を実行し、世論をコントロールし、情報へのアクセスを制限し、さらに医師、警察官、消防士、その他の共和党の政策を受け入れやすい傾向にあるグループ、共和党から優遇されたいと思っているグループからの支持を構築していった。

重罪犯人の選挙権剝奪

二〇〇〇年大統領選挙におけるフロリダ州での投票管理について調査を行った唯一の政府機関は、アメリカ公民権委員会（United States Civil Rights Commission——以下、公民権委員会）であった。同委員会は、召喚権限を使って宣誓証言を要求することができる唯一の政府機関でもある。二〇〇一年の一月から二月にかけて同委員会は公聴会を開き、州務長官キャサリン・ハリスや、おそらくジェブ・ブッシュも含まれる他の共和党幹部が、多くの民主党の有権者を不法に削除するという陰謀に関わったかもしれないという証拠を明らかにした。フロリダ州では、重罪犯人は州知事と議会によって公民権が回復されていない限り投票する資格がないため、有権者名簿から削除されるが、共和党幹部たちは重罪犯人を削除すると見せかけて、主に民主党の有権者を不法に削除していたのだ(5)。

一九九八年、共和党員が多数を占めるフロリダ州議会は、登録有権者リストから不適格な有権者を削除する作業は、選挙部の専門家ではなく民間企業が行う必要がある、という法律を制定した。フロリダ州で有権者の適格性の決定が、民間企業の手に委ねられたことはかつて一度もなかった。州務長官や選挙部長と連携して、登録有権者リストに載っている元重罪犯人を特定するという仕事の委託契約を受けた会社は、データベース・テクノロジーズ（DBT）という会社だった。公民権委員会は同社の副社長、ジョージ・ブルーダーを召喚し、彼に宣誓証言を求めた(6)。

ブルーダーはこの仕事での体験を語り、DBTが有罪判決を受けた重罪犯人のリストとフロリダ州の登録有権者リストを比べて、名前やその他の情報を一致させる作業を始めた時、DBTが使用するように指示された基準が非常にあいまいで「誤判定」になってしまうケースが多く、心配になったと証言した。

しかし選挙部は、DBTに契約上で許される最もあいまいな基準を使うよう要求した。これは二つのリストを照合するために、ファースト・ネーム、ラスト・ネーム及び生年月日のみを使用するという方法だ。また選挙部は、ファースト・ネームとミドル・ネームの順番が一致する必要はないとDBTに指示した。つまり、ジョン・アンドリュー・スミスは、アンドリュー・ジョン・スミスと同一人物と考えてよい、ということになる。選挙部はまた、元重罪犯人のリストに載っている個人名のラストネームと登録有権者のラストネームがほぼ同じであれば、姓が一致したと認めるべきだと主張したのだ。ラストネームのスペルが「九〇パーセント」同じであれば一致と見なす、ということだったという。これはつまり、ジョン・アンドリュー・スミス（Smith）は、ジョン・アンドリュー・スマイス（Smythe）や、アンドリュー・ジョン・スマイス、またジョン・アンドリュー・スミット（Smitt）とも同一人物と見なしてよいということになる。このような例は限りがない。ブルーダーは彼の証言を次のようにまとめた。「フロリダ州は、基準をさらにあいまいにするように命令してきた。我々は要求された通りにやったのだ」。

選挙部の指導の下にDBTがあいまいな基準を使った結果、元重罪犯人と認定された非常に誤りの多い登録有権者名簿が完成した。郡の選挙管理者は、自分の郡の登録有権者で重罪犯人とされた人物のリストを送付され、その情報を確認して、重罪犯人を有権者名簿から削除するように指示されていた。各郡の選挙管理者が、どれほど注意深くその確認を行ったかは分かっていないが、公民権委員会の捜査では、その方法は郡によって大きく異なっていたことが判明している。

二〇〇〇年の六月までには、何人かの選挙管理者にとっては彼らの元に送られてきたリストが間違いだらけであることが明白だった。公民権委員会の報告書には、この問題について多くの例が記録されている。あいまいな基準に加えて、さらに多くのエラーが生じた原因の一つは、数ある他州の中でも、なんとテキサス州から軽犯罪者の名前が誤って挿入されていたことだ。このエラーだけで、八〇〇〇人以上のフロリダの有権者が登録有権者の名簿から不適切に削除されたのである。

このような問題が起こったことは選挙部も知るところとなり、選挙部は州の全選挙管理者に対し、このミスを報告する手紙を送っている。しかし多くの郡では、その問題の多くは訂正されず、何万人もが登録有権者名簿から削除されてしまった。削除された有権者の多くは、二〇〇〇年の大統領選挙で投票しようと訪れた投票所で初めて、自分の登録が取り消されていたことを知ったのだった。投票日での混乱の大半はそのために起こったのだ。

公民権委員会の調査結果は、フロリダ州務長官キャサリン・ハリス、州知事ジェブ・ブッシュ、そして州選挙部長クレイ・ロバーツに対する徹底的な捜査を正当化するに十分であった。この三人が単独または合同で自らの立場の権力を不当に使い、二〇〇〇年の選挙結果に影響を与えた可能性がある。これは同州の選挙法では重犯罪である。少なくとも一人、または複数が、DBTの業務の正確性について業務基準の条項を含まない契約書を発行し、重罪犯の選挙権剥奪についての問題が発覚した後も是正を怠り、それが原因で二〇〇〇年の投票日に投票所で混乱が起こった時も、収束に十分な職員を派遣する責任を果たしていなかったのだ。彼らは職権乱用または義務不履行の罪に問われて当然であった。ハリスや他の者がアフリカ系アメリカ人の投票権を弱めることを意図して、これらの措置を講じたのであれば――実際そのように見えるが――彼らは連邦の投票権法に違反したことになる。

しかし、追跡捜査は一切行われなかった。信じがたいことに、このアメリカ公民権委員会の公聴会はテレビではまったく生中継されず、報道されても、それには必ず公民権委員会のメンバーの大半は民主党員や民主党が任命した人物だから見解が偏っている、という共和党からの非難が含まれていた。

多くの問題に阻まれながらも、ゴアは勝利した

フロリダ州選挙管理当局は、最終的に五三七票差でジョージ・W・ブッシュが二〇〇〇年大統領選挙の勝者であると宣言した。しかし、多くのフロリダ州の郡で使用され、エラーを起こしやすいと評判だった集計機器がはじき出し、集計されなかった一七万五〇一〇票の投票用紙についての疑惑は、選挙結果の論争中もその後も、何も解決されなかった。これらの票は多くの場合、共和党の陰謀による混乱と対立のせいで選挙の論争中に集計されずに終わった。しかしながら、二〇〇一年にシカゴ大学が研究の一環として、これらの票を全て慎重にカウントしたところ、ゴアがブッシュよりも多くの票を獲得したという結果が出ている(7)。

ゴアの勝利の決め手となった票は意外な場所にあった。選挙結果の論争中に再集計が手作業で行われたが、最も重点が置かれたのはパンチ・カード方式の投票用紙のうち「アンダーボート(undervotes)」と呼ばれた票であった。アンダーボートとは、投票集計機が「候補者が選択されていない」と認識するため、はじかれてしまう票のことだ。投票集計機は、パンチ・カードが機械を通過する間に光を当てることでカードを読み込む。つまり、有権者が候補者の欄をパンチした時に「チャド」と呼ばれる紙片が穴から外れ、機械の光がその穴を通過して穴を認識することで、投票集計機に票が登録されるのである。だから、もしチャドが部分的にしか穴から外れていない場合、スイング・

ドアのようになりドアが開いているようにも閉まっているようにも見える。つまり、しっかりパンチされなかったカードは、チャドがまだ穴に引っかかったままで、投票用紙が機械を通過して光が穴を通る時、機械はドアが閉じられていると勘違いしてその投票用紙を見逃してしまうこともあるのだ。この問題は選挙管理当局関係者の間ではよく知られており、フロリダ州を含む多くの州で、投票結果が非常に接近している時には手作業で集計することになっているのは、これが理由なのである。

二〇〇〇年の選挙の際、パンチ・カードを使った投票用紙を手作業で集計することが論争の的となったのは、フロリダ州では部分的にしか穴があけられていない投票用紙について、州全体での明確な規定がなかったからだ。フロリダ州法では郡レベルの選挙管理局が再集計を取り行い、投票用紙を目で見て調べ、可能であれば有権者の意思を究明する。しかし再集計中には、パームビーチ郡ではブロワード郡よりもチャドの取り扱いが厳しかった。ブロワード郡はこのプロセスの中で基準をある程度緩和したのだ。これらの相違と基準の変更は、手作業による再集計が恣意的であり、改竄されやすいという印象を与えた。フロリダ州最高裁判所が一二月初めに命じた再集計に、連邦最高裁判所が介入しその終了を命じたのは、それが理由だったのだ。連邦最高裁が一二月一二日に最終判決を出した時、手作業による再集計は支持するものの、それにはフロリダ州全体に適用される基準が必要だと述べた。連邦最高裁はまた、フロリダ州最高裁が命令した再集計は、連邦議会に大統領選の結果を報告する期限までに完了できないとした。

皮肉なことに、今では二〇〇〇年の大統領選挙の結果は、チャドに左右されるものではなかったことが分かっている。機械によってはじかれた投票用紙の三分の一がアンダーボートだったが、シカゴ大学の調査によると、穴に残っているチャドをどの基準で判断しても、部分的にパンチされたチャドの数は、ゴアとブッシュの間でほぼ均等に分かれることが判明した。ゴアの勝利を決定づけた票は、機械がはじいた投票用紙の数とはまったく別物で、それは今では「ライトイン・オーバーボート(write-in overvotes)」と呼ばれている票によるものだった。普通、投票用紙にはその選挙に立候補している候補者の名前がリストされているが、最後にライトイン(write-in)というスペースが用意されている(アメリカのいくつかの州や地域では、投票用紙にリストされた候補者以外の候補者にも投票することができる。その人物が候補者として登録している必要があるが、州によっては立候補の意思を表明していなくても構わない。これが「ライトイン候補者」と呼ばれ、有権者は投票用紙の候補者リストの最後にある"Write in"または"Other"という欄を選択し、リスト以外の候補者の名前を書いて投票できる)。ライトイン・オーバーボート票は、リストに載っている候補者が選択され、かつ同じ候補者名がライトインの欄にもう一度書かれている票。これが自動的に集計機器によってはじき出された。しかし、リストで選択されている候補者とライトインに書かれた名前が一致するなら、それは紛れもなく法的に有効な票である。集計されなかった票についてのシカゴ大学の調査では、ライトイン・オーバーボート票は、ゴアへの投票が圧倒的に多かった。したがって、もし完全な再集計を行っていたら、ゴアが疑問の余地なく勝っていたはずなのである。(8)

論争中の偏向

大統領選挙が明確な勝者なく終わった時、フロリダ州の共和党幹部は、選挙前と同じように犯罪をもいとわない行動をとり続けた。彼らは公平性を確保するために選挙プロセスを管理し、憲法を守ると宣誓してその地位に就いた人たちだ。その彼らがジョージ・W・ブッシュの得票を確保するために謀略をめぐらせたのだ。論争が終わってから数週間して発表されたワシントン・ポスト紙の記事によれば、ジェブ・ブッシュとキャサリン・ハリスの行動の少なくともいくつかに関しては、直接または間接的に、ジョージ・ブッシュの法律チームの戦略と連携していた(9)。ブッシュとハリスは選挙当日に投票総数の集計を全て、正しく数えることを阻止した陰謀の片棒を担いだのだ。きちんと再集計されればゴアが勝利したことを認識していたにもかかわらず、またそれだからこそ、阻止したのだった。

ワシントン・ポスト紙が報じた一連の内容は、二〇〇一年夏のニューヨーク・タイムズ紙の連載記事でも追跡報道され、州都タラハシーの共和党幹部、共和党議員、そして州内外の軍の職員などが陰謀を企てた可能性を指摘している(10)。ニューヨーク・タイムズ紙によると、軍職員は選挙日の後に投票することを勧められた。また海外の軍職員の投票用紙は、開票に間に合うようフロリダに届けるため速達郵送されたが、その中には違法投票も含まれていたことが知られている。また、ブッシュ陣営によってフロリダに送り込まれた共和党の工作員が各郡の選挙管理当局に圧力をかけ、不適切に投票された投票用紙を共和党支持者の多い郡では数え、民主党支持者の多い郡では数えないようにすることに成功した。

これらの明らかな陰謀の中心はキャサリン・ハリスだった。州務長官である彼女は——もし彼女がこの犯罪的陰謀に関わっていなかったとしても——選挙後の混乱については、おそらく最も非難されてしかるべき人物である。彼女にはフロリダ州の選挙を管理する全体的な責任があったからだ。この論争が始まると、ハリスは共和党内で最も知名度が高い戦略家マック・スティパノビッチを自分の側近として雇ったが、スティパノビッチはこの論争中もジョージ・W・ブッシュの法律チームと定期的に連絡を取り合うことを禁じられなかった。当然のことながら、論争中にはハリスは公然と非難された。たとえば、彼女はどこかの国の駐在大使に任命されるという約束を取り付けたから、ジョージ・W・ブッシュを援助しているのだと言う者もあった。タラハシーでは、ハリスと知事のジェブ・ブッシュが予備選挙期間中に州外での選挙運動に同行し、そこで不倫をしたという噂がささやかれていた。(11)しかし当時は、このような非難はブッシュの政敵が流したわざとらしい噂のように受け取られていた。だが、舞台裏でのスティパノビッチの活動が明るみに出るにつれ、ブッシュに有利な決定を繰り返すハリスの行動について、彼女の無害な決定を党派的な連中がわざと妨害していると言って、簡単に見過ごすことはできなくなった。

ジェブ・ブッシュは選挙管理委員会に関わることを辞退したが、舞台裏で兄を助けるため活発に動いていた。もしジェブのしたことが、ジョージ・Wへのアドバイスや精神面での支援だけであったなら彼を公然と非難することはできなかっただろうが、実際のところジェブの行動のいくつかはフロリダ州の法律に違反するものだった。彼はフロリダ州に雇用されている時間に、兄の弁護士とのミーティングに個人的に出席していた。もっと悪いことに、彼はフロリダ州に雇われている知事の法律担当者に、就労時間中にフロリダ州最大の法律事務所に連絡させ、ゴアのために仕事をしないように伝えさせていた。(12) これは州の人材を党派的な政治のために不正利用する以上のものだ。その法律事務所が、州からの委託契約と知事へのアクセスが必要なロビイング契約から非常に多くの収入を得ていることを考えると、この法律事務所がこの連絡を遠回しな脅迫と受け取っても不思議はない。公職を使って強制することは法律違反である。

これほど広範囲でも露骨でもなかったが、民主党内にも党派的行動はあった。民主党員であるフロリダ州司法長官ボブ・バターワースは、ゴア・チームと定期的な接触を持っており、テレビに出て再集計を擁護する発言をしている。また彼のスタッフが、パームビーチ郡選挙委員会に対し、州務長官が決めた再集計の期限についての彼の専門的意見を求めるよう要請したこともある。その一方、バターワースはゴアに不利となった行動もとった。特に、海外や船上に駐留する軍人の郵便は消印がないので、不在者投票による投票用紙には消印が必要であるというフロリダ州の要件は免除すべきであると主張し、それを書面でもテレビでも述べた。バターワースはまた、米国憲法で要求されている均等な待遇は、州全体の投票を手作業で行うことで対処する必要があると主張した。それが正論であっても、バターワースがゴアの法律や政治チームと頻繁に連絡をとったことは、独立性を求められる彼の立場にはそぐわないものであったと言える。

要するに、フロリダ州の選挙プロセスを公正かつオープンに維持する役割を担っているはずの州の役人は、中立的ではなかったと言わざるをえない。ワシントン・ポスト紙はこの党派的な行動について、次のように述べている。

明らかなのは、ジョージ・ブッシュは弟が州知事であったことと、キャサリン・ハリスが州務長官であったことで、大いに有利な立場に立てたということである。ジェブ・ブッシュと彼のチームが優秀な弁護士や政治アナリストを集め、戦略的アドバイスを提供することで果たした役割は、選挙後のインタビューからさらに明らかになっている。ジェブ・ブッシュが知事であったため、共和党は州政府の投票機械をコントロールすることができ、期限を設定して選挙法を施行する権限があり、それを当時のテキサス州知事に有利に、そしてゴアに不利となるよう進めることができた。州務長官ハリスは、J・M・〝マック〟・スティパノビッチからの助言に依存していた。スティパノビッチは同州の共和党の重要な戦略家の一人で、広い人脈を持った共和党のロビイストであり、ジェブ・ブッシュの支持者でもある。(13)

二〇〇〇年の大統領選挙が盗まれたことは明らかである。主に妨害によるものではあったが、昔ながらの投票詐欺も多かった。さらに、州政府で高い地位を占めていた男女の高官たちの関与を示す証拠が上がっている。これらの犯罪には時効があるため、もはや彼らが罰せられることはないかもしれないが、我が国の将来のため、彼らの犯罪はさらに調査され真実が暴かれる必要がある。そうすることで、今後同じような犯罪が起きないように改革を進めることができる。

アメリカ人がこの経験から学ぶことも同様に重要である。候補者とその支持者が自ら進んで法律を破り、憲法を無視して、資格ある有権者の選挙権を剥奪し、権力を得るために他の方法で政治的プロセスを貶めたなら、それに対処する最もよい方法は「前に進む」ことではなく調査することである。選挙に勝つため、いかさまや嘘が平気な人たちは、当選してからも同じこと、さらにはもっと悪いことを平気でするからだ。これが二〇〇〇年の大統領選挙と、恥ずべきジョージ・W・ブッシュ政権から得た我々の教訓である。

2002年

共和党上院議員であったジム・ジェフォーズが、二〇〇一年五月二四日に共和党を離党して無党派となり、民主党会派として投票することになった時、共和党上院は少数党に転落した（二〇〇〇年の選挙が終わった時点でアメリカ上院の議席数は、共和党五〇議席、民主党五〇議席と均衡状態にあった。その場合、法案などへの投票が同数であった場合のみ副大統領が投票することができるため、二〇〇一年五月の時点では、共和党は副大統領チェイニーが投票することで、多数党となり独自で法案を通すことができた。しかし、ジム・ジェフォーズが共和党を離党して民主党会派として投票することになったため、共和党四九議席、民主党五一議席となり、チェイニーは投票できなくなるため、共和党は少数党に転落した）。共和党はその時もその後の中間選挙でも、多数党となるための議席を取り戻そうと躍起になった（中間選挙とは四年ごとにある大統領選挙の中間の年に行われる上院と下院の選挙のこと。上院議員の三分の一、下院議員の全員を改選する。任期六年の上院議員は二年ごとに三分の一ずつ改選され、任期二年の下院議員は二年ごとに全ての議席が改選される。全ての連邦選挙は一一月に行われる）。二〇〇二年の中間選挙は、いくつかの州で大きな番狂わせや不可解な出来事、不正行為などが相次ぎ、その一つであるニューハンプシャー州では、共和党の工作員が二〇〇二年の中間選挙投票日の早朝、民主党の投票率を低くするために電話妨害作戦に乗り出し、後に有罪判決を受けた。最も不可解だったのはジョージア州で、民主党の現職上院議員マックス・クリーランドが兵役逃れのタカ派サックスビー・チャンブリスに予想外の「敗北」を喫した。クリーランドは勲章を持つ退役軍人で、地域での人気も高い政治家だった。

二〇〇三年、コンピューター技術者のロブ・ベーラーという人物が衝撃的な発言をした。彼は二〇〇二年の夏、ジョージア州のディボールド社でデプロイメント・マネージャーとして働いたが、中間選挙のわずか数週間前、同社の電子投票部門の社長ボブ・ユロセビッチが、テキサス州からジョージア州までわざわざ出向いてきて、数千機もの同社の投票機に不正なソフトウェア・パッチを入れるよう指示したというのだ。ベーラーはABCのテレビ番組「ナイトライン」でその話を公表し、その後、ネーション誌のロニー・ダガーが彼の話を記事にした。しかしベーラーと彼の話した内容は、いずれ忘れられてしまった。

本章では、ロバート・F・ケネディ・ジュニアが、ジョージア州でのベーラーの話を再び取り上げ、クリス・フッドという別の元ディボールドのマネージャーの証言でベーラーの話を再確認し、それをさらに広げている。ケネディはフッドの話から、二〇〇二年の選挙日に全国で使用されることになっていたDRE(Direct Recording Electronic――投票を電子的に直接記録する）投票機のセキュリティがいかに欠如していたかを説明した。DREの問題は非常に重要であるにもかかわらず、ケネディの暴露記事はほとんどニュースとして取り上げられなかった。MSNBCの「ハードボール」という番組で司会のクリス・マシューズがケネディを怒鳴りつけたことがあったが、それ以外はまったく注目されなかった。

二〇〇二年の選挙では、共和党は特定の州で票の不正操作を行った。最も執念深く行ったのはアラバマ州で、同州で人気が高かった民主党の革新的知事ドン・シーゲルマンは再選を不正に阻まれ、その後でっち上げられた虚構の罪で起訴され連邦刑務所に投獄された。彼は現在も獄中で外部との連絡を絶たれたまま、上告する権利さえも奪われている。ハーパーズ誌のスコット・ホートンが「鉄仮面」と呼んだシーゲルマンは政治犯である。それなのに彼の窮状を、ほとんどのマスコミはまったく無視してきた。これに関連するエッセイで、ラリサ・アレクサンドロブナが、ワシントンのブッシュ軍団からの指令を受けて実質的にアラバマ州を牛耳っている共和党の政治陰謀集団に光を当てている。そしてジェームズ・グンドラックは、二〇〇二年の選挙ではアラバマ州の投票が不正に操られていたことを明らかにしてくれる。

ジョージア州におけるディボールド社と上院議員マックス・クリーランドの「敗北」

ロバート・F・ケネディ・ジュニア

二〇〇〇年大統領選挙の大混乱は、ほとんどのアメリカ人に自分たちの選挙制度が壊れていたことを認識させた。それに対して民間の企業は改善案を出すのが早かった。産業界やロビイストは、タッチスクリーン式の投票機なら、投票はATMから現金を引き出すのと同じくらい簡単で信頼性の高いものになると約束した。常にお金を必要としていて産業界の動きに敏感な議会は、国の選挙システムをアップグレードするため、早速三九億ドルもの資金を投じることを承認したが、その資金のほとんどは、全国一八万の地域に電子投票機を設置するために使われたのだ。しかし二〇〇八年の選挙が近づくにつれて、この電子投票機は、選挙を簡単にするどころか逆に難しくすることが分かってきた。この技術は、多くの調査でハッカーが簡単に不正侵入して選挙結果を操作することができると証明されたのだ。

さらに悪いことに、多くの電子投票機は、機械が機能不全になった時、再集計ができる紙の記録を作らないのだ。これは悪質な改竄を招くことになる重要な手落ちだった。フロリダ州レオン郡の選挙管理者イオン・サンチョは、「どの郡の選挙管理局にも選挙を操作する技術を持つスタッフが常駐している」と私に指摘した。「たった一人の腐敗したスタッフが選挙を台無しにすることができるのです。紙の記録がなければ、目の前で不正が行われていても、私がまったく気付かないこともありえます。少人数の適材を適所に置けば、大統領選挙を操ることも可能ですよ」。

クリス・フッドは、二〇〇二年七月にジョージア州で起こっていたことに疑問を感じ始めた日のことをよく覚えている。アフリカ系アメリカ人である彼の両親は一九六〇年代、南部で選挙権獲得のために戦った人たちだ。彼はディボールド社のコンサルタントとして、新たな電子投票機を普及させる仕事に誇りを持っていた。その二年前の大統領選挙の時、ジョージア州では九万四〇〇〇の紙ベースの投票用紙が集計されなかった。これは全国平均のほぼ倍である。そのため州務長官キャシー・コックスは、全ての投票が確実に集計されるよう強く求められていた。

二〇〇二年五月、州務局のコックスの部下がディボールドとの契約書に署名した時、フッドはそれに立ち会った。ジョージア州は一万九〇〇〇台の電子投票機を州各地に設置するため、五四〇〇万ドルをディボールドに支払った。その時、アトランタのマリオット・ホテル内のレストランで、フッドはディボールドの最高経営責任者（CEO）、ウォールデン・オデルが五分おきに自分のノートブックPCを覗き込んで自社の株価をチェックしているのに気がついた。この契約が発表されて株価が上がるのを待っていたのだ。

フッドはその時、世界第三位のATM販売業者であるディボールドが、なぜ投票機の契約を獲得できたのか不思議に思った。なぜなら、ディボールドがジョージア州に販売すると約束した電子投票機は、グローバル・エレクション・システムズという会社が所有する技術で作られていたが、ディボールドは当時、この会社の買収をかろうじて完了したばかりだったのだ。加えて同社の入札額は、競合九社間で最も高かった。社内では入札の不正がささやかれていた。

「落札された当日、ディボールドの幹部たちは、記者会見を計画していたのです。我々は落札発表の数時間前まで、ホテルの部屋から出ないように指示されました」とフッドは回想した。彼らは入札プロセスが公正でなかったことを「競争相手に知られて、それについて抗議されることを恐れていたのです」。ディボールドが政治的影響力を持っていたことも大きかった。州務長官コックスの前任はルイス・マッセイという男で、彼はディボールドのロビイストになっていたのだ。

問題だったのは、新しい投票機を設置するのに時間的余裕がたったの五カ月しかなかったことだ。「このように大規模な配備をするには、非常にわずかな時間しかありませんでした」とフッドは指摘した。倉庫に格納されている古い投票機を新しいものに交換し、数十人の州当局職員と投票所係員にタッチスクリーン投票機の使用方法を教え、訓練しなければならなかった。「それはほとんど不可能と言ってよいくらいでした」とフッドは言う。全てを時間通りに終える方法は唯一つ。「ベンダーが全ての環境をコントロールする権限がある」なら、それが可能だった。実際にはその通りになった。州務長官コックスは七月下旬に、新しい投票機を配置する契約をディボールドと交わし、実質的にジョージア州の全選挙制度を民営化した。同社は、投票用紙やプログラム機器を用意するだけでなく、全州の投票所係員をトレーニングする権限まで与えられた。それらは全て州当局の監視なしに行われた。「我々が選挙を取り仕切りました」とフッドは言う。「三五六人の社員がジョージア州に派遣され、ディボールドが投票所を開場・閉場し、投票の集計もしました。時間的余裕がないので、ディボールドが全てを取り仕切ることが一番よいということをコックスに納得させたのです。問題なく選挙を行うために、コックスはディボールドに全てを取り仕切らせたのです」。

そして七月のある日、フッドはディボールドの選挙部門の社長ボブ・ユロセビッチが、テキサスの本社からジョージア州に乗り込んできたのを見て驚いた。予備選挙の日が近づいていたが、ユロセビッチは自ら個人的に、コンピューターのプログラムの不具合を修正するためにデザインされた「パッチ」と呼ばれる小さなソフトを配布したのだ。「我々にはシステム内の時計を修正するものだと説明されたが、そのソフトにそのような機能はなかった」とフッドは言う。「興味深いのは、それが非常に迅速に、隠れて行われたということです」。

ジョージア州の法律では、投票機に何らかの変更が加えられる場合、州が認定することを義務づけている。しかし、コックスがディボールドと交わした契約のおかげで、ディボールドは基本的に自社の行為を自ら認定できたのだ。「それは不正なパッチで、州に隠そうとしていたのです」とフッドは教えてくれた。「我々は郡の担当者にパッチのことを話さないように言われました。私はユロセビッチから直接その指示を受けました。会社の社長が、そのようなレベルの仕事に関与して、そんな命令を直接社員に与えるなんて、普通じゃないですよ」。

フッドによると、ディボールドの従業員は州最大の民主党の拠点であるデカルブ郡とフルトン郡で、およそ五〇〇〇機のソフトウェアを変更した。フッドと彼のチームは見つからないよう早朝に倉庫に入った。「我々は朝七時三〇分には倉庫に入り、一一時には立ち去りました」とフッド言う。「機械をアンロックする共通の鍵があるので、アクセスするのは簡単です。倉庫内の機械にはロックがかかっていなかった。我々は全てをコントロールすることができました。ジョージア州は、言うなれば我々に城の鍵を与え、決して邪魔をしませんでした」。フッドは自分で五六機にパッチをインストールし、一二〇〇機以上にパッチがインストールされるのを目撃した。

パッチはメモリーカードに入っており、それを機械に挿入する。最終的に全てのメモリーカードは投票を集計するサーバー上に置かれ、そこではパッチが選挙結果を変えるようにプログラムできる。「メモリーカードには、選挙結果を好ましい方向に修正できる隠れたプログラムが入っている可能性もあります。そのプログラムで『私の候補者が三~四パーセントの優勢を維持したい』などと指示できる。これらのプログラムは、プログラム自体を消去する仕掛けが組み込まれている可能性もあります」。

この機械が、ジョージア州での選挙結果を変えるために装備されたかどうかを知ることは不可能だ。ディボールドの機械は紙の記録を作らないので再集計をすることができないからだ。二〇〇二年一一月のジョージア州での投票結果は、最も経験豊かな政治評論家をも驚かせた。投票日の六日前の世論調査では、勲章を持つ退役軍人で民主党の現職上院議員であるマックス・クリーランドが、共和党が支持するキリスト教連合のサックスビー・チャンブリスに、五パーセントの差をつけてリードしていた。知事選では、民主党のロイ・バーンズが、共和党のサニー・パーデューに一一ポイントと決定的な差をつけてリードしていた。しかし選挙日には、チャンブリスは投票の五三パーセントを獲得して勝利し、パーデューは五一パーセントを獲得して勝利したのだ。

ディボールドは、パッチは「州の承認と監視の下で」インストールされたと主張した。しかし選挙後、ジョージア州務局はボブ・ユロセビッチに対し「州全体の投票システムに関する問題と懸念について、我々がディボールドに答えてほしい」「パンチリスト」を提出した。そのリスト項目の一つは、『0808』パッチと呼ばれるアプリケーションとその影響」であった。この質問で、同州はそのパッチをインストールしたことで「システムが国と州のレベルで再承認される必要がなかった」こと、さらには「パッチが投票システム全体に与えた影響について立証可能な分析をする必要がなかった」という確認を求めていたのだ。州務長官コックスは別の手紙の中で、ディボールドが使用した代替メモリーカードと不良装置、機械がフリーズしてしまうという深刻な問題、そして投票の記録が不適切であったことなどについても質問している。ジョージア州は「パンチリスト項目が完全に修正されるまで」、ディボールドへの支払いを遅らせると脅した。

ディボールドの回答は公表されていない。しかしこの機械は引き続き、二〇〇六年秋までジョージア州の選挙で使用された。フッドによれば、ディボールドが二〇〇四年の大統領選の予備選で承認されていないソフトを違法にインストールしたことは、社内では「周知の事実」だったという。同社はこれを否定している。フッドは電子投票機の可能性が民間企業によって失われたことに失望し、選挙コンサルティング業を辞めて内部告発者となった。彼は「私が見たのは、基本的に民間企業による州の投票システムの乗っ取りだったのです」と述べている。

アメリカは世界の民主主義国の中でも、民間の党派的企業が密かに独自の専有ソフトウェアを使用して票を数え集計することを許している非常に数少ない国の一つである。現在アメリカでは、全ての投票の八〇パーセントが四つの企業によって集計されている。それらはディボールド、エレクション・システムズ&ソフトウェア（ES&S）、セコイア・ボーティング・システムズ、そしてハート・インターシビックの四社である。二〇〇四年の選挙では、三六〇〇万票がタッチスクリーンのシステム上で投票され、さらに何百万もの投票が光学スキャン式の機器で記録された。しかし、これらの機器を所有しているのは、紙の投票用紙を集計するための電子技術を所有している会社と同じなのである。そして、これらの機器は定期的に故障し、社内や外部の者がセキュリティを侵害することがとても簡単だ、というのが純然たる事実なのだ。

これら四社のうち三社は、共和党と密接な関係を持っている。ES&Sは、その前身が一九九六年にネブラスカ州で二四年ぶりに共和党として上院議員に選出されたチャック・ヘーゲルが会長を務めた会社である。ヘーゲルは接戦を制したが、その投票の八五パーセントは彼がかつて所属していた会社が集計した。ハート・インターシビックは、共和党支持者であるトム・ヒックスが投資家として名を連ねる企業である。ヒックスはジョージ・W・ブッシュからテキサス・レンジャーズを買い取り、ブッシュが億万長者に一五回なれるくらい儲けさせた。選挙活動収支報告書によると、ディボールドは従業員とその家族と共に、共和党や共和党候補者に対し一九九八年以降、少なくとも三〇万ドルを寄付している。その中には共和党全国委員会への二〇万ドル以上の寄付が含まれている。二〇〇三年の選挙資金集めのEメールで同社の当時のCEO、ウォールデン・オデルは、二〇〇四年のオハイオ州の選挙人票はブッシュに「お届けする」ことを約束している。

投票機器企業は、二〇〇〇年の大統領選挙の大失態にも大きな責任がある。FOXニュースが、ブッシュがフロリダを制したという致命的な決定を下し、CBSとNBCが数分後に同じ報道を流したのも、元はと言えばボルーシャ郡内の電子投票機が間違ってゴアの得票数から一万六〇〇〇票を差し引いたからなのだ。後に内部で調査した結果、CBSは同局の判断は「決定的な」間違いであったと述べた。ブッシュ有利と見たゴアは敗北を認めたが、その後ゴア陣営のスタッフが調査し、ボルーシャ郡では、実はゴアが一万三〇〇〇票リードしていることを突き止めたため、敗北宣言を撤回した。

その後の追跡調査で、この間違いはグローバル・エレクション・システムズが起こしたものであったことが分かっている。同社はその後、ディボールドに買収されている。選挙の二カ月後、同社のマスター・プログラマーだったタルボット・アイルデールは社内の内部書簡で、この問題の原因は、不適切にアップロードされた不必要なメモリーカードのせいだったと書いている。アイルデールはその書簡の中で、「権限を持たない者が『第二のメモリーカード』を使用したか、『第二のアップロード』を行った可能性は常にあった」と認めている。

フロリダ州では、穴に残ったままのチャドやバタフライ投票用紙が取り沙汰され、その中で「不正なメモリーカード」はまったく忘れられていた。フロリダでの大騒動の責任を共有する代わりに、これらの投票機器企業は自らの政治的影響力を使って、自社製品をそのソリューションとして売り出した。二〇〇二年一〇月、ブッシュ大統領はアメリカ投票支援法（HAVA）を制定し、各州や郡に対し電子投票機を設置して投票システムをアップグレードすることを義務づけた。これにより、主に共和党のベンダーから成る緊密な政治的秘密結社に、全国の州当局から巨額の資金が流れたのである。

HAVAの原案を作り、その舵取りを任された中心人物は共和党下院議員のボブ・ネイだった。彼は当時、強い権力を持っていた下院運営委員会の委員長だった。ネイは二〇〇六年一一月、陰謀と虚偽の陳述の罪を認めて辞任した。この罪はタッチスクリーン投票機を売り込むロビイスト、ジャック・アブラモフが起こしたスキャンダルに関するもので、アブラモフの事務所は、少なくとも二七五万ドルをディボールドから受け取っていた。ネイの主任補佐官だったデイビッド・ディステファノは、ディボールドのロビイストとしても登録されており、HAVA制定及び「その他の選挙制度改革問題」のロビー活動の見返りとして、少なくとも一八万ドルを同社から受け取っていた。ネイはディステファノからの選挙献金を受け入れ、また彼の支持者の中でも当時のディボールドのCEO、ウォールデン・オデルを頼りにしていた。ネイはHAVAがディボールド製投票機の使用に有利な法律になるよう尽力したのだ。

ネイはまた、ディボールドや他の企業の投票機が、プリンターを装備する義務を負わないよう取り計らった。プリンターで印刷された記録は、投票者によって検証される可能性があるからだ。巧妙なことにHAVAの規定では、全投票区で紙による追跡ができない機器を少なくとも一機置かなくてはならないことになっていた。それは建前上、視覚障害者が投票の秘密を守れるようにするためということになっているが、実質的に全投票区の当局者は、その規定によって圧力をかけられた。この規定は、ほとんど知名度がない二つの擁護団体が支援した条項である。その一つは「全国盲人連盟」と称する団体で、同連盟はディボールドから一〇〇万ドルの支援を受けて、新しい研究所を建設している。もう一つは「アメリカ障害者協会」で、投票機器企業から少なくとも二万六〇〇〇ドルの寄付を受けている。全国盲人連盟は、紙の投票記録が発行されることは同盟メンバーの公民権を脅かすと主張した。これは他の視覚障害者擁護団体からは支持されていない主張である。

アブラモフのスキャンダルに巻き込まれて辞任する前に、ネイはディボールドの仲間のために最後の貢献をした。二一二名の両党の議員が、全ての票を紙で記録することを義務化する法案を提出すると、ネイは委員長としての自らの立場を利用して、その法案が彼の委員会の公聴会で審議されることを阻止した。その結果、(二〇〇〇年選挙の大失態の改革と銘打って成立した)HAVAの規定によって、アメリカの選挙システムのほとんどは営利企業の手に委ねられたのである。「電子投票機に絡む全てのことは、決して有権者のためではなかった」とフッドは言う。彼はディボールドがこの規定からどれだけの利益を上げたかを、実際に目の当りにしていた。「彼らの目的は選挙を民営化することだったのです。HAVAは企業の収益増強のスキームになってしまったのです」。

電子投票機の危険性を論証する最もよい例は、メリーランド州である。同州の選挙管理当局は、ジョージア州同様二〇〇二年の中間選挙の際、州の選挙システムの大部分の管理をディボールドに任せていた(情報開示のため付け加えれば、私の姉キャサリン・ケネディ・タウンゼントもその年のメリーランド州知事の候補者の一人だった。彼女は選挙前の世論調査と同様の差で敗れた)。クリス・

フッドは投票日の夜、ディボールドの社長ボブ・ユロセビッチと同社マーケティング部長のマーク・ラドキーのお供をして、票が集計されることになっていたモンゴメリー郡の集計センターに行き、部屋が空っぽなのを見て唖然とした。「センターにはメモリーカードを回収するべきメリーランド州の選挙当局者がいるはずなのに、一人もいなかったのです」と、彼は回想する。郡内のあらゆる票が入力されたカードがキャンバス・バッグに入って到着し始めると、ディボールドの幹部が、それらをセントラル・サーバーにリンクされグループになっているタッチスクリーン集計機に差し込んだ。セントラル・サーバーもまたディボールドに管理されていた。

「私たちの誰かが、ポケットから汚染されたカードを取り出してシステムに挿入して、悪質なコードをダウンロードすることは、とても簡単にできたと思います。そのコードはサーバーに達し、その前後にダウンロードされた、全ての票に影響を及ぼしたでしょう」とフッドは述べている。「我々は集計機を完全にコントロールしていました。その気になれば、選挙を不正操作することだってできた。アクセスできれば誰だってできることです。私は、ディボールドが管理し私が見た全ての選挙は侵害されていたと、誠意をもって言うことができます。もし集計が侵害されていなかったとしても、少なくともセキュリティは侵害されていました」。

この選挙の後、メリーランド州はディボールドのタッチパネル電子投票機、アキュボートTSを州全体に設置する予定だった。しかし、二〇〇三年七月にジョンズ・ホプキンズ大学とライス大学の四人のコンピューター科学者が、ある分析を発表した。そこでは「この投票システムは他の目的で使うとしても、極最低限のセキュリティ基準にさえ達していない」と結論づけられている。つまり「総選挙での使用には適さない」ということだった。

「電子機器を使用すれば、ソフトウェア上のたった一つの変更で、大規模な不正ができるのです」と、ジョンズ・ホプキンズ大学のコンピューター科学教授アビ・ルービンは言う。彼は国立科学財団から、電子投票について研究するため七五〇万ドルの補助金の交付を受けて、この分析を行った。「自分でソフトウェアを構築すれば、自在に扱える小さなトリックをそれこそ無限に作ることができます。投票区内の人口動態を知っていれば、数年後にその投票区を認識し、戦略的に投票をひっくり返すようプログラムすることもできるのです。もし票の逆転が起こっても、誰も気付かないでしょう」。

この研究結果を受けて、メリーランド州はディボールド製投票機について、さらに二つの研究を依頼した。一つは、サイエンス・アプリケーション・インターナショナル・コーポレーション（SAIC）に依頼された。同社は、ディボールドと共に電子投票機を推進した業界団体のメンバーである。SAICは、ディボールドの機械は「侵害リスクが高い」と認めはしたものの、「ルービン教授が指摘した弱点の多くは、州の手続的管理と総合的な投票環境によって削減または排除することができる」と結論づけた。二〇〇二年の選挙では、「手続的管理」がまったく欠如していたにもかかわらず、ロバート・アーリック知事は、州の選挙管理局に対してディボールドのタッチパネル投票機、アキュボートTSシステムに五五六〇万ドルを支払う許可を与えた。

もう一つの分析は、メリーランド州議会がRABAテクノロジーズに委託したもので、システムの実用テストだった。RABAテクノロジーズは、連邦政府による防衛や諜報活動分野で経験豊富なコンサルティング会社である。RABAに雇われたコンピューター科学者は、ディボールドの六つの機械に対してハッキングを行い、重大な欠陥を発見した。ディボールドは、ハッカーがシステム内の悪質な不正コードを隠すことができる「バックドア」と言われる隠れ場所をソフトウェア内に構築していたのだ。メリーランド大学のウィリアム・アルバーグは、ディボールドのシステムに落第点「F」を付けた。しかし、「もし同社が、我々が推奨する事項に従うなら、特別な追加点をつけて『C』に引き上げる可能性もある」と付け加えた。

しかし、二〇〇六年にローリングストーン誌が入手した電子メールによると、ディボールドはその推奨事項のほとんどに従わなかったばかりか、それらを隠蔽していた。RABAの分析を主導したマイケル・ウェーサイマーは現在、国家情報長官室の次官である。「我々は、ディボールドがこれらの問題を修正するために必要だった数々の提言をしました」と、彼はEメールに書いている。「しかし、機械は物理的に保護されていて、確立された管理過程の外にいる者が変更することはできない、と言って拒絶されたのです」。

ウェーサイマーは別のEメールで、ディボールドと州当局のスタッフは、彼のチームによるあまり感心しない評価を軽視しようとしたと述べている。「我々の分析の影響を最小限に抑えようとするディボールドのロビイストや選挙管理当局スタッフ相手に、我々は相当の時間を使ったものです。その結果、彼らのリスク管理は、ご都合主義と大惨事を選択する方向に向かっていたのです」。

二〇〇四年大統領選挙では、ディボールドの機械がメリーランド州全体に設置されていたが、選挙戦の初期からおかしなことが起こった。投票日の一カ月前に、ボルチモアのバーで破棄されたディボールド投票機が発見されたのだ。「非常に懸念すべきは」とフッドは言う。「たった一つの機械を手に入れて内部の仕組みを知ることができれば、その人は機械を不正に操作できる全ての技術を手に入れたと同じなのです」。

投票日はまったくの大惨事だった。「無数の機械が、ディボールドのシステム欠陥と見られる原因で故障したのです」と、当時投票所の首尾を確認するため飛び回っていたスタッフの一人だったフッドは言う。「メモリーカードがオーバーロードしたり、機械が止まってしまいました。投票所のスタッフは票が失われることを恐れて、電源をオンにしたりオフにしたりできずにいたのです」。

投票所が閉まった時、ディボールドの技術者が、票が入っているメモリーカードを回収するために会場を訪れたが、メモリーカードがなくなっていることに気が付いた。「機械がなくなっています」と、施設管理人の一人がフッドに告げた。機械を配送してきたベンダーが持って行ってしまったようだと彼は言った。「非常に多くのカードが行方不明になっていて、大変な混乱でした」とフッドは語った。

二〇〇四年の選挙前に、専門家は電子投票機が投票の整合性を損なうと警告した。「投票機をテストし認定する我が国のシステムは、壊れているだけでなく存在しないに等しい」と、カーネギーメロン大学のコンピューター科学の名誉教授、マイケル・シャモスが六月に議会で証言した。「最初から作り直すしかありません」。

それから二カ月後、国土安全保障省（DHS）の一部門であるアメリカ・コンピューター緊急対応チーム（U.S. Computer Emergency Readiness Team）は、あまり注目されない「サイバーセキュリティ・

ブリティン」という警告を出した。この警告は、特にディボールドが票集計に使用したデータベースに対して発せられたもので、「文書化されていない『バックドア』アカウントがあるため脆弱になっている」として、RABAの科学者と同様の弱点を指摘した。セキュリティ上の欠陥が「悪意あるユーザーが票を修正することを可能にする」と、この警告は付け加えた。

しかしこのような警告で、全国の州が電子投票機の設置を停止したかというと、そのようなことはなく、二〇〇四年の選挙でも電子投票機が設置された。オハイオ州では、トレド地域全般で機械が動作不能になっていると報告された。民主党の支持層が多いヤングスタウン地域では、一〇〇人ほどの有権者が、「ケリー」を押したのに「ブッシュ」が点灯したのを見たと訴えた。「ケリー」票が「ブッシュ」票になる問題に対処するため、選挙の最中に少なくとも二〇機を再調整しなければならなかった。同じような「票のホッピング」問題は、他の州でも報告された。

このような広範な故障が報告されたにもかかわらず、オハイオ州の州務長官、J・ケネス・ブラックウェル（彼はオハイオ州におけるブッシュの再選運動を指揮していた）は、二〇〇五年にディボールド投票機を購入する契約を結び、ディボールドにオハイオ州での票集計に関して事実上の独占権を与えた。地元の選挙管理局は、この契約はブラックウェルが一万ドルほどのディボールドの株式を買ってから、わずか数カ月後に結んだ契約であるため、公正な競争入札プロセスを必要とする州の規則に違反していると主張した。ブラックウェルは訴訟に直面して初めて、他社が同様の機械を提供できるようにすることに合意した。

電子投票機は、ブッシュがケリーに三八万一〇〇〇票の差で勝利したフロリダ州でも深刻な問題を起こした。カリフォルニア大学の統計専門家が同州の公式集計を検査した時、気がかりなパターンを発見した。「データによれば電子投票を使用した郡は、九九パーセントの確率でブッシュ大統領票への不均衡な増加を示している。紙の投票用紙を使用した郡と比べて電子投票機を使用した郡は、ブッシュ大統領への支持が二〇〇〇～二〇〇四年の間に圧倒的に高くなる傾向にあった」という。不均衡が最も顕著だった三つの郡は、ブロワード郡、パームビーチ郡、マイアミ・デイド郡で、いずれも民主党の支持基盤である。報告書は電子投票機によって、二六万票が不適切にブッシュ大統領に付与されたと結論づけた。「どんなに多くの要素や変数を考慮しても、ブッシュ大統領票と電子投票との有意な相関関係は説明できない」と全米科学アカデミーのメンバー、マイケル・ハウトは言う。

チャールズ・スチュワート三世は、有権者の行動や方法論を専門とするMITの教授である。彼は最初は報告書の内容に懐疑的だったが、この結論にどんな欠陥も見つけることができなかった。「この報告書を否定することはできなかった。やってみたけどね」と、彼はワシントンポスト紙に語った。「民主党基盤の郡の電子投票機の結果には、何かきな臭いものがある」。

二〇〇四年のテキサス州でも数々の同じような問題が発生した。タラント郡選挙プログラマーであるウィリアム・シンガーが、選挙後州務長官宛てに書いた手紙で、投票集計機器企業のES&Sが大統領選の予備選挙中に、承認されていないソフトウェアをアップロードするよう、選挙管理当局担当者に圧力をかけたと報告した。「私が選挙を『成功させる』ためにやれと言われたことは、選挙産業界の標準とされ容認されると信じてきた実務をはるかに超えるものでした」とシンガーは書いている。同社はその告発を否定したが、シンガーは二〇〇六年にEメールで詳細を述べている。ES&Sの従業員が地域の選挙管理当局職員に、州務長官に圧力をかけるよう迫ったというのだ。それは「承認も間に合わず、選択の余地もないくらい選挙直前にソフトウェアを変更すること」を州務長官が容認するように、という内容だった。このような報告にもかかわらず、テキサス州はES&Sを信頼し続けている。

二〇〇五年一〇月にアメリカ会計検査院（GAO）は、電子投票機について手厳しい報告書を発行した。このアメリカ政府の最高監視機関は、不正行為や誤作動が広がっていることに言及し、タッチスクリーンと光学スキャン技術が多くの弱点を抱えていることは、「不正な改竄を許し、投票の整合性、投票、及び投票システム・ソフトウェアに害を及ぼす恐れがある」と結論づけた。「容易に推測できる」パスワードや、多数のシステムに一つのパスワードを使用している電子システムもあった。ソフトウェアは明確な管理系統がないまま処理、搬送された可能性があり、コンピューターのハードウェアを保護する鍵は容易に開けることができた。セキュリティのないメモリーカードでは、個人が「複数回投票することができ、票の総計を変更し、偽の選挙レポートを作成する」ことが可能だとしている。

ニューヨーク大学ロースクールの超党派シンクタンク、ブレナン司法センターも二〇〇六年六月に、より包括的な報告書を発表したが、ここでもGAOの調査結果と同様の意見が述べられている。政府、大学、民間のコンピューター科学者やセキュリティ専門家から成る特別調査団が作成したこの報告書は、アメリカ標準技術局（NIST）によって論文審査されている。報告書は、二〇〇〇年以来広く採用されてきた電子投票機は、「国、州及び地方選挙の整合性に対して真の脅威となる」と結論づけた。ハッキングの実例はまだ確認されていないが、報告書では広域で使用されている三つの機械から一二〇ものセキュリティの脅威を特定した。最も簡単な攻撃方法は、不正ソフトを使用して、ある候補者の票を別の候補者の票へ変更してしまうことだった。

コンピューターの専門家は、この攻撃が比較的簡単にできることを実証した。二〇〇六年九月に発表された研究では、プリンストン大学のコンピューター科学者たちが、ディボールドの投票機に使用できる、票を抜き取るソフトウェアを作成した。一分間ほどでインストールでき、ソフトの痕跡を一切残さないというものだった。彼らはまた、システム内の別の機械に「感染する」ウィルスを作成し、一つの機械から「広範囲にわたる不正」を行うことができた。六〇秒以内で、一人のハッカーが選挙を操ることができるのだ。

二〇〇五年、コメディアンのビル・マーが、ラスベガスのカジノで数千台のスロットマシンを見渡して私にこう言ったものだ。「この機械は絶対に間違いを起こすことはないよね？　どうして不正ができない投票機を作れないのかね？」

実は極めてシンプルなソリューションがある。それは、全てのタッチスクリーン投票機に紙のレシートを出す装置を付けることだ。紙のレシートは有権者によって確認され、故障や改竄があった時には、それを使って再集計することができる。コンピューター専門家のルービンは、「紙は不正機器に対する保険である」と言っている。

しかしフロリダ州では、機械の集計以降の手作業による集計を法律違反とする、驚くべき法律が新たに制定されている。しかし二七の州では現在、紙の記録を必要とし、他州も同様の要件を検討している。ニューメキシコ州では知事のビル・リチャードソンが、多くの人がよりよい解決策と考える法律を制定した。有権者は紙の投票用紙で投票し、それをスキャンしてコンピューターで集計するというものだ。「我が州は二〇〇四年選挙では笑いものになりました。機械には欠陥品が多くスピードは遅く、あてになりませんでした」とリチャードソンは述べている。「だから、『もう二度と同じことは繰り返すまい』と自分に言い聞かせました。紙ベースの投票システムは一見ローテクですが、有権者の票がきちんとカウントされていることを有権者に保証できる、最も確実な方法です」。

紙の投票用紙を用いるからといって、改竄の脅威を完全に排除することはもちろんできない。選挙違反やカウントのミスは過去にもあった。しかし紙の記録があったからこそ、我々の選挙はある程度の国民の監視の下に行われてきたのだ。これに比べて、電子投票機はハッカーの夢みたいなものだ。そして今日では営利企業が、かつてなく恐ろしいほど大きな権力を与えられている。その権力は機械を提供するだけでなく、実質的に監視がないまま我々の票を秘密裏に数え、保管することができるのだ。

陰謀説を信じない人でも、我々の選挙制度が危うくなっていることは分かるだろう。投票する権利とは、あまりにも重要で獲得困難なものだ。闘わずして諦めるわけにはいかないのである。我々アメリカ人が、利益優先の民間企業から自分たちの民主主義を取り戻す時が来ている。

ドン・シーゲルマンの苦難

ラリサ・アレクサンドロブナ

二〇〇二年のアラバマ州知事選は、投票日当日までは民主党現職ドン・シーゲルマンの当選がほぼ確実に見えた。共和党が強い基盤を持つアラバマ州で高い人気を誇るシーゲルマンは、同州高官の地位を全て務めた唯一の人物である。彼は司法長官、州務長官、副知事を歴任し、一九九八年ついに州知事に選ばれた。二〇〇二年の投票日に投票所が閉鎖され票が集計されていた時、シーゲルマン知事が共和党の挑戦者ボブ・ライリーに勝利し再選を果たしたことが次第に明らかに見えた。しかし、その日の夜中、一つの郡で起こったことが全てを変えた。翌朝アラバマ州の住民は、ライリーが新しい知事になったというニュースで目を覚ました。

CNNによると、どちらが本当に勝ったかをめぐる混乱は、ボールドウィン郡から二つの異なる数字が出てきたことから始まった。

「混乱は、共和党支援者が多い一つの地区で、二つの投票結果が報告されたことで生じた」と、ネットワーク局はコメントした。「ボールドウィン郡が最初に報告した数字は、シーゲルマンが約一万九〇〇〇票だった。これでシーゲルマンは、〇・二パーセントの差でアラバマ州の勝者となるはずだった」とリポーターは続けた。「しかし、投票所が閉鎖されてから数時間後、ボールドウィン郡の当局が最初の数字は誤りで、シーゲルマン票は一万三〇〇〇弱だったと述べた。この結果では、約三〇〇〇票差でライリーがアラバマ州の勝者になった」(1)。

ライリーは、三一二〇票という紙一重の差で勝利したのだった。当局の報告によると、ボールドウィン郡は投票日の夜中、再集計を実施していた。しかし立ち会った郡の役員や選挙管理当局の監督者は全て共和党員だった。州内の多くの地域で電子投票による異常が発生したが、ボールドウィン郡の再集計がライリーを勝者にした。

州や郡の民主党当局は、直ちに民主党オブザーバーの立会いの下、ボールドウィン郡と州全体の票の再集計を要求した。しかし、ボールドウィン郡の民主党選挙委員会が行動を起こす前に、アラバマ州の共和党の司法長官ウィリアム・プライヤーが投票用紙を封印してしまった。シーゲルマンが法廷で選挙結果に異議を唱えない限り、州の郡選挙管理委員会は、州憲法の「一七—九—三一条に規定されている通り、投票用紙と機械の封印を解く権利はない」とプライヤーは主張した(2)。

政敵にかけた濡れ衣

プライヤーは一九九八年にアラバマ州の司法長官として再選されたが、それは二人の選挙対策マネージャーの支援によるところが大きい。その一人は大変有名な人物だ。ジョージ・W・ブッシュを二〇〇〇年大統領選で勝利させた男、カール・ローブである。プライヤーのもう一人の選挙対策マネージャーはビル・カナリーといい、長年共和党の工作員として働いてきた男だ。そのカナリーが二〇〇二年の選挙で、シーゲルマンの対戦相手の選挙対策マネージャーとして浮上したのだ。

一九九八年にプライヤーが州の司法長官として再選されると、カナリーは直ちに当時副知事だったシーゲルマンについての調査を始めた。シーゲルマンは一九九七年頃にプライヤーの敵とみなされるようになったと思われる。それはシーゲルマンが、プライヤーをタバコ産業と密接な関係にあると批判したことから始まった。プライヤーとカナリー及びローブとの過去の関係を考慮すれば、プライヤーはアラバマ州の司法長官として、二〇〇二年一一月の選挙論争に関与しないのが常識というものだ。しかし、プライヤーはそれを拒否した。

その前年の二〇〇一年、ブッシュ大統領は、アラバマ州中部地区の連邦検事としてルーラ・カナリーという人物を任命した。苗字が同じなのは彼女の夫がビル・カナリーだからだ。ルーラ・カナリーは連邦検事として就任すると、早速シーゲルマンの捜査に取りかかった。彼女はアラバマ州司法長官のプライヤーが州法廷でやろうとしたことを連邦法廷でやろうとしたのだ。ルーラ・カナリーはシーゲルマンの捜査を六カ月続けた後、この捜査から公的には外れることを余儀なくされた。彼女の夫が、シーゲルマンの対戦相手であるライリーの選挙対策マネージャーだったからだ。彼女は少なくとも外部には自分が関与していないような印象を与えたが、彼女がシーゲルマンの捜査から手を引いたという証拠はどこにもない。彼女の関与に関して連邦司法省に開示を要求した文書は全て行方不明なのだ。しかし、どう見てもルーラ・カナリーは秘密裏にシーゲルマンの捜査を続けていた(3)。そして、ついに二〇〇四年、シーゲルマンと二人の共謀者を、一九九九年にメディケイド（州が運営する低所得者向け医療費補助制度）の不正契約をしたとして、謀略と詐欺の罪で起訴した。しかし、起訴からわずか数カ月後、シーゲルマンのケースを担当した連邦検事が法廷侮辱罪に問われ、シーゲルマンに対する訴えは却下された(4)。

もっと物分かりがよい判事を探す

シーゲルマンが知事として再選を目指す意向を示した後、ルーラ・カナリーによる最初の捜査がまた浮上してきた（ルーラ・カナリーは彼女の法律スタッフがこの捜査を止めるようにアドバイスしても、決して止めようとはしなかった）。その結果二〇〇五年一〇月、ドン・シーゲルマンは再び贈賄、陰謀、郵便詐欺など三二の罪で、連邦大陪審により起訴された。

シーゲルマンは、ヘルスサウス社の創設者リチャード・M・スクラッシーをアラバマ州の病院規制委員会に任命することと引き換えに、五〇万ドルの寄付を受けたとして告発された。寄付はシーゲルマンを含む何人かが設立した非営利基金の借金返済に使われた、というのが告発内容だった。基金は教育宝くじを住民投票で採択するために設定されたものだった。シーゲルマンの弁護士は、シーゲルマンは負債を負うその基金の管理に関与しておらず、基金からお金を引き出したこともなく、基金から何の利益も受けていないと主張した。

この訴訟にはマーク・フラーが裁判官として任命された。フラーは、ジョージ・W・ブッシュが二〇〇二年にアラバマ州中部地区連邦地方裁判所の判事として指名した人物である。連邦裁判所の判事に昇進する前に、フラーはアラバマ州第一二巡回地区検事長を務めていた。フラーの後任はギャリー・マクアリリーという人物で、彼が前検事長であるフラーの会計実務を調査したところ、フラーが給料を実際より高く報告して、アラバマ州退職制度に対して詐欺行為を働いていたことを突き止めた(5)。

裁判では、二人の陪審員買収などの不審なことが多く起こった。陪審員は二回行き詰まったが、その度に裁判官のフラーによって審議室に送り返された。最終的に二〇〇六年六月、シーゲルマンは七つの罪で有罪判決を受けた。刑期を決める段階で、フラー判事はシーゲルマンに七年四カ月の刑期を言い渡し、彼の控訴中も釈放を許さなかった。シーゲルマンは判決から数時間も経たないうちに、アトランタの連邦刑務所に投獄されていた。

米下院司法委員会のメンバーは、当時の米司法長官アルベルト・ゴンザレスに宛てた手紙の中で、この件の起訴と裁判の過程に数々の疑問を呈している。

シーゲルマンの起訴については、不正行為や不規則な事態がいくつか報告されている。これは検察側の訴追手続きに疑問を残すものだ。二〇〇四年のシーゲルマン氏に対する刑事告発は、裁判が行われる前にアラバマ州北部地区連邦検事局により取り下げられ、当時の裁判官は検事を厳しく叱責した。二〇〇五年のアラバマ州中部地区連邦裁判所でＲＩＣＯ法（組織犯罪事業浸透取締法。ゆすりや恐喝に類する行為をした組織を摘発するために作られた法律）の適用を受けシーゲルマン氏が提訴され有罪となった裁判では、有罪と判断した陪審員のうち二人が買収されたとの申し立てがあった。こうした不正行為を受けて、四四人の州司法長官経験者が「シーゲルマン氏に対する、捜査、起訴、判決および拘留をめぐる状況の捜査を米国議会に促す嘆願書」に署名した。(6)

しかし、この事件にはさらに裏があった。長年の共和党員であるアラバマ州のある弁護士が、二〇〇二年の知事選で共和党のライリー陣営で対戦相手（シーゲルマン）についての身元調査を担当した。彼女はそこでいくつかの驚くべき疑惑を発見し、後にそれを公開した。

この弁護士ダナ・ジル・シンプソンは、二〇〇二年の選挙運動期間をドン・シーゲルマンの経歴や身元を徹底的に調べることに費やした。二〇〇七年、シンプソンは宣誓供述書を提出し、二〇〇二年のアラバマ知事選には大統領府が関わっていたと申し立てた。シンプソンの宣誓供述書によると、シーゲルマンが敗北を認めて再集計を強く要求しなかったのは、選挙戦から撤退しなければ訴追するとライリーのチームから脅迫されていたからだという。シンプソンはさらに、二〇〇二年一一月一七日、彼女自身とビル・カナリー、ライリー知事の息子ロブ・ライリー、そして他のライリー陣営のメンバー間で行われたとされる電話会議の内容を暴露している。

ライリーの息子が二〇〇五年の初めに彼女に語ったところによると、父ライリーと共和党の工作員が、その数カ月前に（カール）・ローブに会い、シーゲルマンの訴追について話した。カール・ローブは、父ボブ・ライリーとビル・カナリーと会話をした、ともライリーの息子はシンプソンに言った。「さらに彼は、ビル・カナリーとボブ・ライリーは再びカール・ローブと会話する機会を持ち、その時司法省でシーゲルマン訴追を監督する部署のトップの人物と会った、と言いました」と、シンプソンは証言した。(7)

シンプソンは二〇〇七年九月一四日に、下院司法委員会の公聴会で証言し、彼女の最初の申し立てをさらに詳しく説明したが、そこで爆弾的新事実を公表した。二〇〇二年一一月一八日——ドン・シーゲルマンが敗北を認めた日——に行われた、ビル・カナリー、ライリーの息子、ライリー陣営のスタッフが出席した会議で、ビル・カナリーは「ローブが、シーゲルマンの提訴について司法省と話をした」と発言した。カナリーはまた、ライリーのスタッフに向かって「ドン・シーゲルマンのことは心配いらない」とアドバイスした。なぜなら、知事（シーゲルマン）には「彼の『ガールズ』が対処するから」と言った、とシンプソンは述べた。

カナリーの言う「ガールズ」とは、カナリーの妻、ルーラ・カナリーとアリス・マーティンを指す。アリス・マーティンは、二〇〇一年にブッシュが任命したもう一人の連邦検事で、アラバマ州北部地区の連邦検事である。さらにライリーの息子がシンプソンに語ったところによれば、マーク・フラー判事は二〇〇五年にシーゲルマンが起訴された時、意図的に選ばれたのだという。そしてフラーはシーゲルマンを「つぶす」だろう、とロブ・ライリーは言った、とシンプソンは付け加えた。(8)

シンプソンが下院司法委員会で証言する前、彼女の家は全焼し、彼女の車が横道にそれて衝突事故を起こしたことがあった。こうした不運に遭ったのは、シンプソンだけではなかった。シーゲルマンの娘、ダナ・シーゲルマンは、裁判が行われている間、彼女の家が二回泥棒に侵入され、シーゲルマンの弁護士のオフィスも泥棒被害に遭ったと話す。(9)

結局のところ、二〇〇二年のアラバマ州選挙とその後の出来事を、我々はどう解釈すべきなのだろう？　ドン・シーゲルマンが敗北し、失われただけではない。法の支配と憲法、公正な選挙、そして政治より上位にあるべき司法制度を信じる我々の損失なのではないか？　このようなことがアメリカ合衆国で起こっているとは、誰が想像できただろう？

アラバマ州ボールドウィン郡における二〇〇二年州知事選投票の統計学的分析

ジェームズ・H・グンドラック

二〇〇二年のアラバマ州知事選が大論争に発展したのは、同州のボールドウィン郡が二つの異なる投票結果を発表したことに起因する。ボールドウィン郡は最初、民主党の現職ドン・シーゲルマンが全投票数一三六万四六〇二票のうち三一二〇票差で、共和党の挑戦者ボブ・ライリーを制したと発表したが、数時間後にそれを修正し、知事選の結果が逆転したのである。私はこのエッセイで、比較的単純な統計的手法を用いて、この投票結果が明らかに体系的な電子操作によるものであることを立証するつもりだ。本エッセイは、四つのセクションから構成されている。最初は選挙の概要、二番目に郡レベルのデータの分析からボールドウィン郡が報告した二セットの結果は、どちらも異常であったことを示唆する。三番目に各郡の投票区レベルの投票結果を分析し、ボールドウィン郡の最終結果が異常であると明らかに分かるパターンを示し説明する。最後に電子投票における不正操作の可能性を論じ、今後、不正を防止するためのメカニズムを紹介する。

この選挙の背景

私はまず、アラバマ州を二つの地域に分けて選挙結果を分析した。「ボールドウィン郡」と、ボールドウィン郡以外の全ての「その他の郡」の二つである。そして、両地域の一九九八年と二〇〇二年の知事選結果を分析した。一九九八年の選挙では、「その他の郡」でドン・シーゲルマン七四万二七六六票、共和党の対立候補フォブ・ジェームズ五三万三七七二票であった。「ボールドウィン郡」ではシーゲルマン一万七三八九票、ジェームズ二万一〇〇四票であった。ボールドウィン郡はフォブ・ジェームズの地元だったのだ。二〇〇二年の選挙では、「その他の郡」でシーゲルマン六三万五五四五票、共和党の対立候補ボブ・ライリー六二万三一四五票だった。「ボールドウィン郡」では、この年は二セットの結果があるが、最初の結果はシーゲルマン一万九〇七〇票、ライリー三万一〇五二票だった。二番目の結果はシーゲルマン一万二七三六票、ライリー票は変わらず三万一〇五二票だった。

マスコミでも数々の問題が報告されたが、このエッセイではそれに加えて、ボールドウィン郡の選挙結果に疑念を抱かせる三つの理由をあげる。第一に、一九九八年と二〇〇二年の投票結果を比較すると、ボールドウィン郡の共和党候補者への投票数が異常に増加した。ライリーはジェームズに比べて全州で良好な選挙戦を繰り広げたが、それでも「その他の郡」で大きな増加を見せたのは、ライリーの地元クレイ郡だけだった。クレイ郡の共和党への投票は、二一二二票から三一七六票へ増加した。第二の理由は、最終報告でのシーゲルマン票の減少規模である。報告された二セットの票差を見ると、シーゲルマン票が最初の報告より三分の一も減っているのだ。票が三分の一も減少するのは、ランダムなエラーが原因であることは稀で、通常、意図的に変更されたデータに見られる。

疑わしい第三の点は、コンピューター化された投票集計が二つの異なる結果を生むことはありえない、ということだ。システムは、異なる結果を生むコンピューター・コードやプロセスへのアクセスを許可しないことが前提だからだ。誰かが、異なる結果を出すようにコンピューターをコントロールしない限り、コンピューターが誤って二つの異なる合計を出すことはない。従って、同じコンピューターが別の選挙結果を出したなら、その結果はあまりにも疑わしく、第三者による監視下で再集計をすることなしに、その結果を認めることはできない。

郡レベルの分析　ボールドウィン郡はアウトライアー（異常値）

最初の分析方法は、民主党候補者が得た一九九八年と二〇〇二年の票の変化を調べることである。分析のためのデータは、アラバマ州の州務長官ウェブサイト内の「選挙」のページから入手した。最初の分析セットは、アラバマ州全郡の投票数から、二〇〇二年に民主党候補者シーゲルマンが各郡で得た票の割合（縦軸）と、一九九八年にシーゲルマンが得た各郡での得票数の割合（横軸）をプロットして回帰分析した。二〇〇二年には、ボールドウィン郡の集計結果が二通り出たため、二通りの分析がなされている。分析結果は図1と図2の通り。図1は、二〇〇二年の最初の投票結果（集計1）と一九九八年の投票結果の関係を示したもの、図2は二〇〇二年の二番目の結果（集計2）と一九九八年の結果の関係を示したものである。大きい黒点はボールドウィン郡を表し、白点は他の郡を表す。集計1のボールドウィン郡の割合は、他の郡の割合より直線に近い位置にあることが分かる。しかし集計2では、ボールドウィン郡は直線を縦に外れていることが分かる。この結果は、ボールドウィン郡で集計1と集計2の間に加えられた修正によって、ボールドウィン郡がアウトライアー（異常値）となったことを示唆している。もし加えられた修正がデータのエラーを訂正したものであるなら、結果は正反対のはずだ。通常、エラーはデータを予想されるパターンから外してしまうため、エラーを修正すれば普通はデータが通常のパターン（直線上）に近づくはずなのだ。このような統計上の異常は、ボールドウィン郡の最終選挙結果への疑念をさらに深めるものだ。

しかし、共和党側の活動に、この結果を説明できる要因があった可能性もある。ボールドウィン郡の有権者の大多数はアラバマ州のほとんどの郡と同様に、二〇〇〇年の大統領選でブッシュ大統領に投票した。そしてブッシュ大統領は、二〇〇二年のアラバマ州知事選でライリーのために選挙運動を行った。だから、ブッシュ大統領の影響がボールドウィン郡の有権者の投票に反映されていると主張することもできる。図3と図4は、二〇〇〇年にブッシュ大統領が獲得した票の割合と、二〇〇二年にライリーが獲得した票の割合をプロットしている。図3はボールドウィン郡の最初の投票結果（集計1）を使った分布図、図4はボールドウィン郡の二番目の投票結果（集計2）を使った分布図であ

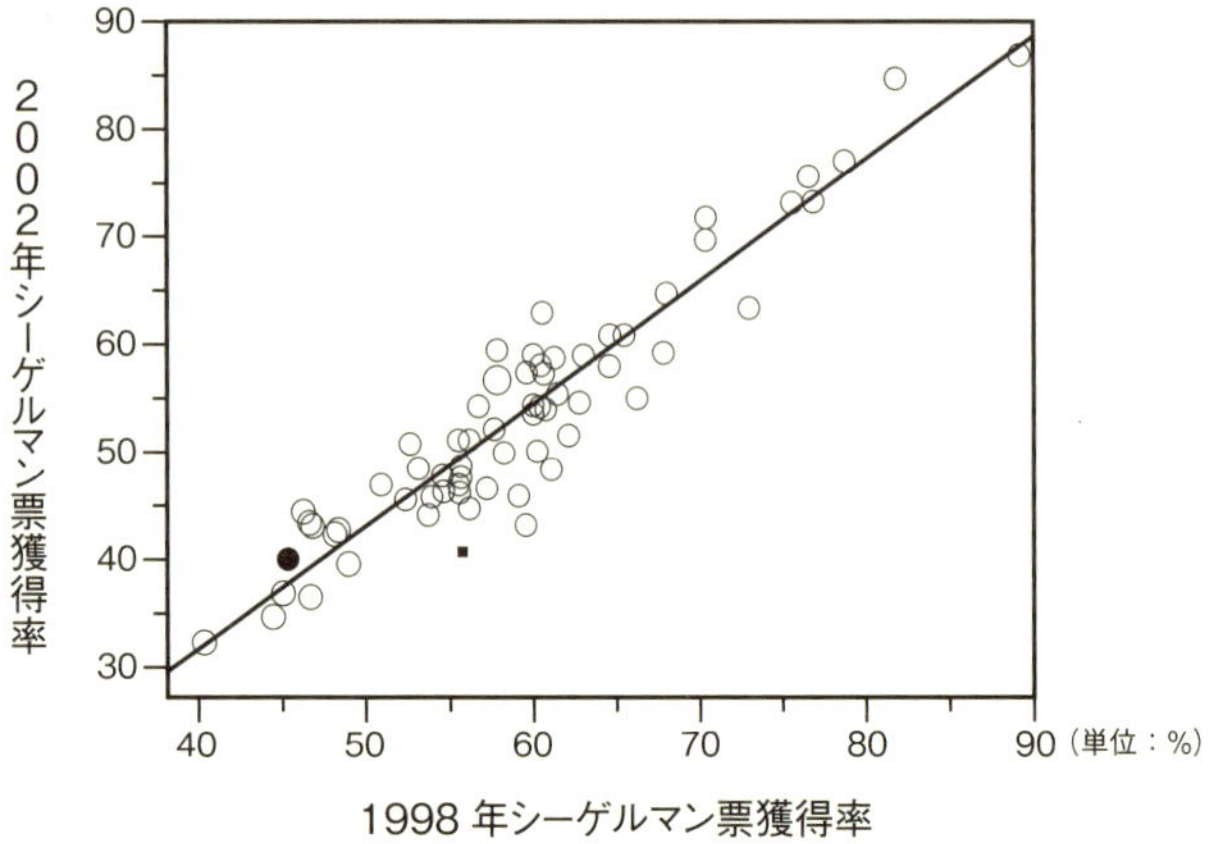

図 1：民主党候補者の票獲得率―1998 年対 2002 年　集計 1

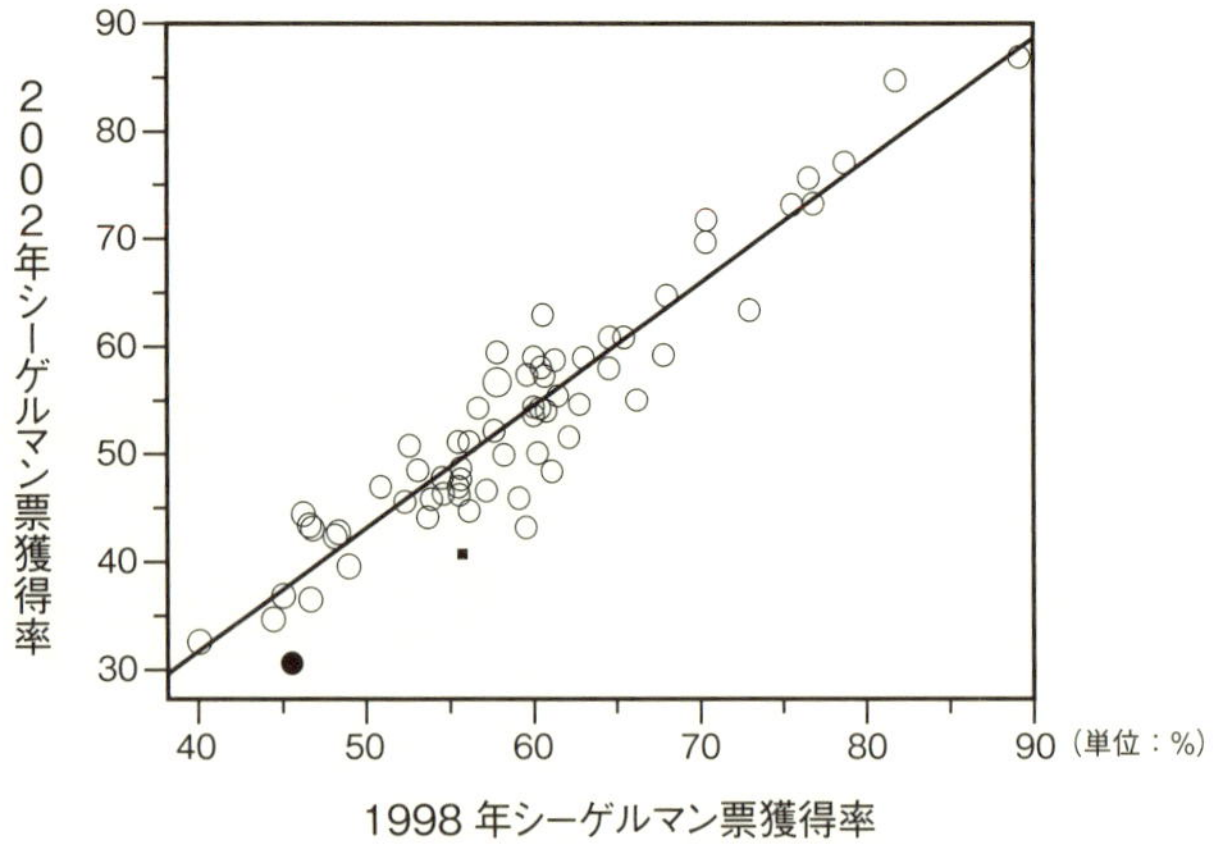

図 2：民主党候補者の票獲得率―1998 年対 2002 年　集計 2

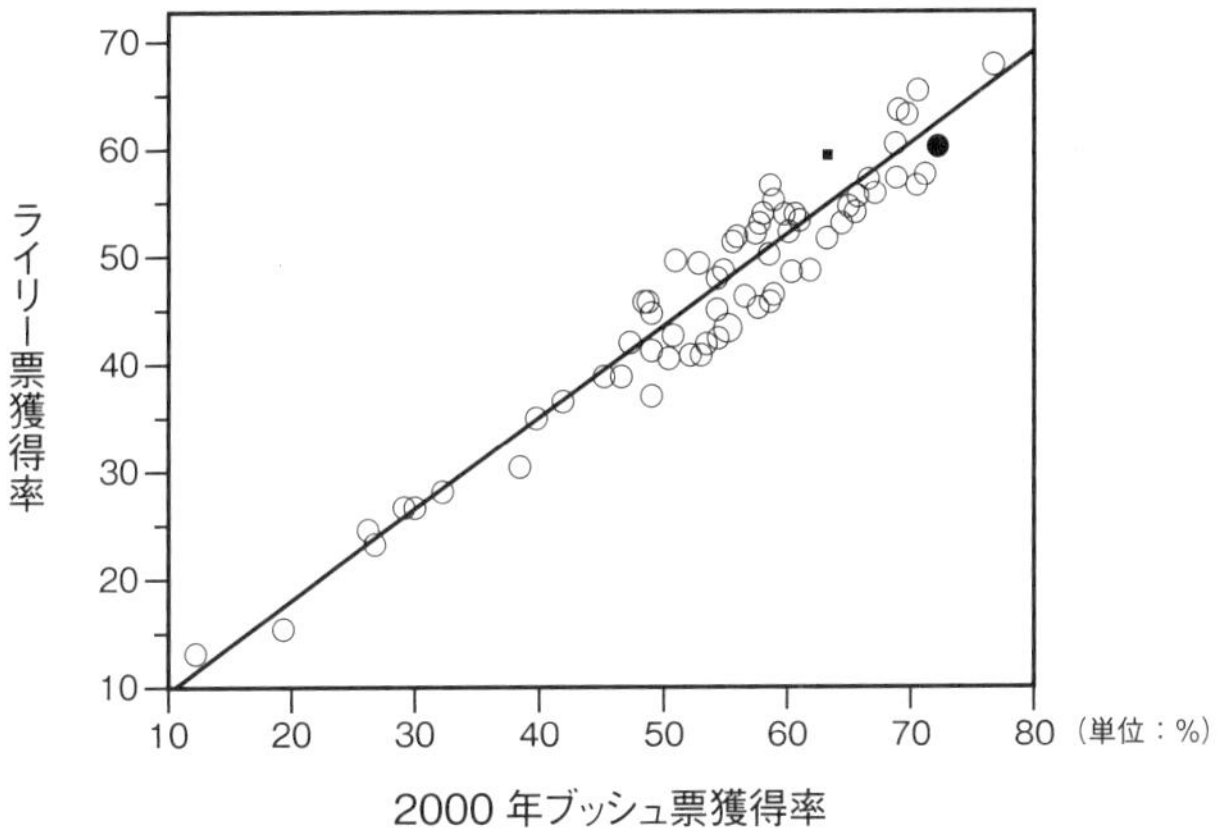

図3：共和党候補者の票獲得率—1998年対2002年　集計1

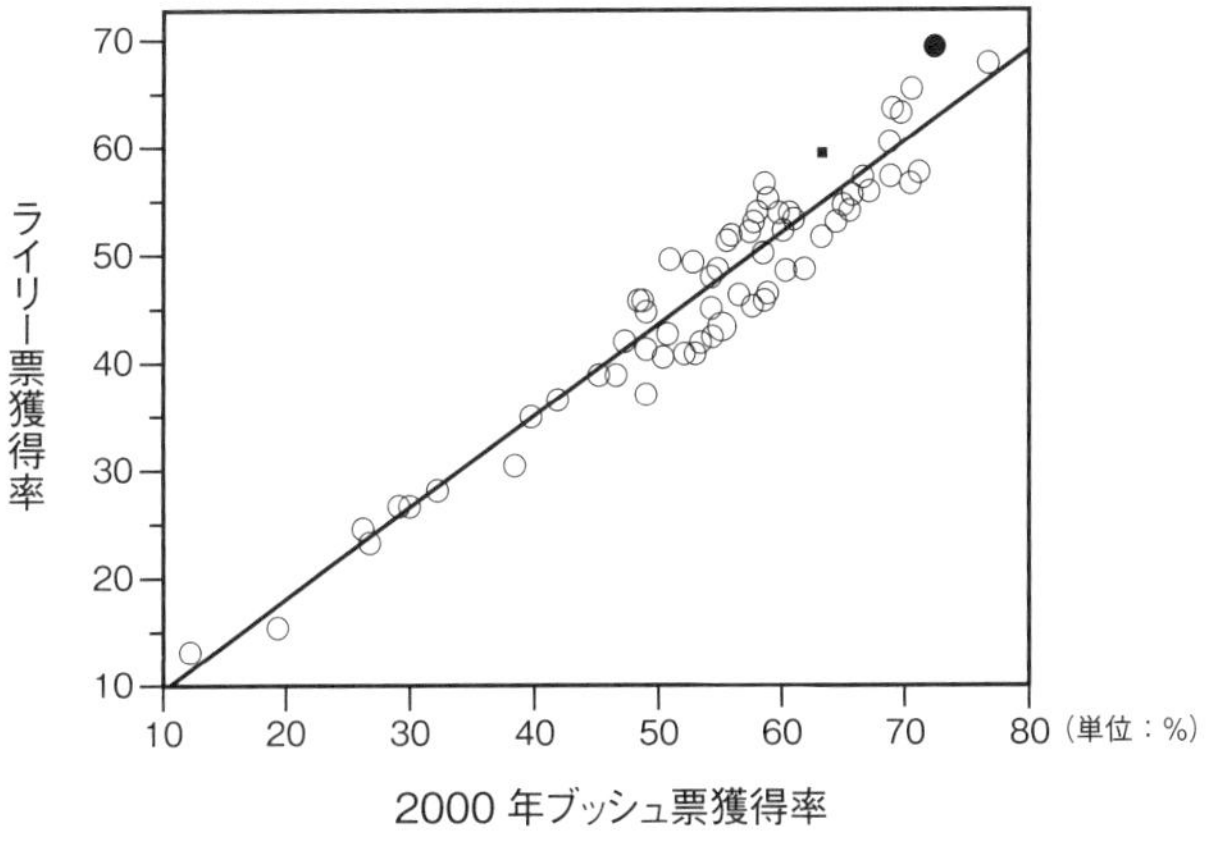

図4：共和党候補者の票獲得率—1998年対2002年　集計2

る。民主党知事候補（シーゲルマン）の時と同様、図3では、ボールドウィン郡の点は他の郡と同じパターン上にある。しかし図4では、ボールドウィン郡は極端なアウトライアーとなっている。つまりライリーは、二〇〇〇年のブッシュの票獲得率から予測される値を一五パーセントも上回る票をボールドウィン郡で獲得していたのだ。小さい黒点はライリーの地元であるクレイ郡を表す。彼の地元での優位性は、彼のボールドウィン郡での優位性の半分にも満たないことは注目に値する。従って、共和党側からの選挙分析もまた、ボールドウィン郡の最終投票結果が操作されたという疑念を深くする。

小さい黒点で示したクレイ郡のすぐ左の円はリー郡だ。リー郡にはオーバーン大学がある。シーゲルマンが指名したオーバーン大学の理事会メンバーに問題行動があったため、リー郡ではシーゲルマンの票が伸びなかった。リー郡での票の減少が、彼がボールドウィン郡で失った票と同じ数だったことは、このエッセイでは説明できない謎である。

投票区データの分析

郡レベルの分析で、ボールドウィン郡の投票結果がライリーを勝者にするために操作されたという疑惑を深めた私は、分析をいくつかの投票区に広げ、疑わしいパターンが予測される結果と大きく乖離するかを確かめることにした。この分析で、私はボールドウィン郡、モントゴメリー郡、シェルビー郡から同じような投票区を選び、一九九八年と二〇〇二年の州知事選のデータを作成した。断っておくが、四年の間隔がある二つの選挙で、どの投票区が比較可能かを決定するのは容易ではない。なぜなら四年の間に、投票区のいくつかは投票区名や区割り、もしくは両方が変更されているからだ。モントゴメリー郡とシェルビー郡の一二二投票区のうち、私は投票区名と区割りに十分一貫性がある七〇の投票区を特定した。ボールドウィン郡では六五投票区のうち、一九九八年と二〇〇二年の間に一貫性がある三九の投票区を特定した。投票区の数が減っているのは、比較を可能にするため投票箱を統合したからである。たとえば、フェアホープ・シビック・センターでは四つの投票区に投票箱を設置していたが、一九九八年から二〇〇二年の間に区割りが変わってしまった。そこで、四つの投票箱を一つの地理的単位として統合し、一つの投票区として一九九八年と二〇〇二年の票を比較することにした。そして、投票区についても郡レベルと同様の回帰分析を行った。つまり、「ボールドウィン郡」とボールドウィン郡以外の「その他の郡」（モントゴメリー郡とシェルビー郡）という二つのセットについてである。もし最初に報告された投票結果がシーゲルマンにとって正確であり、ライリーにとっては誇張であるなら、「ボールドウィン郡」の投票区のスロープは、「その他の郡」のスロープの三分の一程度であることが予想される。結果は**表1、2**の通りである。

モントゴメリー郡とシェルビー郡（「その他の郡」）の結果

これらの結果を比較するために注意すべきポイントが二つある。まず、相関係数 r について。$r=0.96$ と 0.98 は非常に強い相関関係を意味する。つまり一九九八年のシーゲルマンの得票率は、二

ターム	見積り	標準誤差	t 値	Prob> ltl	r
切片（インターセプト）	7.8636457	23.97778	0.33	0.7440	0
1998 年シーゲルマン票	0.853541	0.029685	28.75	< 0.0001	0.961

表 1：シーゲルマンの 1998 年の票獲得率に対する
2002 年の票獲得率についての回帰分析結果
「その他の郡」（モントゴメリー郡とシェルビー郡）の投票区

ターム	見積り	標準誤差	t 値	Prob> ltl	r
切片（インターセプト）	-9.771301	11.75185	-0.83	0.4110	0
1998 年シーゲルマン票	0.697915	0.021321	32.73	< 0.0001	0.983

表 2：シーゲルマンの 1998 年の票獲得率に対する
2002 年の票獲得率についての回帰分析結果
ボールドウィン郡の投票区

〇〇二年のシーゲルマンの得票率を予測するのに十分な因子である。もう一つは見積り、またはスロープの差である。「その他の郡」の投票区の見積り値は 0.85 である。これはシーゲルマンが、自身が一九九八年に得た票の八五パーセントを二〇〇二年に得たことを意味する。この事実は、ボールドウィン郡以外の「その他の郡」のパターンと同様であることから、この分析で「その他の郡」として選択された投票区は、アラバマ州全ての「その他の郡」を十分に代表していると言える。

本エッセイの最初のセクションで、私はシーゲルマンの二〇〇二年の得票数は彼が一九九八年に獲得した投票数の八五パーセントであることを示した（ドン・シーゲルマンは「その他の郡」で、一九九八年には七四万二七六六票、二〇〇二年には六三万五五四五票（一九九八年の八五パーセント）を獲得した。これが上記のスロープと同じ）。

しかしボールドウィン郡の回帰分析では、スロープは 0.697 である。つまりボールドウィン郡の結果は、「その他の郡」の投票区と大きく異なる。二つのセットのスロープの差について、有意性検定を実施したところ、t = 6.19, p <0.0001 となり、二つのスロープは、互いに有意に異なることが示された。ボールドウィン郡及び「その他の郡」における一九九八年と二〇〇二年の強い相関関係を示す結果と、異なるスロープの分析を組み合わせて考慮すると、投票結果は体系的に操作されていたことがうかがえる。加えて、スロープを比較することで、操作の内容を推定できる。ボールドウィン郡のスロープ0.697を「その他の郡」のスロープ0.854で割り、1.00から引くと、ボールドウィン郡の公式結果から消された、各投票区でのシーゲルマン票の割合が分かる。計算結果の0.18は、最初に発表された得票結果から予測された割合の約半分である（ボールドウィン郡のシーゲルマン得票数は、最初の発表と二番目の発表では、三三％（六三三四票）の差があった。一八％はその約半分）。そうなると、次のような疑問が湧きおこる。一人の候補者の得票数からX票を別の候補者に移したら、その過程で最終報告結果を2X票超えるという、不可解なエラーとなったのはなぜだろう？

私の仮説は次のようなものだ。誰かがボールドウィン郡のシーゲルマン票のうち三〇〇〇強の票をライリーに移行した。三〇〇〇票という数は各投票区におけるシーゲルマン票の五分の一を整数にした数で、それを各投票区のライリー票に加え、同じ票数をシーゲルマン票から差し引くというものだ。しかし、最後にシーゲルマン票から差し引く段階で、誤って同じ票数をシーゲルマン票に加算してしまった。これはスプレッドシート上のセルで、見えない数式をコピー・アンド・ペーストする時によくあるエラーだ。その結果、各投票区の分布率は予想に近かったものの、投票総数が予想より多くなった。遡ってプロセスを修正し、思い通りの結果——票の合計が合理的でライリーが勝者になること――を得たが、シーゲルマン票の最初の報告結果と二番目の報告結果の差は、電子的に移動した票の二倍となったのだ。もし私の仮説が正しければ、ボールドウィン郡の票数は、ライリー二万七八六六、シーゲルマン一万五二八三となる。そして州全体では、ライリー六六万九〇三九に対し、シーゲルマン六七万一六五二となるはずだ。この結果が正確かどうかを知る唯一の方法は、ボールドウィン郡の紙の投票用紙を再集計することである。

ボールドウィン郡の結果はどのようにして操作されたか

ボールドウィン郡が二セットの投票結果を報告した時、私は誰かが票を操作したことは明らかだと思った。電子投票の集計で二つの結果が出ることは、誰かがそのコンピューター・プログラムを意図されなかった方法で使用しなければ、ありえないからだ。言い換えれば、二つの結果が報告されたというその事実だけで、投票集計過程が侵害されたと言うに十分な証拠なのである。

ボールドウィン郡で採用されたシステムは、コンピューター・チップに写真を保存するデジタルカメラのように機能する。つまり、そのチップを物理的にカメラから取り外して、パソコンに取り付けられているリーダーに挿入し、画像をパソコンのハードドライブに転送し、そこで編集され使われる。投票機は紙の投票用紙を読み取り、その情報をカートリッジに書き込み、カートリッジはその機械で投票された全ての投票結果を保存する。投票所が閉鎖された後、カートリッジは郡の裁判所へ運ばれ、郡の全ての投票機のカートリッジは、集計コンピューターのリーダーに挿入され、ファイルはカートリッジから集計コンピューターのハードドライブに転送される。全てのファイルが集計コンピューターのハードドライブに転送されると、プログラムは個々の投票機からのファイルを読み込み、サマリー表を作成する。

このシステムでは、いくつかの個所でデータが改竄される可能性がある。第一に、そしておそらく最も可能性が低いのは、投票所から郡裁判所までの間で、カートリッジに記録されている情報を変更することである。全ての投票箱の結果を変更しようとする場合は、この方法は特に困難である。そして、投票機からの出力をエミュレートできるコンピューターが必要である。

第二の方法は、集計のコンピューターにウィルスやワームをインストールする方法だ。ウィルスやワームは、カートリッジが読み込まれている間にデータ・ストリームを遮断しデータを思い通りに変更し、変更されたデータをハードドライブに送信することができる。この方法は、高レベルのコンピューター・プログラミングの技術を持つ人材を必要とする上かなりの人手が必要となる。また、結果として改竄するべき数量を特定することが困難である。しかし、これは一度作成してしまえば、システムを使用する全ての郡で結果を変更することができる。

第三のアプローチは、データファイルが集計コンピューターのハードドライブに保存された後、集計コンピューターのキーボードとモニターを使って、あるプログラムにアクセスするだけで、そのデータファイルを編集する方法である。この方法は、カートリッジの読み取りから最終結果の集計までの間に、比較的長い時間、人に気付かれないようにコンピューターへアクセスする必要がある。ニュース報道によれば、二〇〇二年の選挙時には、この種の操作をするチャンスは十分あったという。

第四のアプローチ、そして私ならそうしただろうと思う方法は、集計コンピューターにW-i-F-iカードと実行能力のあるソフトウェアをインストールすることだ。そして同様に装備されたノートブックPCを近くの部屋に置き、データファイルが読み込まれたら直ちに改竄できるようにする。この方法だと集計機へのアクセスは、選挙前にカードをインストールする時と、選挙後にカードを除去する時に必要なだけだ。

結論

このエッセイで、私はいくつかの比較的単純な統計分析方法を使って、投票結果を電子的に操作することが可能であることを示した。ボールドウィン郡の投票結果が多くの注目を集めたのは、結果が二通りあったからである。それはおそらく、データ改竄中のミスによるものだ。もしこうした電子的な票の水増し操作が将来も行われた場合、その時も今回と同じようなエラーが起きて、投票プロセスを見直すように合図が出るとは、有権者も候補者も思わないほうがよいだろう。統計分析を使えば、選挙前に必要なデータ・セットを構築する少しの手間と、選挙の夜から数日の間に投票結果を入力するだけで、票の水増しの可能性を指摘することができる。それは投票が電子的に行われても、別の方法で行われても可能だ。統計分析を用いることで、より正当な投票結果を得ることができ、選挙プロセスと政治全般への信頼も増すことになるだろう。

2004年

二〇〇〇年大統領選フロリダ州でのブッシュの勝利は虚構であった。しかし不正がまかり通った事実にほぞをかむ民主党員は多い（彼らは自分たちの敗因をラルフ・ネーダーに押しつけるには至っていない党員とも言える）。むしろ共和党のすさまじい投票権への攻撃を認めたくない彼らは、ブッシュの「勝利」はそれを認めた最高裁の責任だと言ってきた。それも「往生際が悪い」と言われないようにひっそりと。

二〇〇四年の大統領選でも、民主党はブッシュの「再選」に目をつぶり、そんな不可解な結果を招いたのは自分たちや有権者だとする自虐的態度に出た。しかし共和党は前回をはるかに超える規模のあらゆる策略を用い、ケリー票の抑え込みとブッシュ票の水増しを全国規模で展開したのである。「都市伝説」の章でマイケル・コリンズが仔細に示すように、ブッシュの「勝利」は少なくとも四〇〇万票に上る架空の票によって作り出されたものだった。この全米規模での投票権の剥奪は米国の選挙史上、前例のない出来事だと言ってもいい。コリンズのエッセイは、二〇〇七年六月にウェブサイト「スクープ」（scoop.co.nz）に掲載された（「スクープ」編集者アラスティア・トンプソンの調査協力の下に書かれた）記事を基にしている。このエッセイから、私たちはブッシュの二度目の「クーデター」のスケールの大きさを知ることができる。これがオハイオ州だけの出来事でなかったのは明白だ。

米国でも、こういうことが起きることを認めたがらない人々はいる。彼らはしばしば、そんな大規模な不正選挙が可能となるには献身的な手先が全国にいなければならないと言い、何人かは逮捕されていなければおかしいと主張してきた。実際、選挙詐欺容疑で逮捕者が出た例はある（二〇〇二年のニューハンプシャー州、二〇〇五年にはオハイオ州カヤホガ郡で裁判所命令の再集計を妨害したとして選挙事務員二名が実刑になっている）。さらに今は電子投票機の登場で、一人の人間が数百万票を無効にできる時代になった。より一般的な例としては、デイビッド・グリスコムがアリゾナ州を例にとって鋭く分析したように、覚悟を決めた少人数の支持者たちによる密かな協力体制が挙げられる。これが二〇〇四年大統領選の逆転劇の大きな要因にもなった。グリスコムは、アリゾナ州共和党指導部（ジャン・ブリュワー州務長官はブッシュ陣営の共同委員長でもあった）と熱狂的クリスチャンである投票所係員らが協働して、外部の目に触れることなく投票機のプログラムを「ハッキングし、票をすり替えた」可能性を示した。

票を盗もうとする共和党の貪欲さがとりわけ際立ったのが、ネバダ州だった。ここでは投票日の数カ月も前から、共和党支持の上級職員たちがセコイア社製電子投票機をネバダ州に導入させようと精力的に動いた。このセコイアの投票機は、革新的なペーパー・トレイル（紙による記録が可能）が売りだったにもかかわらず、動作自体があまりにも不安定だったので検査機関の審査を何度も不合格となる代物だった。しかし、その惨憺たる記録が報道機関とネバダ州民からは周到に隠された。ブラッド・フリードマン、マイケル・リチャードソン及び調査助手のジョン・ギデオンは、この隠蔽工作に米国選挙支援委員会（ＥＡＣ）までもが関与していたことを、「『ペーパー・トレイル』付きタッチスクリーン投票機販売戦略」で指摘している。

二〇〇四年選挙における都市伝説

マイケル・コリンズ

本稿はインターネット投稿者、アナクサルコス氏による未発表の独自調査が基になっている。アナクサルコス氏に謝意を表する。

二〇〇四年大統領選挙の夜、選挙の成り行きを全体的に眺めることができるのはテレビ・ネットワークのニュース解説者をおいてほかにはいなかった。こうした専門家たちはNEP（国政選挙プール）が流す出口調査情報を一日中受け取っていたからだ。NEPは四大テレビネットワーク、CNN、AP通信からなるメディアの共同事業体の後援を受け、これまで最も洗練された票の実態調査を提供してきた。また「誰がどの候補者に投票したか、なぜ各選挙区の投票者がその最終決断をしたのか、候補者や議題にまつわる地理的要因がどのように選挙に作用したか」を知るにはNEPが唯一の情報源だった(1)。

出口調査を分析した批評家のチャールズ・クックは選挙直後、ブッシュ陣営は「間違いなく計画面でも実行面でも最善の選挙戦を演じた」(2)とはやしたてた。しかし「意外で解せないのは、全人口の一三パーセントを占め、五〇万人を超える都市部において、ケリー候補の得票率が二〇〇〇年比で一一ポイント減少したのに対し、ブッシュ大統領の得票率が一三ポイントも増加したことだ」とも考察している。クックの分析は、ブッシュの勝因が都市部の票だったことを言い当てていたのだ。

しかし投票日夜に流布したのはそれとは違うストーリーだった。報道機関はクックと同じ出口調査のデータを入手していたが、彼らはクックが指摘した傾向や数値には目をとめず、もっぱら地方票対都市票、レッド(共和党支持)州対ブルー(民主党支持)州、白人票対非白人票を比較することに熱中していた。これは四年前の二〇〇〇年選挙の分析としては正しかったが、二〇〇四年の選挙にはあてはまらない。しかし米国民は二〇〇四年も二〇〇〇年と同じ選挙分析を受け取った。問題は、この不正確な分析の上にその後の世論が形成されてしまったことだ。すなわち「選挙の達人カール・ローブが再び福音主義者を動員して勝ちを決めた。郊外の保守的な主婦層をつかんだことが決め手となった」という分析である。

USAトゥデイ紙(3)の総括記事も、ほぼこの分析に呼応するものだった。

結局、各州とも二〇〇〇年とほぼ同じ割れ方でブッシュが優勢となり、二〇〇〇年に獲得した州のうちブッシュが失ったのはニューハンプシャー州のみとなった。投票日翌日にはAP通信がニューメキシコ州でブッシュ勝利と報じた。アイオワ州は未確定だった。どちらも二〇〇〇年に

ゴアを支持した州だ。(4)

翌週になると、報道機関は「ブッシュの劇的勝利の一因は、『信念』を重視する新たな支持層を開拓したためだ」と解説しはじめた。ブッシュ政権の掲げる信念に賛同した有権者がそれまでの民主党への忠誠をいったん棚上げし、共和党に投票したというのだ。全国出口調査結果によると、ブッシュは民主党の厚い支持層であったラティーノ層にゆさぶりをかけ、民主党に拮抗するという成果も挙げたと言われた。二〇〇四年のラティーノ票は、民主党の予想では六〇対四〇であったが、ふたを開けてみれば、五四対四六という結果だった。計一二ポイントの増減だ。この二つの新たな「発見」は、クックが注目したブッシュの都市票が増えた謎を解明するヒントにはなっても、真相にたどり着くものではなかった。

選挙結果の正当性に関する国民的な議論がない中、五一パーセント対四八パーセントでケリーが優勢という出口調査結果がインターネット上に漏洩し、選挙当日のネット議論を加熱させた。この調査は一万一〇〇〇人を超える有権者を対象としたものであるにもかかわらず、「放送不可」とされたことがさらに不正選挙疑惑をあおった。さらにブッシュは勝利した全ての州において、ケリーとの票差が出口調査の誤差の範囲を超えたと言われ、ネット議論は**レッド・シフト**（レッドは共和党の色。集計結果が一貫して共和党または右寄りに変更されること）と呼ばれるものに集中した。しかしこのような興味深い討論の多くは無視され、アメリカ人はさらに四年間、ジョージ・ブッシュ政権で折り合うことになったのである。

全国出口調査の最終報告によると、二〇〇四年の大統領選にはレッド州対ブルー州以外にも多くの要因があったことが分かる。

実際に何が起こったか

二〇〇〇年大統領選でブッシュは過疎地域で大差をつけた。過疎地は共和党（レッド）が強く、都市部は民主党（ブルー）が強いとする「レッド対ブルー」説は、二〇〇四年の選挙時もブッシュ勝利の根拠にされた。しかし実際には、過疎地域でのブッシュの投票者数、得票数はともに二〇〇〇年より減少し、勝ちはしたものの前回のような圧勝ではなかったのだ（図5）。ブッシュに忠実だと言われるボーン・アゲイン・クリスチャンの有権者に何が起きたのか。自宅から出ず、棄権という形の由緒ある投票をしたのか。二〇〇〇年には活発なパフォーマンスを見せた彼らが、聖職者や共和党からの熱心な要請にもかかわらず、最も重要な選挙で動かなかったとでもいうのだろうか？

投票率が高い選挙で支持基盤の票が取れなかった候補者は落選する。近代の選挙史においてはそれに例外はない。ブッシュは二〇〇四年、支持基盤における投票数が全体の二三パーセントから一六パーセントに落ちただけでなく、NEPによれば期待した票数も失うこととなった。ブッシュは二〇〇〇年に過疎地域で全体の二三パーセントである一四一〇万票を獲得したが、四年後には全体の一六パーセントに落ち込み、一一六〇万票を獲得したにすぎなかった。二〇〇四年、全国の投票率が二〇〇〇年より一六パーセントも上昇したにもかかわらず、ブッシュは過疎地において絶対数で二五〇万

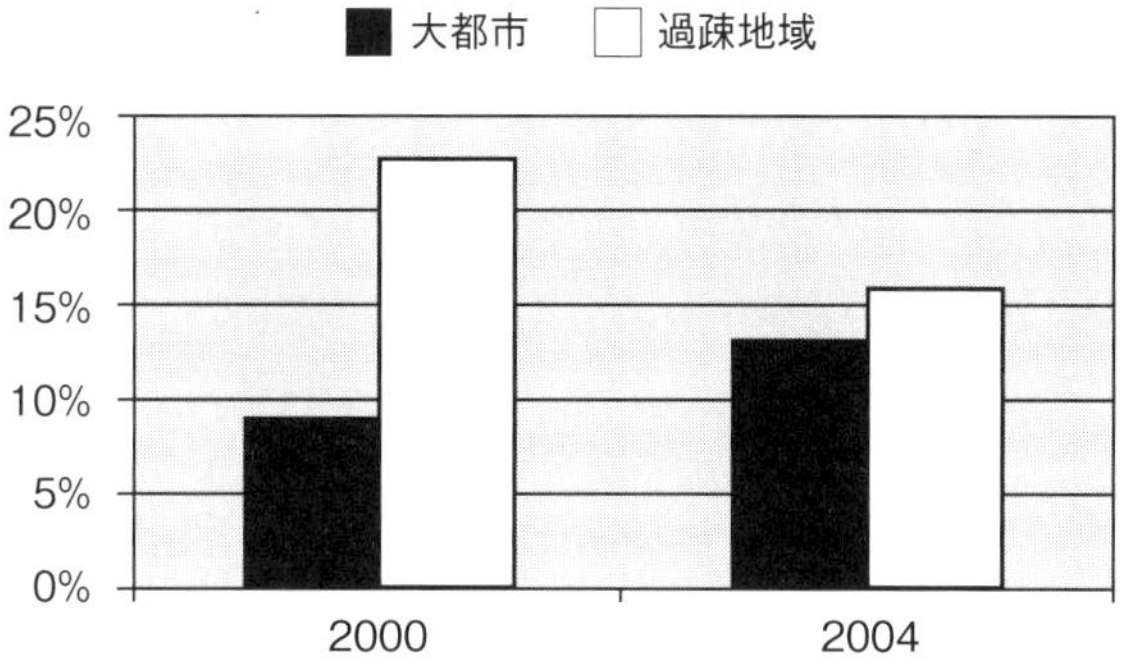

図 5：2000 年と 2004 年の大都市票と過疎地域票の変化

2004 年、投票総数に占める過疎地域票の割合が 23％から 16％に減少したことでブッシュ陣営は危機感を抱いたはずだ。2000 年に 1400 万票だった過疎地域におけるブッシュ票は 2004 年には 1200 万票弱に減少、ブッシュ陣営は必要としていた支持基盤での 300 ～ 400 万票増どころか 200 万票減という惨事に見舞われることになり、ホワイトハウスにとってきわめて悪い知らせとなった（掲載図表は全て、2000 年と 2004 年の全国出口調査の最終報告による）。

票を失ったのである。

公式投票集計によればブッシュは大統領選に勝った。しかしその勝利は、支持基盤の獲得票数、全米の投票総数における得票率の両方が低下した中での勝利だったのだ。このことに留意してほしい。このような新奇な現象の連続により、単に信じられないではすまない結果になったからだ。

「スモール・タウン地区」でも、ブッシュは大きく支持を失った。ブッシュのもう一つの「信念を重視する」連合とも言える人口一万から五万人の町だ。

ブッシュにとってスモール・タウン地区はもう一つの重要「拠点」だ。出口調査によると、二〇〇四年、過疎地域の有権者の多くは投票に行かないという方法で不満を表明した。スモール・タウン地区では投票率が八八パーセントも上昇したものの、計九五〇万の票がブッシュ約

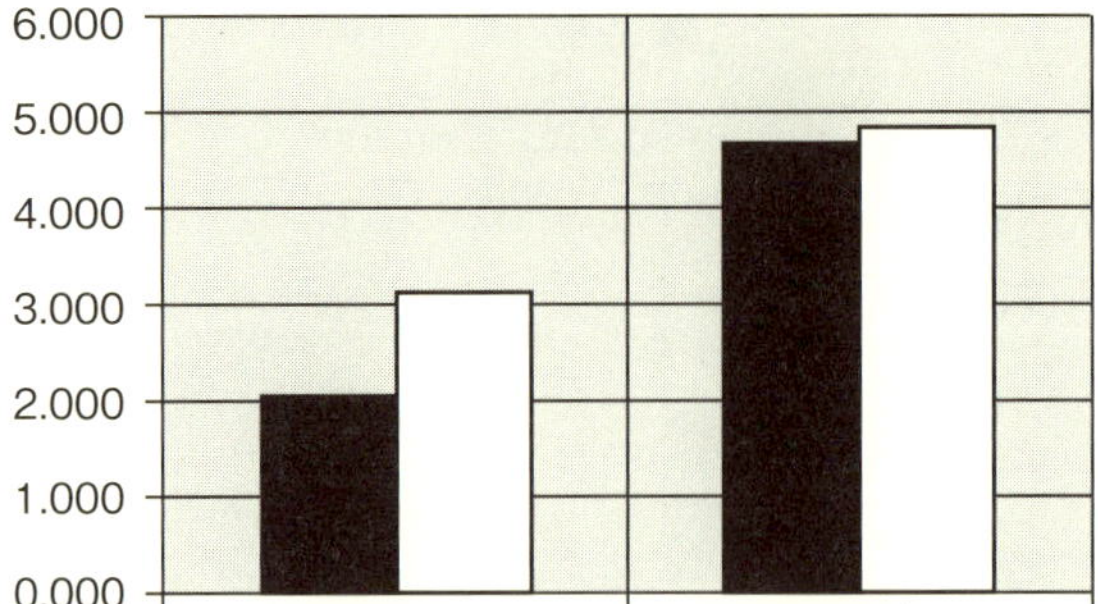

	2000年	2004年
■ ゴア／ケリー	2.033	4.674
□ ブッシュ／ブッシュ	3.136	4.863

図 6：スモール・タウン地区の投票数（単位：100 万）

2000 年、スモール・タウン地区では約 100 万票の差をつけブッシュがゴアを 6 対 4 で制した。2004 年の選挙は投票率の大幅な上昇にもかかわらず、ブッシュが 20 万票弱の僅差で勝つ接戦に終わった。

四九〇万、ケリー約四七〇万とほぼ互角に割れた。二〇〇〇年のブッシュは、これとは対照的にゴアよりも一一〇万多く獲得していたのである（ブッシュ三一〇万票、ゴア二〇〇万票、**図6**）。

郊外地域では、ブッシュは二〇〇〇年よりいくらか健闘した。二〇〇〇年のゴアに対しては二パーセントの票差だったが、二〇〇四年にはケリーを五パーセント差で抑えたからだ。郊外票は全米の投票総数の半数近くを占める大票田だ。しかし過疎地域とスモール・タウン地区での失速、都市部では歴史的に民主党支持者が過半数を占めてきたことを思えば、二〇〇四年大統領選挙はブッシュが敗退してもおかしくない状況だったのだ。

しかし出口調査はここで違った展開を示した。人口五万から五〇万の中小都市でブッシュは驚くべき躍進を遂げたのだ。二〇〇〇

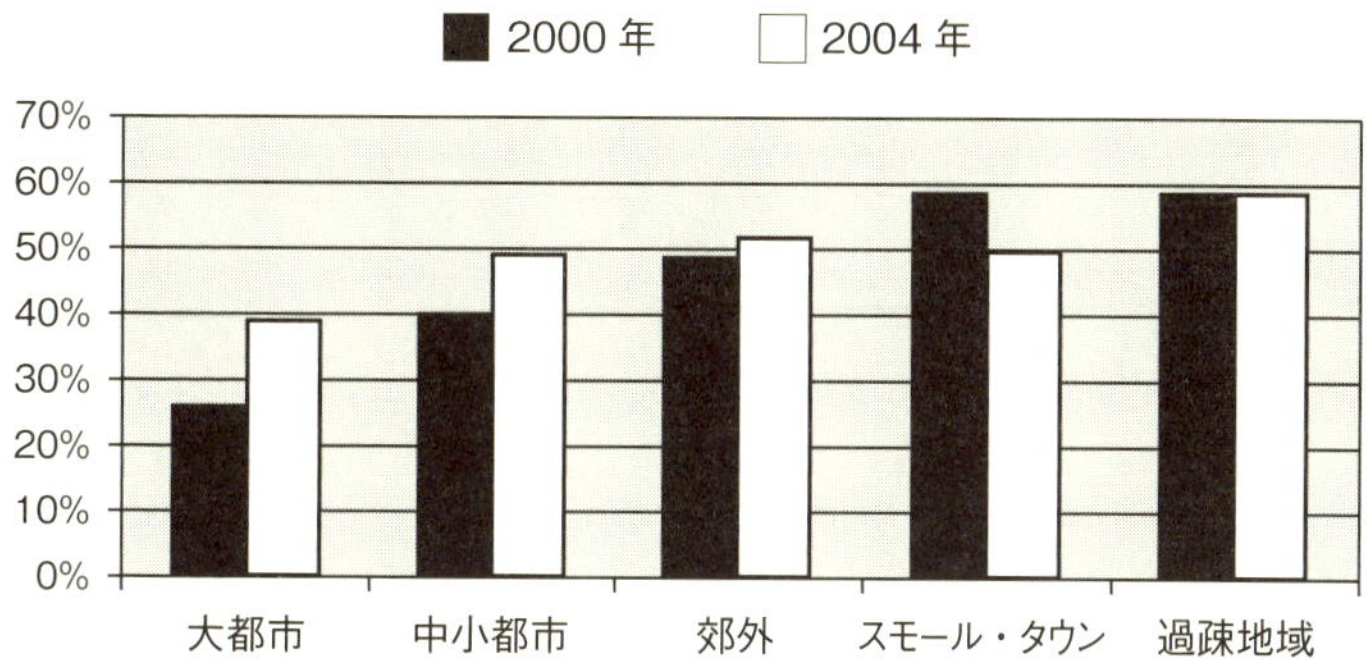

図 7：2000 年と 2004 年のブッシュ候補地域別得票率

この表から米国民が信じるよう期待されているのは、ブッシュが過疎地域とスモール・タウン地区で失速した後、大都市圏で数百万の支持を新たに獲得し土壇場で勝利したというストーリーだ。2004 年、スモール・タウン地区でのブッシュは得票率を 2000 年と比べて大きく下げた。2004 年の投票率が全国的に上昇する中で、共和党の基盤である「レッド・ゾーン」と呼ばれる過疎地域でもブッシュの得票数は 2000 年よりも減少した。

年のブッシュ陣営はこれら中小都市でゴアの一二〇〇万票に対し八四〇万票と一七ポイントもリードされたが、二〇〇四年にはケリーの一一三六万票に対し一一三九万票とほぼ互角に渡り合ったのである（投票率は九パーセント上昇）。このような現象を説明することは困難だ。ブッシュは過疎地域、郊外、そして中小都市での互角を総合してもなお、大都市での勝負に向かうには不利だった。ケリーが民主党の支持基盤で、ゴアと同じリードを獲得していれば大統領選に勝っていたはずなのだ。

大都市でケリーが優勢となるのは当然の予想ではなかったか？　ブッシュは都市部に友好的な大統領ではなく、大都市を支援する路線を率先して打ち出したことなどなかった。ニューヨークではとりわけ分が悪かった。二〇〇三年の世論調査によると、ブッシュ政権は九・一一攻撃を事前に知っていたにもかかわらず、何も予防策を講じなかったと思う市民が五〇パーセントを超えていた。米国の最大都市でブッシュが勝つなどと予測するのは不可能だったと言える。

しかしその時、チャールズ・クックが指摘した異常事態が起きた。NEPによるとブッシュの大都市における得票が二〇〇〇年と比べ驚異的な増加を見せたのだ。核となる過疎地域での不振を相殺してもなお三パーセントの差をつけて勝利するに十分なほどだった。さらに人口五〇万超の大都市部の投票率が六六パーセントも増加したというのだから、大都市の有権者を「動機づけた」何かがあったとしか思えない事態が起きたのだ（図7）。それは何だったのか。二〇〇四年の大統領選を真に理解するためには、報じられた選挙結果が本当に起こりうることだったのかを認識することが重要なカギとなる。

出口調査によれば、ブッシュ勝利の決定打はニューヨーク、シカゴ、デトロイトなど人口五〇万超の「大都市」と定義される都市部での勝利だった。しかし大都市は大恐慌以来、ずっと民主党の最大支持基盤である。大統領選挙の投票率はばらつきがあるが、大都市での民主党優勢はいつも強固だった。

数字で見る二〇〇四年ブッシュの都市席巻

ブッシュがおさめたとされる都市部の予想外の大勝利を理解するには、人口密度の順に過疎地域から大都市へと累積的に差を加算していった様子を見ることが最も有効だろう。

二〇〇〇年、全米の投票総数は約一億五〇〇〇万票だった。このうち過疎地域でブッシュはゴアに五〇〇万票の差をつけている。しかし二〇〇四年、投票総数は一億二二〇〇万票に増加したが、ブッシュは同地域で三九〇万票の差しかつけていない。過疎地域の投票総数は二〇〇〇年の二三八〇万票から二〇〇四年の二〇〇〇万票弱に減少。しかし、二〇〇〇年における過疎地域の高投票率と二〇〇四年の全米の投票率上昇を考え合わせた時、二〇〇四年、ブッシュの過疎地域における得票数と得票率が両方とも下がるなどと誰が予想できただろう？　しかし、それが起きたのだ。二〇〇〇年の選挙では、人口が一万から五万の小規模市町村での投票総数は五〇〇万票で、ブッシュが六〇パーセント、ゴアが四〇パーセントを獲得した。二〇〇四年の投票総数は約一〇〇〇万票とほぼ倍に跳ね上がり、ブッシュが五〇パーセント、ケリーが四八パーセントを獲得した。しかし「累積」得票差で見ると、この地域は二〇〇〇年にはブッシュに一一〇万票を加算したが、二〇〇四年には一七万五〇〇〇票の加算にすぎなかったのである。

このように数字で見ると、ジョージ・W・ブッシュにとって二〇〇四年の選挙はきわめて厳しいものだった。過疎地域の支持基盤は投票に行かず、スモール・タウン地区の投票数は二〇〇〇年から倍増したもののブッシュとケリーにほぼ同数で割れた。共和党の核となるこれら二つの地域で、ブッシュは四〇〇万票優勢となってはいる。しかし二〇〇〇年には、より少ない有権者数で六三〇万票の差をつけていたのだ。

選挙区としては最大となる郊外地域は二〇〇四年、ブッシュにとって多少の改善を見せた。二〇〇〇年につけた得票差二パーセントを五パーセントに拡大し、同地区の全国比率も四三パーセントから

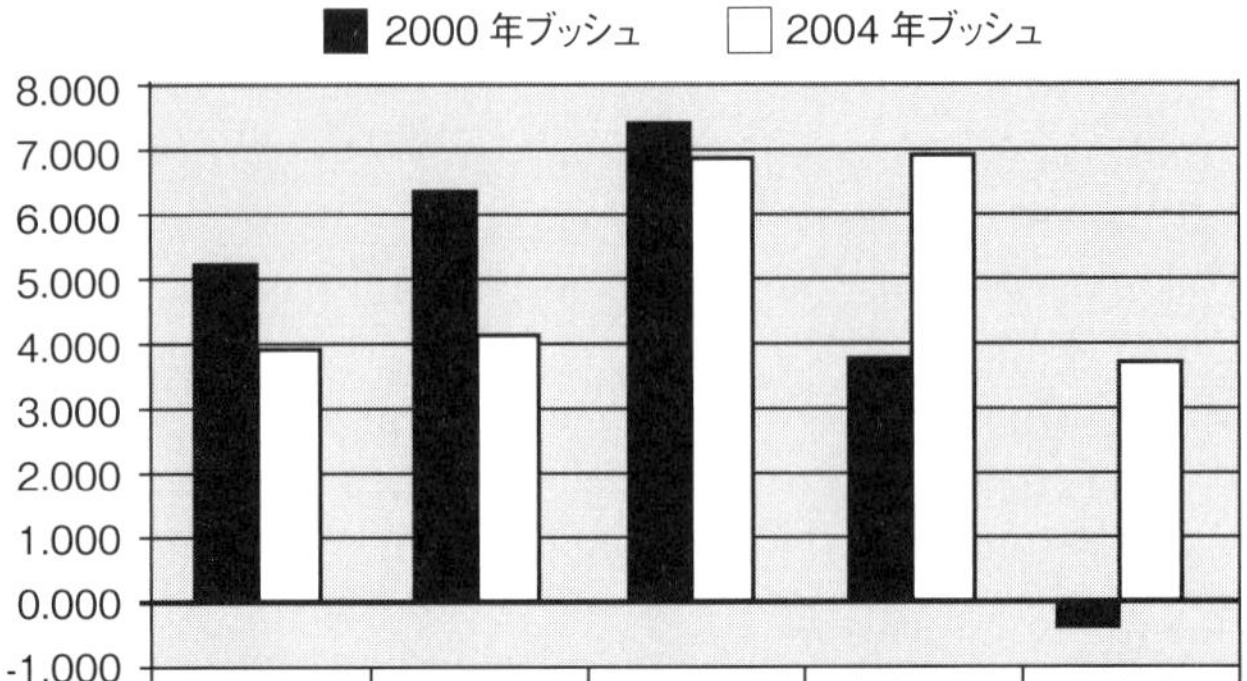

	過疎地域	スモール・タウン	郊外	中小都市	大都市
■ 2000年ブッシュ	5.226	6.328	7.349	3.772	-0.367
□ 2004年ブッシュ	3.897	4.076	6.837	6.864	3.691

図 8：2000 年と 2004 年の地域別ブッシュ累積得票差（単位：100 万）

図は左から右へ読む。下段の 2004 年を例にとると、ブッシュは過疎地域で 380 万票の差をつけた。スモール・タウン地区でつけた差を加減すると票差は 400 万票の微増となる。このグラフによれば、ブッシュの「勝利」は、都市部で追い上げられたものの地方で収めた大差で獲った勝利ではなく、地方での僅差を積み上げていき、都市部で逃げ切った勝利だったということになる。

四五パーセントに増加。しかし累積的な票差としては二〇〇〇年の七三〇万票に比べて、二〇〇四年は六八〇万票にとどまった。

　二〇〇〇年、ゴア候補は過疎地域とスモール・タウン地区において二〇〇四年のケリーよりもふるわなかった。しかしゴアは郊外で互角に戦い、都市部になるにつれ勢いづき、五〇万票の差をつけて総得票数でブッシュに勝利した。二〇〇四年のブッシュは郊外ではいくらか有利だったものの過疎地域とスモール・タウン地区で苦戦したため、全体的には二〇〇〇年より勝算が悪かったのだ（**図8**）。

　その時、都市部が勢いを増し始めた。二〇〇四年大統領選の出口調査の最終報告によると、特に力が注がれた二〇〇〇年時の拠点地区で見捨てられたにもかか

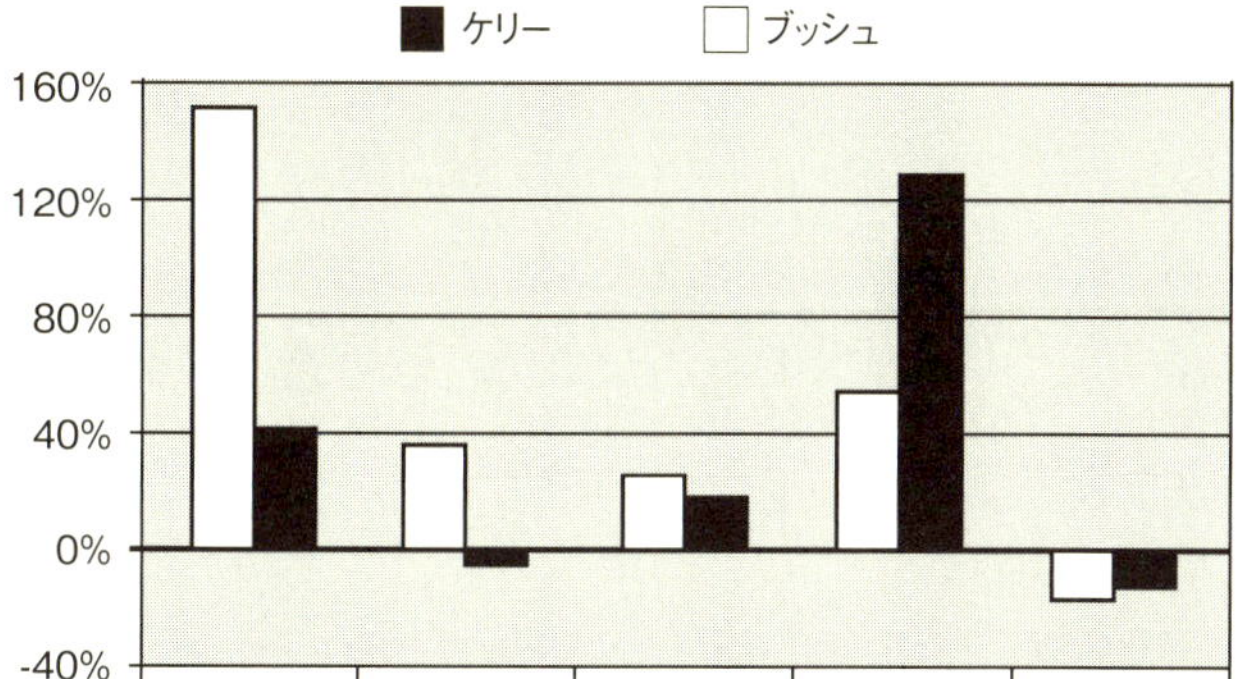

	大都市	中小都市	郊外	スモール・タウン	過疎地域
ブッシュ	153%	35%	25%	55%	-17%
ケリー	41%	-5%	18%	130%	-13%

図 9：2000 年から 2004 年の候補者別得票率の増加

前代未聞！　ブッシュは選挙基盤である過疎地域で票を失い、かつ大都市で飛躍的な伸びを達成した。2004 年に起きた二つの現象を表す言葉はそれしかない。

わらず、ブッシュは中小都市で大きく崩れなかった。二〇〇〇年には六〇対四〇の敗北を喫した中小都市で、二〇〇四年には怪しげにも互角に持ち込んでいる。二〇〇〇年の三八〇万票のように中途半端な数ではなく、六八〇万票という差をつけて大都市に乗り込んだのだ。

その票差でも勝つには十分でなかった点は注目に値する。二〇〇〇年にゴアが大都市で獲得した得票率をケリーが稼ぎ、投票率の六割アップが重なれば、ケリーは一般投票でも選挙人選挙でも容易に勝っていただろう。

しかしその時何かが起きた。過疎地域の保守的な白人キリスト教信者が投票に行かず、あるいは支持候補を変えている時に、ブッシュが都市部の有権者に爆発的にアピールした。大都市部でのブッシュの得票率は二六パーセントから三九パーセントに上昇、二〇〇〇年には二七〇〇万票だったブッシュの大都市票が二〇〇四年には五九〇〇万票に伸びたのだ（図9）。

自分の選挙基盤で前回よりも票が伸びなかったブッシュに当選の望みはほぼなかった——都市部の結果が入ってくるまでは。典型的な民主党支持者が大半を占め、民主党の選挙基盤の中核となってきたアメリカの大都市で、従来のパターンに逆らう多数の有権者が投票所に足を運んで共和党に投票し、ジョージ・ブッシュの勝利に必要な票を提供したというのだ。

この奇妙な一連の出来事を信じるには、二〇〇四年大統領選は前代未聞の選挙だったとでも思うしかない。民主党の都市部の投票率と得票率が減少したことは前にもあった。しかし民主党が自分の基盤で後退した時に、共和党にも同じことが起きたことはかつてなかった。同一選挙でこの二つの現象が起きることはない。二〇〇四年の民主党は、投票の足が鈍った過疎地域の選挙区で得票を伸ばし、スモール・タウン地区で躍進を遂げ、郊外では互角に渡り合った。全米で新たな有権者の五分の三を獲得したのだ。しかし我々は、その民主党が小都市で叩かれた後、大都市で大敗したと信じるよう期待されている。米国史上、こんな出来事が組み合わさったことは一度もない。前代未聞で信じがたいことが起きたのだ。

都市伝説か、見せかけか

ブッシュの都市躍進が現実だとすれば、一般的要因と直接的原因の両方を確かめたいと誰もが思うだろう。一般的要因として考えられるのは、民主党に長年の党への忠誠を捨てさせるほどの問題があったか、候補者の好ましさが党への忠誠に優先したケースだ。直接的原因としては、大都市での選挙イベントや広告による投票推進キャンペーンが考えられる。愛嬌を振りまき、連邦プロジェクトを発表して注目を集めるブッシュの姿が、大都市のあちこちで見られたはずだ。そうでもしなければ、ブッシュはどうやって敵対的な地域で大勝利をおさめられただろう。

しかし大都市の有権者の民主党に対する忠誠心を変えさせるほどの一般的要因は、見当たらなかった。大都市の商業地区を重視したロナルド・レーガンとは違い、ブッシュは都会的な人間ではなく、都市住民のニーズには無関心に見えた。重要なイベントでもなければニューヨークやシカゴやロサンジェルスには滅多に足を運ばなかった。人と交わるより、二〇〇〇年大統領予備選の直前に購入したテキサスの牧場で一人、木や茂みを刈っている男という印象を盛んに振りまいていた。少なくとも出口調査の結果だけで見れば、郊外の有権者にとってブッシュの印象は、都市部の九・一一攻撃に対する感受性を上回る重要な要素だったようだ。

直接的原因と言うためには、有権者の意見や態度に影響を与え、実際に支持候補を変えさせねばならない。しかし、そのような原因も見当たらなかった。共和党の焦点は常に過疎地域の基盤強化と郊外票の増加であった。世論調査に見せかけたキャンペーンを行ったり、特別イベントを新たに計画して大都市票を伸ばそうといった意見は、共和党系のメディアではほとんど聞かれなかった。共和党にとって二〇〇四年大統領選の大都市攻略は重要ではなかったのだ。

そして大都市の黒人・ラティーノ・ユダヤ系の住民が多い地区は、二〇〇〇年と変わらず圧倒的に民主党を支持していた。

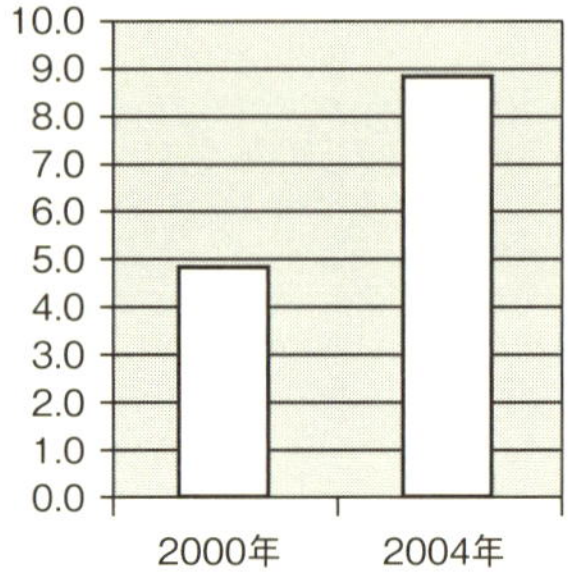

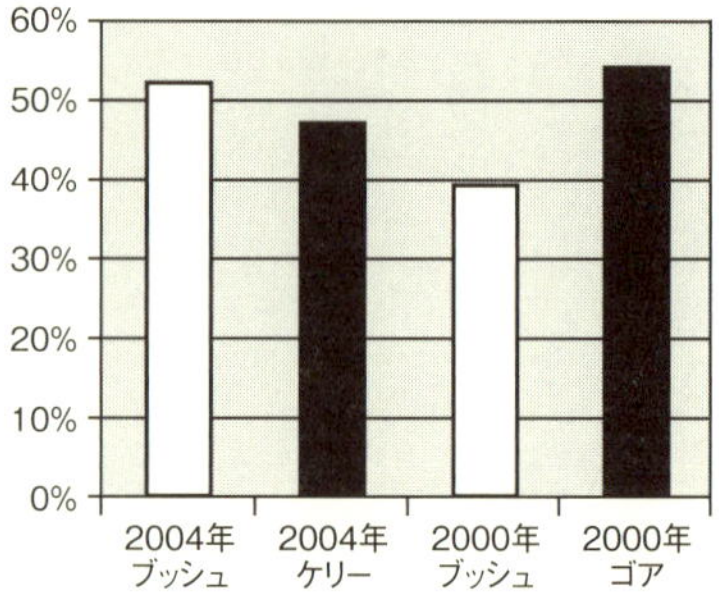

図 10：2000 年と 2004 年の大都市における白人投票数の推移
（単位：100 万）

図 11：2000 年と 2004 年の大都市における白人票の割合

図 10 と 11 によると、2000 年の大都市の白人票は 500 万票を下回っていたが、2004 年には約 900 万票に増加した。230 万票から 590 万票に増加した大都市におけるブッシュ票のほとんどを、この白人票が占めたことになる。

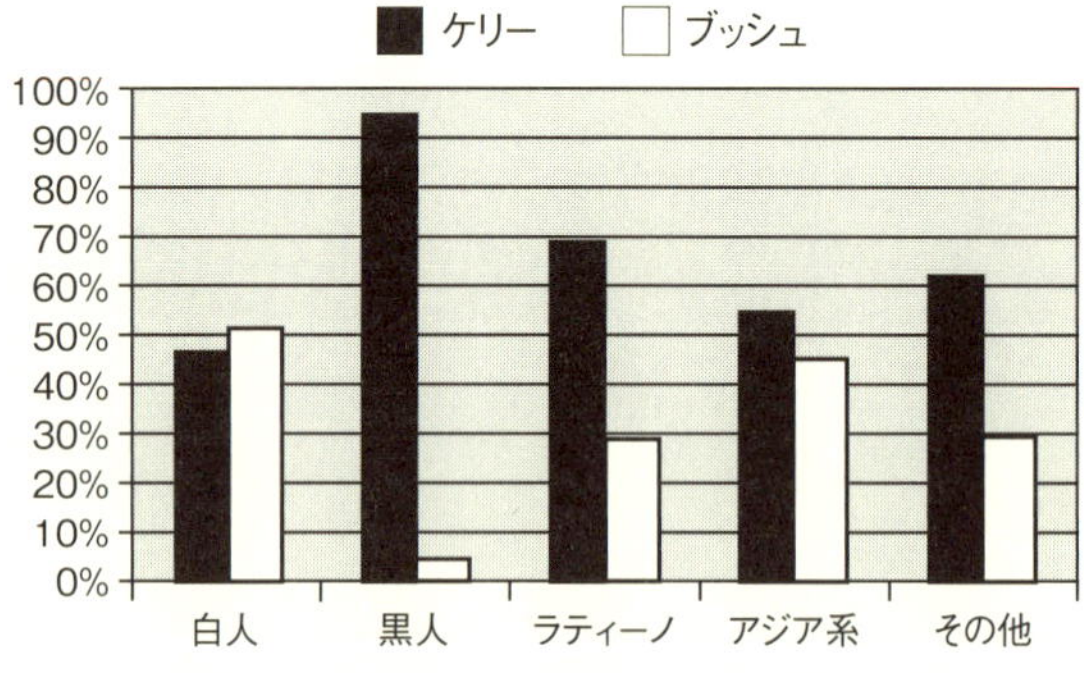

図 12：2004 年大統領選　大都市票エスニック・グループ別

大都市の黒人票とラティーノ票は 2004 年もあまり変化せず、この層でブッシュは再び敗退した。しかし白人票では 2000 年と比べて大健闘だった。

ブッシュに勝利をもたらした大都市の得票率の伸びをどう説明すればいいのか？　大都市の黒人・ラティーノ・ユダヤ系のケリー支持が強固なら、ブッシュをトップに押し上げることができた層は一つしかない。大都市の白人だ。それもかつてない数の白人が投票したのでなければならない（図10〜12）。ブッシュの都市躍進の波はどこから来たのか？　簡単に言えば、それを生み出したのは**加重をかける**という統計上の処理だった。出口調査結果を公式結果に符合させることにより**創り出された**ものなのだ。ブッシュの都市躍進は存在しなければならなかった。そうでなければ公式集計結果が誤っていることになるからだ。

その統計処理とは、アメリカ国勢調査局や政治コンサルタント、公衆衛生局など、大規模な調査を扱う人たちが日常的に使用する手法である。ある集団についてデータを集めた際、サブセットであるグループが母集団の特徴と違っていた場合、一以上または一未満の乗数で「加重する」ことで、その集団についてすでに知られた特徴とデータが一致するように調整するのである。問題は、その母集団の特徴として「知られている事実」が事実と異なる時である。今回のケースでは、NEPが公式の集計結果を正しいと想定したことが問題だった。

二〇〇四年選挙の加重プロセスは、出口調査と公式の集計結果が一致していないことが判明した後に行われた。結局、集計結果が三パーセントの票差でブッシュの勝利を示している時に、全国出口調査機関が投票当日にうっかり発表した、三パーセント差でケリー勝利という予想が正しいとどうして言えるだろう？　その票差は過疎地域の差でも、スモール・タウン地区や郊外が生み出した差でもなかった。中小都市での善戦もひっくり返すには及ばなかった。公式集計の発表によれば、大都市がブッシュに投票したからなのだ。

ブッシュ陣営が腐心したのはむしろ、民主党に流れる大都市票に対抗するため過疎地域や郊外に集中攻勢をかけることだった。だが大都市票を頼みの綱にするしかなくなったまさにその時、全米の大都市の駐車場や路地、おそらくは墓地の中からも白人の幽霊が現れ、ジョージ・ブッシュに見事な勝利をもたらしたのである。そうでなければ集票結果が間違っていたことになる。投票所や「全国出口調査」が示す明らかな兆候と、開票結果が異なるなどという見解は受け入れられないのだ。レッド州対ブルー州という便利な通説は投票前夜から惰性で流されていた。疑問を持った人々はこれを「二〇〇四年都市伝説　ブッシュが大都市で勝った大統領選」と呼んだ。

それでも大都市票の大幅増でブッシュが再選したと信じるのは、不条理に近い。二〇〇〇年には二三〇万だったブッシュの大都市票が二〇〇四年には五四〇万、率にして一五三パーセント増（図9参照）だったと信じられるだろうか。NEPの加重手法が作り出したこの結果は、信じられる限界を超えたものだ。とりわけ大都市票の統計処理には大きな誤りがあったが、集計結果にはさらに困った問題があった。

次なる問題

二〇〇四年大統領選の結果についてインターネット上では白熱した議論が続いた。その多くは公表された全国出口調査データと未公表のデータの不一致に焦点を当てた分析だった。主流メディアでは

都市名	2000 年	2004 年	増加率
ボルティモア	186,658	213,718	14.50%
シカゴ	955,261	1,032,878	8.13%
デンバー	198,318	239,945	20.99%
デトロイト	300,500	325,961	8.47%
コロンビア特別区	203,894	229,590	12.60%
ロサンゼルス	967,960	1,086,586	12.26%
ミルウォーキー	165,598	198,907	20.11%
ナッシュビル	209,958	244,306	16.36%
ニューヨーク	2,182,348	2,438,349	11.73%
フィラデルフィア	563,180	676,073	20.05%
サンディエゴ	417,388	486,650	16.59%
サンフランシスコ	319,333	351,127	9.96%
サンホセ	255,631	283,888	11.05%
合計	**6,575,090**	**7,609,071**	**15.73%**

表 3 : 2000 年と 2004 年の大都市における投票総数

対象都市は NEP が「大都市」と定義した人口 50 万超の都市。パーセンテージは 2000 年から 2004 年の大統領選投票数の増加率を表す。数字は市選挙管理委員会もしくは州選挙管理委員会が提供した実際の集計数。

今もこの論争は取り上げられていない。しかし、有権者登録をすませた有権者一〇一八人を調査したゾグビー出口調査によると、二〇〇六年八月頃にはすでにアメリカ人の半数以上が二〇〇四年の選挙結果に疑いを持っていた[5]。

このエッセイでは極力異論の少ないアプローチをとるため、出口調査の二大目的、**誰が、どこで**投票したかに的を絞り、データは出口調査の改訂最終版を基にした。だが詳しく調べてみると、NEPが示した都市の人口統計データは明らかに一貫性を欠き、ブッシュ勝利の説明として説得力に欠けることが分かった。二〇〇四年一一月二日の出来事を解明するどころか、むしろ謎を深めるものだった。

選挙全体を疑わしくする問題はまだ

ある。NEPによれば大都市部の投票数は二〇〇〇年の九〇〇万票から二〇〇四年は一五〇〇万票となり、六六パーセント増加した。これがブッシュの都市部における投票数・得票率上昇の根拠である。しかし都市部の投票数六六パーセント増は、都市部の実際の集計報告からして不可能なのだ。二四都市のうち一三都市のデータは六六パーセントにはるかに及ばなかったことを示しているからだ。

表3によれば一二都市における投票総数は、二〇〇〇年は六五七万人、二〇〇四年は七六一万人で投票率は一六パーセント増となった(6)。これらの都市は大都市人口の六一パーセントを占め、NEPが主張する都市部の投票率六六パーセント増が現実になるためには、残りの三九パーセントにあたる都市の投票率が一〇〇パーセントを超えなければならない。よって大都市の投票率六六パーセント増のおかげでブッシュが勝利したとするNEPの説明は、実際のデータの前に消滅する。大都市の投票率六六パーセント増はなかった。しかし一六パーセントの投票率の増加はあった。これは大都市の五〇パーセント以上を占める上記の大都市の実際データの平均値とも一致する。結果的には、二〇〇〇年にNEPが推定した全国の大都市の投票総数九二〇万票に、二〇〇〇年比増加率一・一七をかけた約一〇八〇万票が得られ、NEPが主張する一五二〇万に対して四五〇万前後の票が不足する。

表3で見た大都市人口の六一パーセントを占める一三都市の投票数から、二〇〇〇年と二〇〇四年の投票総数を推定する方法もある。これによれば二〇〇四年は推定一二九三万票となり、こちらもNEPの推計一五二〇万票に二三五万票不足する。

どちらの方法でも数百万の説明できない票が残る。しかも我々が直感的におかしいと感じる、人口五万人から五〇万人までの中小都市のデータはここに含まれていない。これは何を意味するのか。

我々は自分たちの投票集計や大都市での選挙結果にどうして無頓着になれるのか。大都市に関するデータや結果は、調査や意見を必要としないほど明らかなのか。過疎地域で敗退したブッシュが勝利を合理的に手にする唯一の方法は、都市部で数百万票を稼いだという不可能な現象を作ることだというのに。

二〇〇四年大統領選におけるブッシュの勝因を追究しようとすると、多くの袋小路にぶつかる。全国比の得票率でも投票数でも減少した過疎地域票に何が起きたのか？　大都市で何が起きたのか？　そこでは一回の選挙で一気に白人票が五〇〇万から九〇〇万に増えたという。都市部の白人票としては八〇パーセント増にも達する数だ。はっきりしているのは、二〇〇四年の大統領選でブッシュが勝ったとみなすことは、もはや不可能ということだ。一般投票の結果について合理的な理由を示せないこと一つを取っても、深い不信感を招いて当然であり、徹底調査が求められる。

つまるところ、二〇〇四年の選挙で四〇〇万人の白人有権者が新たに投票に現れたと信じ、ブッシュが、なきに等しい投票推進運動でその新しい有権者を得たと信じることができれば、この結果も信じることができる。ブッシュが選挙基盤である過疎地域で敗退しつつ、都市部での大躍進により勝利したことを認めることができれば、ブッシュは二〇〇四年一一月二日の大統領選の真の勝利者だと信じることもできる。

選挙で選ばれた者は、票の過半数を獲得した事実を示さなければならない。しかし二〇〇四年大統領選で、その筋書きが入り込む余地はまったくなかった。結局、我々に残されたのは「ブッシュの都市伝説」だけだった。

電子投票機を使った票の水増し術

「ハッキング＆スタッキング」アリゾナ州ピマ郡の場合

デイビッド・L・グリスコム

二〇〇四年一一月二日、ジョン・R・ブレイキーは民主党の投票区コーディネイターとして、アリゾナ州第二七選挙区の四つの投票区を担当していた。第二七選挙区は下院第七選挙区に属し、住民の大半がヒスパニック系で占められ、八割が共和党支持者ではない選挙区だ。地理的にはピマ郡の南西にあるツーソン市を囲む区域になる。新人のジョンの仕事は「連続番号登録簿」（CNR）と呼ばれる、投票を済ませた有権者の氏名を係員が手書きで記入する名簿のカーボン・コピーを回収することだった。しかしジョンは、担当した四地区のうち三地区で、投票所係員たちから敵意をもって迎えられた。コピーを頼んだ記入済CNRの数ページ分を隠そうとした投票所もあった。

投票所の閉鎖時間から約二時間後、CNR最終版のコピーを回収するために自分の投票所である三二四投票区の学校に戻ったジョンは、そこで衝撃的な光景を見ることとなった。最後の投票者が来た時点で完成しているべき記録簿に、投票所係員たちが細工を加えているように見えたのだ。さらに彼は、ディボールド社の光学スキャン投票機を保管する部屋のドアが開いているのに気がついた。このドアもこの時間には閉まっているべきものだ。何をしているのか見ようと近づいたジョンに、係員たちはいっせいに立ち上がり、出ていけとののしった。(1)

翌朝、「デモクラシー・ナウ!」に出演したジャーナリストのグレッグ・パラストが、投票所周辺のゴミ収集所のゴミを漁り、不正の証拠をつかむべく選挙を探偵しようと呼びかけていた。ジョンはその通りにした。外のゴミ置き場では何も見つからなかったが、投票所だった図書館の中に置いてあった箱の一つに「投票者へのアドバイス」九二四枚が入っていた。前夜、投票所係員が持っていた紙の束だ。ジョンはそれをポケットに突っ込み、立ち去った。これが、後に係員たちの企みを証明するカギとなった。

その時から、ジョンの情熱は投票日当夜の出来事の解明に傾けられた。職を投げ打ち、毎日一八時間を費やして、二〇〇四年一一月二日のツーソン市三二四投票区に関する公的記録を可能な限り収集し、エクセルのシートに打ち込んでいった。まもなく私も科学捜査の手法を用いた分析のために調査に加わった。その結果、三二四投票区の係員たちによって「投票記録簿」が大量のエラーを出すか、投票者が投票する時にエラーが起こるよう仕組まれていたことが明らかになった。投票記録簿とは、「署名ロスター」と呼ばれる投票所に来た有権者が署名する名簿も含む選挙日の公的記録だ。

明らかになったのは、三二四投票区の投票所係員を率いるベンジャミン・カーン牧師とその妻が、七種類のエラーを**正確に一一回ずつ起こしていたことだった。**それらが(能力不足などを原因とする)偶然のエラーであれば、七種類のエラーを一一回ずつ起こす確率は二〇〇〇万分の一未満になる。

カーン・チームの行動が意図的であり、投票箱の票を水増しして票を盗むためだったとしか考えられない。一、一時間に一回、投票記録簿上で「エラー」を発生させ、二、「エラー」の種類に応じて、それに対応する不正な票操作を行う周到なシステムである。投票所が開いている一二時間の間に分散して行うことができ、シャーロック・ホームズ級の探偵でも解析が難しい複雑な投票記録を残せる利点がある。ジョンはピマ郡検察局に対して異議申し立てを行ったが、ピマ郡の選管事務局長はカーン夫妻を「能力不足」として解雇し、申し立ては受理されずに終わった。

カーン夫妻が盗んだ票は何票あったのか。二〇〇四年一一月二日の三二四投票区における投票記録に基づく最も控えめな推計は、全体の六・九パーセントである。これは、公式に発行されたもの以外の投票用紙は使われなかったという前提に基づいている。しかし余分な投票用紙を入手するのは簡単だった。当時のピマ郡では、選挙前なら誰でも二回まで、元の投票用紙を返還せずに投票用紙の再発行を請求できたからだ(ジョン・ブレイキーの妻が、実際に自分の投票用紙を反故にして再発行を受けたが、何の質問もされなかった)。二〇〇七年アメリカ科学振興協会の講演で、私は不正票の割合を一二・八パーセントとし、最近になって一一・五パーセントに訂正した。[2] 根拠となった記録は次のことを示唆している。まず三二四投票区の投票所係員が、選挙当日に投票所で署名ロスターに記名を済ませた有権者二二名に、あらかじめ違法に入手した投票用紙を手渡す。だが彼らの名前はCNRに現れない。二二名が投票した後(おそらくケリー票)、その票は捨てられるからだ。そしてCNRにある一九名の名前で違法票(おそらくブッシュ票)が投じられる。だがロスターにその直筆署名はない。さらに係員たちは、「投票と実施認定に関する公式記録」の中で「三票合わないようだがなぜだか分からない」と証言した。

ジョン・ブレイキーは早い段階で、選挙の内部関係者にはディボールド社製光学スキャン投票機の1・94Wメモリーカードと、GEMS中央集計機のいずれか、または両方をハッキングする動機も手段も機会もあることに気付いていた。ジョンは、カーンらが監査の可能性はないとみて票を水増ししたと推測した。監査があったとしても不誠実な選挙委員が「偶然」、三二四投票区のような地域を選んで終わりになる。公正な選挙という幻想が創り出されたとすれば、このような策略があるからだ。ジョンはこの二面攻撃を「ハック&スタック（仕掛けの山）[3]」と呼んだ。

郵便投票――完全犯罪への招待

表4は二〇〇四年大統領選のアリゾナ州第二七選挙区における投票の公式結果だ。常に操作されやすかった郵便投票で、ブッシュ票が投票所における票より二・四パーセント少なく、ケリーの郵便票が投票所における票より二・七パーセント多かったのは注目に値する。一見、ケリーに優勢になるように郵便票が操作されたようにも見えるが、物事はいつも見かけ通りとは限らない。

ピマ郡での不正選挙を暴露するために全てをやり尽くしたと思っていたが、二年経って私は、二〇〇四年選挙の全六三投票区のデータが記載されたジョン・ブレイキーのエクセル・シートに戻って、三種類の投票形式を詳しく再調査することを思いついた。A．暫定投票、B．投票所の投票、C．郵便投票について、それぞれ両候補の得票率を比べるのだ。私が立てた仮説とは、大統領選の投票

投票形式	ケリー／民主党	ブッシュ／共和党	その他
投票所の投票	61.9%	37.0%	1.0%
事前・郵便投票	64.6%	34.6%	0.9%
党員登録率	48.8%	20.6%	30.6%

表4:2004年大統領選アリゾナ州第27選挙区63投票区における得票率の平均

パターンは投票区別では異なるかもしれないが、同一投票区内における同一候補の得票率（全投票に占める率）は、どの形式でもほぼ同率になるというものだった。別の言い方をすれば、どの投票形式であっても、十分な投票数があり票の操作もなければ、A～Cの投票形式におけるケリー（またはブッシュ）の得票率の比率は、1：1：1に近似するはずだ。これを検証するため、私は次のような方法をとった。

まず、郡の投票登録局に実際に受理された暫定投票が一〇〇パーセント信頼できる票だと推定するのが安全だとした。住所氏名が印刷された封筒は封印されており、表には投票者が署名した宣誓文もついている。その票が受理されたということは、宣誓書の署名者がその投票区で登録されていること、署名人が投票日に指定された投票所を訪れ、暫定票を投じ、かつ事前投票を以前にも（どの地区でも）していないことが確認されたということでもある。

暫定投票が、票が本物であるかどうかを測る基準になるのではないかと思った私は、[4]まず暫定投票と郵便投票における両候補の得票率を投票区別に比較した。**図13**はブッシュの暫定投票対郵便投票の比率を投票区別に示したもの、**図14**はケリーの比率。

次に私は図表ソフトの曲線作成機能を使って、データに最も適合する連続水平ラインを**図13**、**図14**上に求めた。驚いたことに、結果は私の「帰無仮説」を

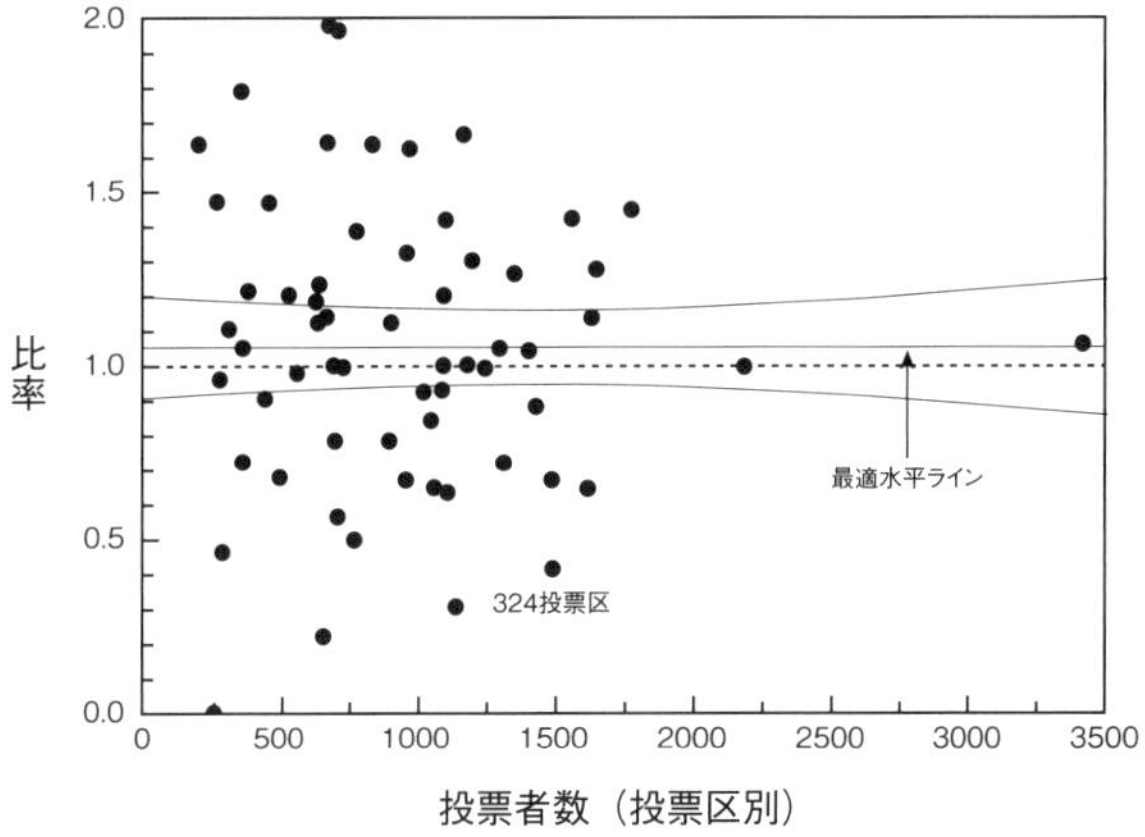

図 13：ブッシュの暫定投票と郵便投票の得票率比

2004 年大統領選アリゾナ州 27 選挙区 63 投票区のデータ：ブッシュの受理された暫定投票得票率と郵便投票の公式得票率の比率。

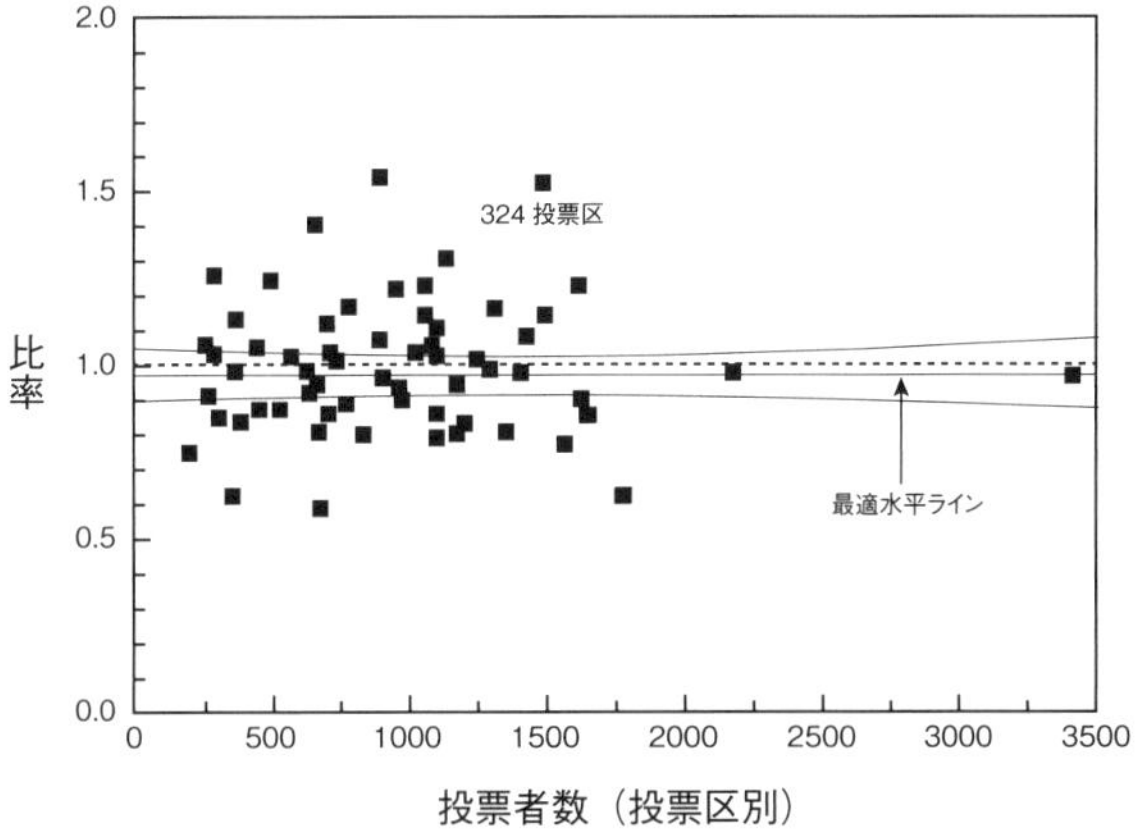

図 14：ケリーの暫定投票と郵便投票の得票率比

2004 年大統領選アリゾナ州 27 選挙区 63 投票区のデータ：ケリーの受理された暫定投票得票率と郵便投票の公式得票率の比率。

支持したのだ。信頼できる選挙では、暫定投票と郵便投票の得票率の比率は一・〇（破線）になるという仮説に対し、私のコンピューターソフトは九五パーセントの信頼限界（最適水平ラインの上下の曲線）内に収まり、一・〇に近似するという結果を出したのである。したがって郵便投票については、私の予想に反して大半が改竄されなかった可能性が高い、という結論を出さざるをえなかった。

私はさらに、（今やほぼ信頼できることが分かった）統計的に有意な郵便投票のデータを投票所での投票データと比較したいと思った。**図15**は投票所におけるブッシュの得票率と、（ほぼ信頼できる）郵便投票の得票率との比率だが、平均で一・五パーセント、ブッシュ有利にシフトしている。これは九五パーセント信頼限界を大きく外れるものだ。

ディボールドの1・94Wメモリーカードにケリー票をブッシュ票に読み替えるコードが埋め込まれたか、同社のGEMS中央集計機による投票総数がピマ郡の選挙管理委員会の職員によって改竄されたか、あるいはその両方が行われた。これらの四つのグラフが証明になると、私は自信を持って言うことができる。

三二四投票区　操作された支持政党なし登録有権者数

批判的な読者はこう聞くかもしれない。**図15**と**図16**上の三二四投票区の位置から見て、ジョン・ブレイキーが属する三二四投票区の係員は、ケリーが有利になる不正をすることもできたのではないか、と。**表5**は、三二四投票区におけるブッシュとケリーの投票所の得票率と郵便投票の得票率の実績で

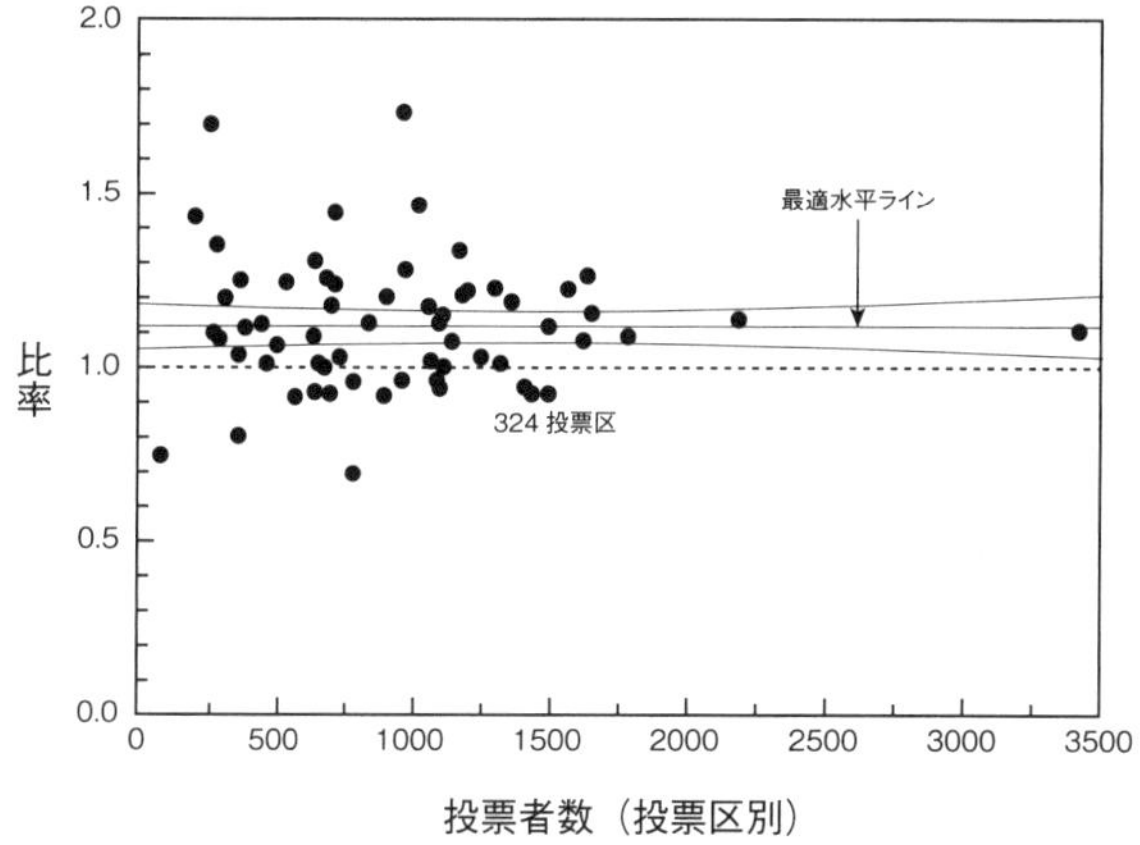

図 15：ブッシュの投票所と郵便投票の得票率比

2004 年大統領選アリゾナ州 27 選挙区 63 投票区のデータ：ブッシュの投票所における公式得票率と郵便投票の公式得票率の比率。

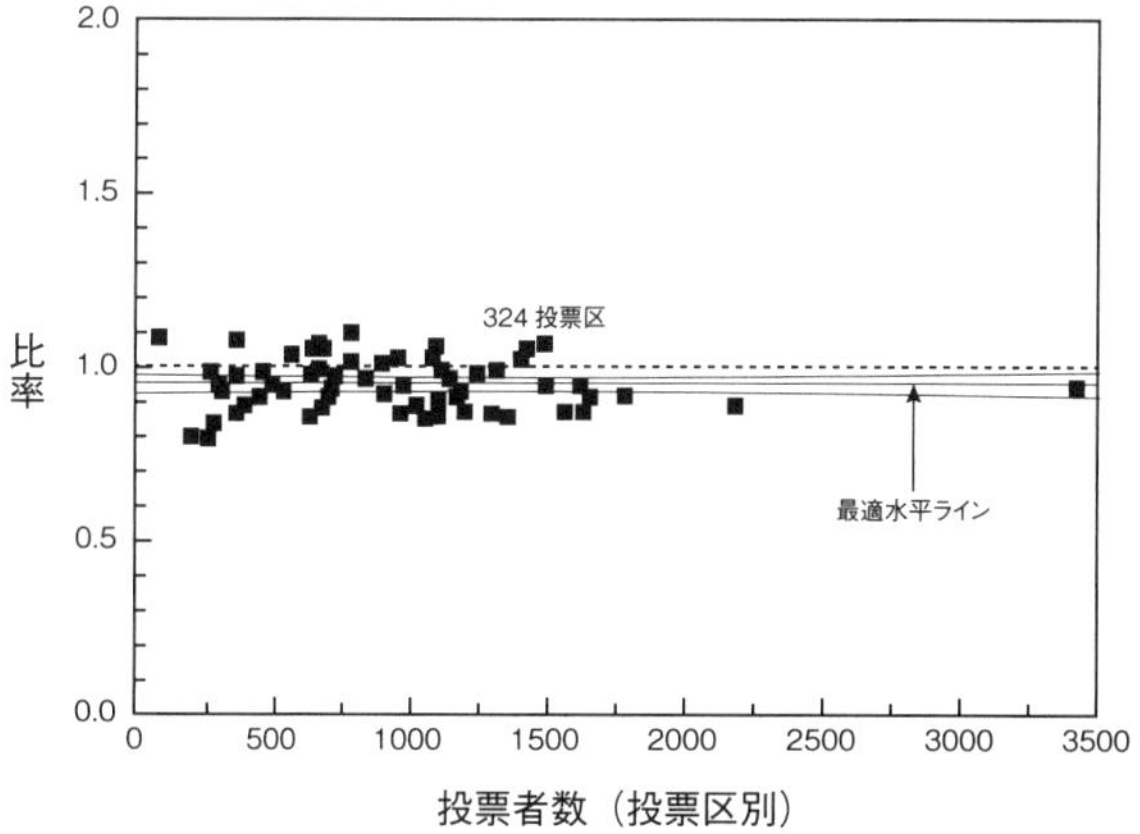

図 16：ケリーの投票所と郵便投票の得票率比

2004 年大統領選アリゾナ州 27 選挙区 63 投票区のデータ：ケリーの投票所における公式得票率と郵便投票の公式得票率の比率。

ある。

表4で見た二七選挙区全体の平均値から、実際に各候補者が獲得した率を引いたものが表6だ。表6からは、選挙区全体との比較において三二四投票区でのケリーの大苦戦が見て取れる（呼応するようにブッシュは躍進）。郵便投票では特に、ブッシュがケリーを全体で一九パーセントも追い上げている（民主党支持登録数のうち、平均を下回る票数は除外）。

このような「票移動」の計算を、三二四投票区の投票所得票率を例に説明する。表6の一行目、マイナス五パーセントは、ケリーが二七選挙区の平均値より五パーセント少なく得票したという意味だ。同様にブッシュは四・五パーセント平均値より多く得票している。平均以上にケリーからブッシュにシフトした票の「全体」を知るためには、ブッシュの数字からケリーの数字を引く。すると三二四投票所におけるブッシュの得票率は、二七選挙区平均より九・五パーセント高いという結果となる（表6の数字は全て二七選挙区との比較であることに注意）。

より正確な数字を求めるなら、三二四投票区では民主党支持の登録有権者（アメリカでは有権者登録をする際に支持政党または政党非加入を申告する）が地区平均より一・七パーセント少なく、反対に共和党支持の登録有権者が〇・八パーセント多かった事実を考慮しなければならない（表6の三行目）。しかし党派の登録数を根拠に「修正」する時には、「控えめな推測」をしなければならない。つまり民主党支持の登録有権者全員がケリーに、共和党を支持すると登録した有権者全員がブッシュに投票したと推測する（あるいはライバル政党の候補者に投票した支持者の数を同数とする）。そしてこれを根拠に（この場合はブッシュ有利に働いた動きを見るために）修正すると、投票所でケリーからブッシュに

投票形式	ケリー／民主党	ブッシュ／共和党	その他／NOP
投票所の投票	56.9%	41.6%	1.6%
事前・郵便投票	53.6%	45.1%	1.3%
党員登録率	47.1%	21.5%	31.5%

表5：2004年アリゾナ州27選挙区324投票区の得票比

投票形式	ケリー／民主党	ブッシュ／共和党	その他／NOP
投票所の投票	-5.0%	4.5%	0.5%
事前・郵便投票	-11.0%	10.6%	0.4%
党員登録率	-1.7%	0.8%	2.4%

表6：324投票区と27選挙区平均得票率の差

シフトした率（9・5％）から、党派登録における両候補の全体平均との差の合計（1.7＋0.8=2.5％）を引くと（9.5-2.5）、二七選挙区で不正が疑われる票数の率が出る（7％）。

ここで、「レッド・シフト」「ブルー・シフト」「NOP」の三つの用語を使いたい。レッド・シフトはブッシュ有利に形勢が変わること（ケリーが失った支持率にブッシュが増やした支持率を加算）、ブルー・シフトはケリー有利に形勢が変わること（ケリーの増やした支持率にブッシュが失った支持率を加算）を意味する。NOPは「支持政党なし（No Party Preference）」の略で、NOPと登録した有権者だけでなく、第三政党を支持政党にあげた少数派も含む。

ここでNOPとして登録した有権者が、各候補者に投票した割合を計算する。**表5**では、ブッシュは三二四投票区で四一・六パーセントを獲得しているが、その中で共和党支持として登録した者は二一・五パーセントで、差は二〇・一パーセントだ。先ほどの「控えめな推測」

に基づくと、この二〇・一パーセントは、三二四投票区でブッシュに投票した全有権者のうち、共和党支持でも民主党支持でもない有権者ということになる。つまり、この二〇・一パーセントの中には、私がNOPとくくった有権者からのブッシュへの投票が含まれているはずである。これをNOP（あるいは第三政党）として登録した有権者（誰に投票したかにかかわらず）の何割に当たるかを（二〇・一パーセント÷三一・五パーセント）計算すると、六四パーセントになる。これは予想を大幅に上回るNOP登録者がブッシュに投票したことを表している。

それでも、あえて反論する人はいるだろう。二七選挙区全体に言えることだが、三二四投票区で起きたレッド・シフトは、ブッシュに投票すると決めたNOP登録者が多かったからにすぎない、と。だがヒスパニック系住民が圧倒的に多いジョン・ブレイキーの地区のNOPたちが、ブッシュ支持者に急変するものだろうか？　少なくとも、ジョンと私が選挙の数日前に行った個別調査では、NOP登録者、及び一時的に民主党支持になった人の中で、今回の選挙でブッシュに投票すると答えた人はごく少数だった（その調査票は不運にも集計を出す前に紛失したため、それに関してツーソン市における選挙前の客観的な数字はない）。しかし私は、独自でムーブ・オン（米国最大の市民政治団体の一つ）のために行った調査結果を保管していた。アリゾナ州下院第八選挙区、三二四投票区の北東カタリナ・フットヒルズの調査だ。この地域は富裕で、ヒスパニック系の割合が少なく、共和党員の割合が高い。インタビューした一一五人のNOPと、一時的に民主党を支持する人のうち、ケリーに必ず投票する、またはケリーに気持ちが傾いていると答えたのは九五人だった。ブッシュに投票する意思を表明したのはわずか六人だった。

これはどういうことか。ツーソン周辺地域のアッパーミドルクラス地区で、NOP、及び一時的に民主党支持になった人に対して行った統計的に有意な調査によると、八三パーセントがケリーに投票するといい、ブッシュに投票すると答えたのは五パーセントという結果が出た。住民の大半がヒスパニック系で、豊かとはいえない三二四投票区において、NOPとして登録した有権者のうち、投票所で投票した人の六四パーセント、郵便投票の七五パーセントがブッシュに投票したと信じることができる人は、どんな下手な詐欺にもひっかかるだろう！

他の投票区では？

これまでの証拠を基に、三二四投票区では郵便投票にも不正があったと私は結論づけた。次の問題は、郵便投票に不正があった投票区は他にどれくらいあるかだ。**表4**と**表5**からはそれほど多くなかったと思われる。選挙区全体の（真実に近いと推定した）暫定投票の得票率については、ブッシュもケリーも統計的信頼度が九五パーセントのレベルで、郵便投票の平均得票率と等しいことを示している。調査の第一候補として私が選んだのは、二七一投票区と二三五投票区だった。投票当日、正当な理由をもって投票所に来たジョン・ブレイキーに対し、係員が不審な行動や敵意で迎えた投票区だ。**表7**と**表8**はそれぞれ、二七一投票区と二三五投票区における得票率と選挙区の平均得票率との差を示した公式結果だ（**表4**、**表5**に対する**表6**と同じ）。

表7から分かるのは、投票所では三・一パーセントのブルー・シフト、郵便投票では五・四パーセ

投票形式	ケリー／民主党	ブッシュ／共和党	その他／NOP
投票所の投票	1.9%	-1.2%	-0.7%
事前・郵便投票	-2.6%	2.8%	-0.2%
党員登録率	5.0%	-2.7%	-0.8%

表7：271 投票区と 27 選挙区平均得票率の差

投票形式	ケリー／民主党	ブッシュ／共和党	その他／NOP
投票所の投票	-1.5%	0.6%	0.9%
事前・郵便投票	-7.5%	6.1%	1.4%
党員登録率	0.0%	-0.2%	1.7%

表8：235 投票区と 27 選挙区平均得票率の差

ントの**レッド・シフト**が起きたことだ。しかし二七一投票区では、民主党支持登録者が共和党支持登録者より七・七パーセント多いことを考慮すると、次の数字に達する。二七選挙区の平均値に対し、投票所で四・六パーセントのレッド・シフト、郵便投票では一三・一パーセントのべらぼうなレッド・シフトが起きた。

二三五投票区を見てみよう。**表8**では、投票所では二・三パーセントのレッド・シフトが、郵便投票では一三・八パーセントというとんでもないレッド・シフトが起きたことが分かる（双方とも〇・二パーセントというわずかな共和党支持登録数も考慮している）。

ピマ郡の右記三投票区では、選挙職員による郵便投票の不正が行われたのは明らかだ。三二四投票区では投票所係員による票の水増しも行われた。二七一投票区と二三五投票区でも同じことが疑われる。

アリゾナ州第二七選挙区における二〇〇四年大統領選のまとめ

二〇〇四年大統領選の日、二七選挙区で起きたと思われる経過をまとめる。ディボールドのアキュボートOS光学スキャン投票機の1・94WメモリーカードとGEMS中央集計機のいずれか、または両方にアクセスできる内部関係者と、三二四投票区を統率するカーン師を含む投票所係員との間には共謀関係があった。彼らの計画は、係員が投票箱に水増し票を投じた投票所を除く全ての投票所でハッキングを行うことだった。

三二四投票区の投票所で最終的に起きたレッド・シフトは「きっかり」七パーセントだった。これはジョン・ブレイキーと私が予想した最大値より低い。これまで述べた全てのレッド・シフトの率は第二七選挙区の平均値との比較であったことに留意されたい。第二七選挙区における投票所での投票そのものが、ほぼ信頼できる選挙区全体の郵便投票との比較で五・一パーセント、レッド・シフトされていると考えれば、このレッド・シフト率五・一パーセント（対二七選挙区全体の郵便投票）と、三二四投票区の投票所におけるレッド・シフト率七・〇パーセント（対二七選挙区全体の平均値）を足した数が、三二四投票区における投票所での総合的なレッド・シフト率だとするのが論理的だろう。この一二・一パーセントという結果は、ジョンと私が三二四投票区の選挙記録を独自に分析して得た推定値一一・五パーセントに近い。我々は、カーンのチームが不正入手した四四票のうち、四一票を使って票の水増しを行い、残った三票に無邪気に首をかしげてみせたのだと推測した。

いうなれば、三二四投票区の投票所に関して私が独自で行った、「公表データに基づく」計算による不正票の数と、カーン・チームの票操作に関して私とジョンが出した「内部データに基づく」推論による不正票の最大数が、ほぼ一致したということである（誤差は統計誤差内）。我々は彼ら自身が作った投票記録簿に基づく科学捜査の手法を用いた分析を行い、そのプロセスを詳細に解析することで仕組みを明らかにしたのである。

アリゾナ州第二七選挙区において、六万人もの多様な民族的背景を持つあらゆる階層の人々が、憲法上の権利を行使しようと投票所に出向いたことを、私はこれを書きながら何度も思わずにはいられなかった。ツーソン地区住民に起きたことは、その時全米の米国人に同時に起こっていたことの縮図と言ってよい。善良な市民の意思と彼らの不可侵な権利が侵されただけではない。主流メディアはそのことを知る手掛かりさえ、市民に与えなかった。私の感情は、アラン・ペイトンの小説のタイトル『叫べ、愛する国よ』をもってしても表しきれない。

「ペーパー・トレイル」付きタッチスクリーン投票機販売戦略
ネバダ州からアメリカ選挙支援委員会（EAC）まで

マイケル・リチャードソン
ブラッド・フリードマン
追加調査はジョン・ギデオンによる

二〇〇四年の大統領選でネバダ州が導入したタッチスクリーン投票機の認定プロセス、及びその使用に対する調査から、住民の誤解を招く公式声明、州法違反の横行、なきに等しい連邦監査といった、あきれる事実が明らかになった。投票機メーカーや選挙当局者、連邦検査機関、監査プロセスの全体を監視すべき人々の「暗黙の了解」も判明した。

二〇〇三年一二月一〇日、ディーン・ヘラー州務長官（当時）はリノ・タホ国際空港とラスベガスで二回記者会見を行った。ネバダ州の投票制度に関する計略が本格的に開始したのはこの時だ(1)。会見の目的は、新型の「ペーパー・トレイル」付き電子投票機の納入業者として、カリフォルニア州の投票機メーカー、セコイア社の採用を発表することだった。しかし、ヘラーとセコイアとの契約が完了したのはその数カ月後であり、連邦指定の検査機関ワイル研究所の最終的な認可が下りたのは、会見から一年も後だったのである。

会見から約半年後の二〇〇四年七月一四日、ワシントンD．C．の全米記者クラブで行われた記者会見で、ヘラーは「自分の投票が正確に記録されたという安心感を得るのは市民の権利だ」と述べ、「ネバダ州が採用する投票者が検証可能な監査記録紙を残せるプリンターは、州と連邦の認定基準を通過した。これは全米初だ」と誇らしげに宣言した。(2) 州の投票システムについて州民を安心させたい気持ちはあったのかもしれないが、ヘラーの主な動機は、投票制度の信頼性と安全性とは別のところにあった。

電子投票機の使用認可が全国レベルで行われるようになる二〇〇四年以前、投票機器の検査は独立検査機構（ITA）で密かに行われていた。ITAは人材も資金も投票機メーカーが提供する検査機関だ。当時、全米州選挙管理者協会（NASED）は、アメリカ投票支援法（HAVA）の条項によって、投票機器の検査及び連邦基準の監督義務が課されていた。NASEDの下で投票システムが適格とみなされるためには、ITA系列の研究所による審査に全て合格したことを証明する公式文書が必要だった。NASEDはITAの報告書をもって番号を交付し、その番号がその投票機器あるいは特定機種が連邦基準に合格し、公職選挙における使用要件を満たしたことの印となったのである。州によっては州の認証前に連邦基準の合格を要件としており、ネバダ州はそれに該当していた。

二〇〇六年一二月二七日、我々はアメリカ選挙支援委員会（EAC〔二〇〇二年に成立したHAVAによって創設された連邦機関」）の当局者たちと長時間の電話会議を行った。EACのトム・ウィルキー事務局長はNASEDで投票機の認可を担当していた人物だ。彼はその頃の「非常にルーズ」な投票機の検査プロセスについて、こう説明した（彼がEACの事務局長となり、そのルーズなシステムは当然一緒にEACに移ってきた）。「NASEDはITAの検査に合格した投票機器に番号を公布し、ウェブサイトに載せました。そうでない時は州当局に通知しました。それが業者あるいは機器の検査が完了したことの証明になりました(3)」。

だが二〇〇四年のネバダ州ではそうはならなかった。ウィルキーがセコイア製ベリボート投票機の番号交付に動いたのはITA検査と事務手続きが完了するずっと前であり、ウィルキー自身が組織のプロセスを無視したと思われるからだ。ウィルキーは我々との電話会議で、番号交付に先立ってITAの報告書があったはずだと言い、その報告書を探すと約束したが、それ以降、連絡は受けていない。そのような報告書は存在しないようだ。

セコイア製「ベリボート」は、同社のEDGE DRE式投票機と併用して使われる感熱式プリンターだ。コンビニエンス・ストアでカード払いした時のレシートに使われるシステムに似ている。このタイプのプリンターは「投票者が紙で投票を検証できる（Voter Verified Paper Audit Trail）」という意味で「VVPATプリンター」と呼ばれ、現在多くの州で使われている。しかしこのVVPATは、謳われた機能を果たさないことが度重なり、論議の的となってきた。中でも投票用紙の読み取りミスと、紙詰まりが多発した。さらに、独立調査団が二〇〇六年のオハイオ州カヤホガ郡の予備選で行った調査によると、VVPATプリンターの集計と、投票機本体の集計結果が一致しない現象がしばしば起きていた。しかしそれが本選挙で使われ、その後も公式に使われたのだ。

ヘラーが二〇〇三年一二月に「ペーパー・トレイル」付きベリボート・プリンターの採用を発表した時点では、このプリンターはまだ開発段階だった。加えて、この機種はヘラーが採用を発表してから半年後の二〇〇四年四月まで、ITAの検査を受けることはなかった。最初の検査となったアラバマ州ハンツビルのワイル研究所での検査には不合格だった。ちなみにセコイアは、二〇〇四年一一月のワショー郡議会選で投票を正しく記録しなかったとして、ネバダ州で訴訟を起こされている。その証拠開示手続きを通じて原告のパトリシア・アクセルロッドが入手した機密資料では、セコイアの投票機及びベリボート・プリンターが、ワイル研究所の検査を何度も不合格になったことが暴露されている。検査結果はそれまで公開されていなかったにもかかわらず、ヘラーは二〇〇四年七月、全米記者クラブでセコイアのベリボート・プリンター付きEDGEシステムがネバダ州で承認されたと発表した。ヘラーはまたベリボートが「何の問題もなく連邦の承認を得た(4)」と主張したが、それは事実に反していた。発表の時点では、州、連邦どちらの承認も得ていなかったからだ。

投票システムが認可を得るには、選挙当日に投票機器が適正に作動するよう、投票機とプリンターの両方が一つのユニットとして連邦基準に合格することが求められている。このことは検査・認証プロセスの専門家の間では常識だが、EAC委員ドネッタ・デイビッドソンは知らなかったようだ。ヘラーもしくはNASEDが、そのシステムが国の基準を満たしたことを「承認」したとするITA報告の存在は定かでない。私たちはその点を追及するため、EACにこう質問した。ITAの研究所の承認がないにもかかわらず、NASEDは公式に番号を発行したが、実際には何があったのかと。

ＥＡＣのデイビッドソン委員は、私たちとの電話会議で「それ（ベリボート・プリンター）は検査済みの機械に取り付けるだけではないのか？」と聞いてきた。私たちは投票機とプリンターはセットとして検査されるべきだと説明した。(5)

同じ電話会議で、ＥＡＣの通信ディレクター、ジニー・レイソンも「ちょっと確認しますが、問題となっているのは**プリンター**であって投票機ではありませんね」と訝った。(6) 私たちはそこで、ＮＡＳＥＤの認証番号を受け取るには投票機とプリンターの検査は**セット**でなければならず、州はその番号によって投票機器が全国基準に合致するかを判断するのだ、と説明した。

それでもレイソンは、「単なるプリンターの話ですよね。実際に票を計算したり集計するシステムについてではなく、今話しているのはシステム付属のプリンターのことですよね」と繰り返した。その通りだ。ヘラーも二〇〇四年三月に「選挙では紙による検証が不可欠です」とリノの新聞に語っている。(7) しかし、まさしくそのプリンターがワイル研究所で不合格となり、訴訟で入手した資料によれば、投票機本体が壊れて検査停止になった。ある記事は次のように書いている。

> プリンターの誤作動で何も印字されていない紙がどんどん出てきた。その後ＤＲＥ投票機は停止し、操作不能になった。現場で異常を目撃したセコイアの技術責任者は、ＥＦＴ（電気的高速トランジェント）試験の一時停止と、さらなる分析を命じた。(8)

さらにベリボート・システムは「低温試験」にも不合格だったとある。

「投票」ボタンを押すとDRE投票機の画面が真っ暗になり、それ以上何の操作もできなくなった。(9)

続いて行われた「信頼性検査」でもベリボート・プリンターは動作を停止、印刷が不能になり検査は中断した。(10) 二〇〇四年五月に追加された「信頼性検査」でも三機全てがフリーズし、一機は紙詰まりを起こした。(11) セコイアの代表は、立ち会った検査が連続して失敗した後、検査の終了を命じた。二〇〇四年六月一七日の再検査でも四台のベリボート・プリンター全てが紙詰まりを起こし、セコイアの代表は再び検査の終了を命じた。(12)

エラーが続出したベリボート・システムも最終的にはワイル研究所での検査を完了したが、報告書類が完成したのは二〇〇四年一二月一六日で、二〇〇四年一一月二日の議会選挙から六週間、九月の予備選で使われてから**一三週間も後**だった。ＩＴＡの検査報告に署名が入ったのは二〇〇四年一二月二一日、ネバダ州務長官が公表したのは二〇〇五年一月一二日である。選挙担当の州務副長官エリック・Ｃ・スーはその前日、セコイアの副社長に宛てて「ＥＤＧＥモデルⅡとベリボート・プリンターのネバダ州における販売使用認可が下りたことを喜んでお知らせします」と州務長官代理で書き送っている。(13)

ネバダ州法（NRS 293B.063）は、本州で使用する「投票機は、連邦選挙委員会（ＦＥＣ）が連邦法に準拠して作成する基準を満たし、もしくはそれ以上の水準に達していることを要する」と定めている。ITA検査に合格し連邦基準を満たしたというお墨付きなしには、州は認証しないのである。にもかかわらず、ネバダ州は連邦基準に依ったITAによる認可を得ていないセコイア製ベリボート・システムを二〇〇四年の二つの選挙でそれぞれ使用した。

これに先立つ二〇〇四年三月、リノ・ガゼット・ジャーナル紙は、ヘラーがセコイアと締結した九三〇万ドルに上る契約について、ベリボート・プリンターが未承認であること、投票機器として国の基準を満たしていないことを懸念する記事を掲載した。ヘラーは、装備品には検査基準がないことを認め、「自主検査を行います。私は、紙による投票記録作成機能が付いた投票機を提供すると有権者に約束しました。その約束を反故にするつもりはありません」と言明した[14]。

追及は強まった。ネバダ州書記官協会のアラン・グローバー会長はガゼット・ジャーナル紙で、未認証の機械を使用することは選挙結果に疑念を生じさせるとの見解を示し、「認証されていない投票機を追加することは、選挙結果を即、法廷に持ち込ませるだろう……。有権者にしてみれば、自分の票がカウントされるかどうかを知る目的が果たされない」と言ったと伝えられた[15]。

二〇〇四年の選挙までにプリンターが認証されない、あるいは準備が間に合わなかった時に備えて、いくつものバックアップ体制が組まれた。「どんな装置で投票するのか、有権者に説明できない」とグローバーは不満をもらした[16]。

しかし、ヘラーの言う自主検査は進められることになった。当時ネバダ州と係争していたパトリシア・アクセルロッドが入手した資料によると、ヘラーの味方についたのはNASEDの投票システム委員会のスティーブ・V・フリーマン委員だった。二〇〇四年五月二六日付の手紙でフリーマンは、ベリボート・システムを個人的には認めるとほのめかしている。この機器を不適格として承認しないだけの「重大な問題」は州法上では認められないとして、投票機の欠陥を矮小化する手紙だった。ヘラーはこの手紙を受け取るとすぐ、ワイル研究所で見つかった多くの問題にもかかわらず、ベリボート・システムの義務化を急いだ。アクセルロッドは、ワイル研究所での度重なる不合格をよそにヘラーがセコイア製ベリボート・システムを使用したのは、このフリーマンの手紙が背景にあったからだと信じている。(17)

二〇〇〇年の大統領選で、ジョージ・W・ブッシュはネバダ州の選挙人投票で辛くも勝利した。それを受けて二〇〇四年、ネバダ州はスイング・ステート（民主・共和党どちらの基盤とも言えず、選挙のたびに勝利する党が変動する州）の一つになっていた。ヘラーは、二〇〇四年七月一四日に全米記者クラブで行った盛大な会見で、「投票者自身が検証できる記録」を実現する画期的な投票記録システムの採用を発表したが、それは事実に反していた。会見の時点では、ベリボート・システムが何度もＩＴＡ検査に不合格となり連邦審査は**中断していたため**、ＮＡＳＥＤは認定番号を交付して**いなかった**のだ。

にもかかわらずセコイアは七月一六日、ヘラーの発表に続いて「連邦審査に合格した」とする声明を出した。

本日、セコイア・ボーティング・システムズは、最も普及している当社のタッチスクリーン投票機に付属するベリボート・プリンターの改良版が連邦審査に合格したことを発表しました。……セコイアのトレイシー・グラハム社長は「全米に先駆けて、投票者が確認できる投票記録を作成する電子投票システムの導入を決めたネバダ州を称賛する」と述べました。電子投票システムには連邦政府及び州政府による厳正な規制があり、そのハードウェア、ソフトウェアともに、連邦政府が指定する独立検査機関が作成する五〇〇ページを超す基準に合格することが義務づけられています。

私たちは、ベリボート・システムが最初に認証された経緯をセコイアのミシェル・シェイファー副社長にメールで問い合わせた。彼女は一連のメールの中で、二〇〇四年七月一五日にワイル研究所から審査の完了通知を受け取ったと説明した。だがその手紙のコピーは渡せないという。シェイファーとのやりとりは当初は友好的に進んでいた。しかしワイル研究所からの手紙の代わりに、二〇〇四年七月に合格したと彼女が主張するシステムのバージョン番号を教えてくれと頼むと、彼女の態度はあからさまに変わった。

弊社は、顧客のためによりよい選挙の方法を目指して尽力しております。活動家やブロガー一人一人とやりとりを長々と続ける人員も余裕もありません。とりわけ意図的に、公平性、正確性、バランスに欠き、真摯なジャーナリズムを尊重しない投稿をする人たちに対応することはできかねます。(18)

これまでネバダ州務長官、セコイア、ワイル研究所、EAC、あるいはスティーブ・フリーマン、トム・ウィルキーのいずれからも、ヘラーが全米記者クラブで会見を行った時点で、投票機器が検査に合格していたことを示す公的書類は提出されていない。それでもヘラーの「連邦機関による認証」という発表を受けて、同年カリフォルニア州のサン・ベルナルディーノ郡は同システムの試験的採用を決定した。しかしカリフォルニア州はネバダ州と同様、連邦機関による認証の前に州が投票機を認証することを州法で認めていない。

さらに悪いことに、EACのディビッドソン委員とウィルキー事務局長は、ヘラーが主張する「連邦機関による認証」に異議を唱え、「連邦政府が認証した」投票機器など今もこれまでもないと退けた。

「我々(NASED)は認証などしていない。機器が適格であること、あるいは適格と承認される見込みを示す報告書を入手するだけだ。報告書があれば我々は番号を発行し、ITAが機器を適格と承認した、と州に通知する。我々が正式な認証手続きをするのではない」とウィルキーは電話で答えた。

ウィルキーは続けて、「しかしあの年には、業者が連邦機関に認証されたとふれまわっていたことはあった。連邦機関の認証など受けていなかったが、そのほうが聞こえがいいと思ったのだろう」とも言った。

では二〇〇四年七月、ヘラーが記者会見で述べた「連邦基準に問題なく合格した」という発言はどういう了見だったのだろう?

EACの事務局スタッフでNASEDとの連絡を担当していたブライアン・ハンコックは、「その機器を選んだのは州務長官です。連邦やNASEDの認可とは無関係に、ネバダ州が単独で決めたことです。州務長官の独断でした」(19)と説明した。

二〇〇四年一〇月、ネバダ州の予備選後、一通のメールがEACとNASED委員の間で回覧された。未認証のシステムを一一月の総選挙で使おうとするヘラーの計画を懸念するメールだ。当時はまだNASEDにいたウィルキーの要請を受け、EACのブライアン・ハンコックが行動を開始した。セコイア代表と、当時のコロラド州務長官ドネッタ・デイビッドソン（現EAC委員）の勤務時間外の会合を受けて、投票システム委員会に対してセコイアの立場を明らかにしようと動き始めたのだ。

無党派の選挙監視団体ブラック・ボックス・ボーティングが情報公開法を通じて入手したNASEDのメール数百通の中に、セコイアの「統合サポート・スペシャリスト」リサ・フラナガンがデイビッドソンの秘書ダーリーン・チャーコンに宛てたメールのコピーがある。件名は「ドネッタに伝えてください」、送信日は二〇〇四年一〇月五日。デイビッドソンとの夜の会合を調整するメールだ。

「ダーリーン、マギー・ベジャクなど数人と面会する日時が決まったら連絡するとドネッタに言ってあったのですが、私が彼らと会うのは（一〇月七日）木曜の午後五時、場所はデューイーの予定だと伝えてくれますか？」

ドネッタ・デイビッドソン、セコイアの広報担当ミシェル・シェイファーのどちらも、会合ではベリボートに関する話はいっさい出なかったと述べている。シェイファーによれば、デイビッドソンとリサ・フラナガンの会合は、長官の事務所がある地元デンバーの酒場で行われ、旧交を温める単なる飲み会だったという。「リサはデイビッドソンが（アラパホ）郡で働いていた頃、彼女と同じオフィスで働いていました」（デイビッドソンはコロラド州の選挙管理職トップに上りつめる前は、アラパホ郡で書記官をしていた）とシェイファーは説明した。選挙官僚と天下り先候補である投票機メーカーの親しい関係をシェイファーはうっかりもらしたのだ。シェイファーは、リサ・フラナガンについて「セコイアに入る前にデイビッドソンの州務長官事務所でも働いていましたし、メールは誕生日パーティの打ち合わせか何かでしょう。パーティの前にデューイーで食事をしただけで、仕事の話はいっさいしていません」と述べた[20]。

EACとの電話会議で私たちが聞いた時もデイビッドソンは、たまたまお互いの都合が合っただけで、女性同士のたわいない飲み会だったとした。「アラパホ郡の職場を辞めた後、何度かそういう集まりを持ちました。友人同士の再会です。他の人も何人かいました」。デイビッドソンは仕事の話は何もなかったとした。しかしフラナガンがアラパホ郡事務所で有権者登録に関する問題を扱った後、州務長官事務所に移り、セコイアにいる経歴について「セコイア社は州務長官事務所の取引業者ではありませんでした」とすかさず付け加えた。

コロラド州は以前から、セコイア製投票機と登録システムを使用していたのではなかったか？デイビッドソンはこれに答えて「ええ、コロラド州はセコイア製品を使っていましたが、それは郡が投票機の装備品として、購入したのです。どの郡も、郡の機器は郡が購入し、テストして――そう、テストしてセットアップし、郡の所有としたのです」と当時を思い起こして言った。「郡所有の備品として購入されたということを、私は言いたいのです」。

しかし、郡に投票機使用の認可を与える責任は、州務長官にあったのでは？「当時、州は州法違反を監査していただけで、機械の検査は行っていません。ITAの検査報告を参照しただけです」とデイビッドソンは説明した。そのITAはもちろん、デイビッドソンとフラナガンの親睦会の時も、セコイア製ベリボート・システムにゴーサインを出していなかった。

セコイアの最も重要な新製品の導入を決定するキーパーソンであるデイビッドソンと、デイビッドソン事務所からセコイアに移ったフラナガンが、公式の場所以外で接触していることは疑惑を招いて当然だ。フラナガン自身も利益相反と無縁ではない。デンバー・ポスト紙によると二〇〇六年七月一四日、セコイアでデンバー地区を担当していたフラナガンに宛てて、セコイアの新製品である電子投票者名簿（投票日当日の有権者チェック機器）の採用通知メールを送ったデンバー選挙委員会のマット・クレイン実行委員長は、フラナガンの夫である。しかしこの八万五〇〇〇ドルの契約についてクレインは、デイビッドソンとの会合の件と同じく、セコイアがフラナガンの立場を利用して利益を得たことはないとした。(21) ちなみにデンバー市が採用したこの電子投票者名簿は二〇〇六年の中間選挙で、最長八時間も投票者を投票所で待たせた大混乱で全国に知られることになった。

デイビッドソン＝フラナガン会合後一週間もしないうちに、ハンコックはデイビッドソン宛のメールで「セコイア製ベリボート・プリンター付AVC　Edge投票機最新モデルの認可を見送る仮決定について、公式の見解を」要請した。(22) これは、ヘラーとセコイアが審査に通ったと述べた三カ月後も、この機器がNASEDの審査に合格していなかった事実をさらに裏付ける。ハンコックのこの要請は、当時のNASED投票システム委員会トーマス・ウィルキー事務局長の強い要望を受けたものだった。ハンコックはデイビッドソンに送ったメールで以下のように書いている。

セコイアは明らかに、(ベリボート・システムの認可が下りないことに)いらだちを見せています。ここまで来るのに多大な時間と資金を投入していますし、一一月の選挙でネバダ州が使用する予定になっているのですから。

ハンコックがデイビッドソンにメールを送った日から約一週間後の二〇〇四年一〇月二〇日、NASEDは認可番号を発行し、セコイアの願いはかなった。ネバダ州のヘラー州務長官とセコイアが、投票機は認定済みだと主張した三カ月後のことだった。デイビッドソンは自分がNASEDの投票システム委員会のメンバーだったことをすっかり忘れていたようだったが、後に「一、二回会議に出たと思う」と述べた。ハンコックのメールについては「(ベリボート・システムに関する)メールに答える時間はいっさいありませんでしたし、答える専門知識も私にはありません」とハンコックへの返信を否定した。(23)

デイビッドソンが投票システムの技術やセキュリティに関する知識を欠いていたことは、コロラド州の州判事によって明らかにされた。選挙に関する無党派の活動団体、有権者アクションが起こした訴訟で、投票システムの認定を適切に行うべき州が、その義務を果たさなかったことを判事が認めたのだ。(24)原告団体は、デイビッドソンが任命した検査責任者が正式なコンピューター教育を受けておらず適格性に欠けるとして、タッチスクリーン投票機の認可取り消しを求めていた。裁判で明らかになったのは、州による投票機の検査とは、ただ箱を開け、書類のチェックや機器の電源を入れたり消したりしただけだったことだ。その程度で、州選挙での使用公認シールを渡していたのである。このシステムは、別の機種を適切に認定する時間がないという裁判所の判断により、二〇〇六年の中間選挙でも使用を許可された。コロラド州ではその後、マイク・コフマン新州務長官の下で合法的な認定検査が行われ、セコイア製ベリボート・システムを含むほとんど全ての機器は、エラー及び不正確な結果を出しやすく、ハッキングに対しても脆弱だとして、認証が取り消された。

ネバダ州の有権者はディーン・ヘラーの二〇〇四年の計画に気付かぬまま、二〇〇六年の議会選挙でこのシステムを使い、ヘラーを下院議員に選出した。

「実は、私たちも何とかしようとしたのです」。トム・ウィルキーは、NASEDの管理体制について謝罪もせずにこう言った。「私は恥じていません。関係者で恥じる人は誰もいないと思います。それどころか、何とかしようとしたことに大きな誇りを感じていると思います[25]」。

新たな情報公開法によって公開されたEACのデジタル文書によれば、ウィルキーとデイビッドソンの主張に反して、この投票機器が性急に認証されたのは、セコイアの要求を満たしディーン・ヘラーの虚偽声明に正当性を与えるためだったという内幕が明らかにされた。二〇〇四年一〇月五日、ブライアン・ハンコックは、投票機の認定番号を発行したNASEDメンバーたちにメールでこう書いている。「ブリット委員がこのベリボート付きシステムの認可にノーと言うのは確実です。トム（ウィルキー）に知らせる前に、イエスかノーか、至急全員の答えをお知らせください」。続いてハンコックはスティーブ・フリーマン委員に次のようなメールを送っている。フリーマンはそれ以前、ディーン・ヘラーのオフィスに「ベリボート・システムはハード面に問題はあるが、それはマイナーな問題だ」と書き送った人物だ。

「三・〇・一三四号の認可にブリットは確実に反対します。あなたもノーのようだが、しかし認可はするということでいいですか?」。

一週間後の一〇月一二日、二〇〇四年の選挙が迫る中で、ハンコックはNASEDの投票システム委員会メンバーと電話会議を行った。問題の(賛成を拒んでいる)ブリット・ウィリアムズ、スティーブ・フリーマン、トム・ウィルキーと「セコイア問題」を話し合うためだ。その翌日、ブリット・ウィリアムズはハンコックとウィルキーにメモを送り、ベリボート・システムが一九九〇年に定められた投票機の基準を「満たしていない」と懸念を表明した。「だがITAや技術委員会は、基準に達しないシステムを厳しく失格にするより、その販売業者に勧告し、問題を解決する機会を与えるのが慣行になっている」とも述べている。

一〇月一五日、ハンコックはデイビッドソンを含むNASEDメンバーに再びメールをし、「可能な解決策」について次のように述べた。

トムは添付書類を検証して必要なコメントや提案をくれと言っています。最悪の中での最善策かもしれませんが、これが今のところ大半の人が許容しうる唯一の解決策でしょう。

同じ日、トム・ウィルキーはセコイアのトレイシー・グラハム社長に送ったメモの中で、「変更点をまとめた要約があれば、ワイル研究所は最優先でそれを検証することに合意しました」とワイル研究所の協力を示唆していた[26]。一〇月一八日、フリーマンはブライアン・ハンコック、他のNASEDメンバー、ワイル研究所に宛てたメールで、NASED投票システム委員会に提示された「ベリボート問題」に関する「かなり重要な」懸念を表明した。ワイル研究所がこの機器を認可する前だ。フリーマンの懸念は、プリンターのシリアル番号が投票者の受付票に印字され、投票の秘密が守られないことだった。二日後の一〇月二〇日、ハンコックはワイル研究所から、セコイアがシリアル番号の消去に成功したことを知らせるメールを受け取っている。ハンコックはNASEDの慣行に反して、ITAの最終報告を待たずにウィルキーに急ぎのメールを送った。「今からセコイアに認可番号を送ります。私はNASEDの認定リスト作成に取り掛かります[27]」。

「これは新しいプロセスであり、このプロセスこそが新たな一歩です。当社のプログラムは一月に始まったばかりです。（現在アメリカで使われている投票機器で）EACに認証されたシステムはありません。投票機器の認証としてはこれが最初になります」。セコイアの広報担当ジニー・レイソンは、私たちとの電話会議でそう述べた。

全ての投票機は「検査対象となり、新たな認証を受けなければならなくなるでしょう」とデイビッドソンは付け足した。「全ての投票システムに、EACが策定した手続きを踏んでほしい。これはこみなさん、再検査しましょう、それがこれまでにない大きな一歩です。例外を設けなかったのは、そのためです」。

それが『アシスタンス』です。「いつも言っていますが、アメリカ選挙支援委員会（EAC）のAは『アシスタンス』です。それが私たちの任務です」とデイビッドソンは締めくくった。

2006年

ブッシュ・チェイニー政権発足後の六年間、実直な共和党員は二〇〇〇年と二〇〇四年の大統領選について考えすぎないようにしていた。選挙結果に満足していたか、怖くて党と異なる主張ができなかったのだ。しかし二〇〇六年以降、現状に甘んじたのは中間選挙を制した民主党だった。民主党は勝者として、ブッシュ政権による選挙の不正行為に悩まされることはなくなったように見える。だが、この最良の時でも多くの選挙で不正に票を盗まれていたのである。

もちろん、民主党は沈黙していたとは言え、満足していたわけではない。これまでのように、衝撃的事実に向き合うことを拒んでいただけで、不当に「敗北した」候補者が多数——あるいは一定数——いたことに十分気付いていた。「阻まれた大勝利」でジョナサン・サイモンとブルース・オデルが示すように、二〇〇六年の中間選挙に関する出口調査結果の詳細な比較調査によれば、全米で接戦が繰り広げられる中、共和党は民主党に対し三・九パーセントまで迫っていた——疑念を起こさせる恐れのある誤差をギリギリ超えない率である。共和党は投票日の数週間前、ともすれば数カ月前から投票機にメモリーカードの細工をしていたが、これが結果として民主党から「痛手」を受けることにつながった。二〇〇六年の選挙は、終盤になって急速に民主党に有利に変化したからだ。「フォーリーゲート」と言われた共和党のマーク・フォーリー下院議員のスキャンダル、ボブ・ウッドワードによるブッシュに批判的な『ブッシュのホワイトハウス』の出版、そして全国的な投票率の急上昇が、共和党の追い上げを四パーセント弱に抑えたのだ。ただし、選挙詐欺や汚い手口が功を奏して民主党を敗退させるのに成功した選挙区もあった。

イリノイ州デュページ郡もそうした選挙区の一つだ。三〇年間下院議員を務めた大言壮語型の右派、ヘンリー・ハイドの引退に伴う選挙は、民主党のタミー・ダックワースと共和党ピーター・ロスカムの一騎打ちとなった。伝統的に共和党が強い地盤にもかかわらず、選挙はダックワースが本命と見られていた。ロータリークラブ会員で国際関係学の修士号を持ち、イラクで両足を失ったという経歴のダックワースは、投票日一週間前の時点で得票予想五四パーセントと、四〇パーセントのロスカムをはるかに引き離していた。しかしジーン・カツマレクが痛々しいほど詳しく述べているように、不正と投票妨害の絶妙なコンビネーションがロスカムを「勝利」させたのである。それにはディボールド社製光学スキャナーの操作が一役買っていた。半数の票が数えられないうちに、ダックワースに敗北を認めるよう命じた民主党も、共和党の不正行為に報い、あるいは手を貸すことになった。

阻まれた大勝利
二〇〇六年中間選挙における出口調査と投票集計結果の比較

ジョナサン・D・サイモン
ブルース・オデル

序　投票日前の懸念、投票当日の安堵感、憂慮すべき現実

アメリカでは、二〇〇六年の選挙が近づくにつれて、票の集計プロセスが操作に脆弱であるとの懸念がかつてないほど大きくなっていた。二〇〇〇年、二〇〇二年、二〇〇四年の選挙における公正性への疑問が解決されないまま、電子投票機が全国的に普及していたため、懸念はコンピューター専門家からマスコミ、一般国民の間にも広がっていたのだ。

しかしながら二〇〇六年の選挙結果は、多くの批評家が胸をなでおろすものとなった。民主党が議会の主導権を握ったからではなく、国民の意思がおおむね正確に反映されたように見えたからだ。そのため、集計プロセスは適正に行われ、不正への懸念は誇張だったと性急に結論づけられた。

残念ながら、証拠はその見解とは異なる憂慮すべき結論を突きつける。二〇〇六年中間選挙の集計には大規模な操作が加えられ、正しく集計されていれば前代未聞の圧倒的な差となるはずだった民主党の優勢を著しく抑える結果となったのである。これらの操作はほとんどコンピューター上で行われたため、投票所の監視団の目にとまらず、よくある「個別の不具合」と報告された。したがってアメリカ国民は、自国の電子投票・集計システムが国民の意思を誠実かつ正確に伝えず、将来にわたって信頼できないものだという重大な事態には気付かなかった。

証拠となる根拠

我々は、二〇〇六年選挙における集計の歪みを分析するため、エジソン・メディア・リサーチ社とミトフスキー・インターナショナル社（以下「エジソン／ミトフスキー」）による公式の出口調査を使用した。主要報道機関で作る「国政選挙プール」（NEP）のためにエジソン／ミトフスキーが行った選挙当日の出口調査である。集計作業における不正行為の根拠として出口調査を使用するにあたり、出口調査が有権者の意思を反映しているかを疑問視する声があることは承知している。しかし、我々の分析は出口調査への大まかな信頼に基づいたものではない。むしろ二〇〇六年全国出口調査の質問には、そのサンプルが投票者の代表性を証明する客観的かつ本質的な基準が含まれているという立場を取った。

出口調査の回答を分析するにあたって注目したのは、下院選で誰に投票したかという問いを含む出

口調査だった。(1)

個別に調査された下院議員選挙は、「単一議席の州」である四つの州に限られたが、さらに全国から一万人以上のサンプルが加えられ、二〇〇六年下院選の投票を反映するものとなっている。(2) サンプルは人口動態の多様性に合わせて公表前に加重されており、許容誤差はプラス／マイナス一パーセントだった。(3)

下院選挙における全国出口調査の結果と実際の集計結果を比較すると、二〇〇四年の時と同様、両者には大きな差異があることが分かった。出口調査の結果による民主党のリードは、集計機器によるリードより三〇〇万票、四パーセント近く高かった。そのような誤差が生じる確率は一万分の一以下である。

出口調査と投票集計

集計結果は正しいに違いないとする単純な思い込みは別にして、二〇〇四年選挙の出口調査の有効性に対する反論で唯一議論に値するものは、出口調査が民主党支持者を「オーバーサンプリング（過剰抽出）」したという説だ。共和党支持者が出口調査に消極的だからというのがその理由だが、これを裏付ける証拠はない。二〇〇六年の選挙でもこの説は復活し、民主党支持者をオーバーサンプリングしたことを理由に、出口調査は実態を反映していないという批判がなされた。(4) 今はサンプリングの偏りは「それがどうした？」と肩をすくめられる程度の扱いで、既成事実のように受け取られている。

だが二〇〇六年選挙の出口調査の質問には、この便利で馴染みある説に反論できる**本質的な基準**が含まれていたのである。その基準となる質問の話題に移る前に、出口調査のデータを提示する際、しばしば誤解を招く用語の説明をしておきたい。

出口調査に関する掘り下げた議論をするには、次の三種類のデータを区別する必要がある。

1. **「生」データ**
アンケートへの回答をそのまま集計したデータ。公表されることはなく、どんな場合でも有権者の動向を正確に反映しているとは言えないため、集計結果との比較は有効ではないとされる。

2. **「加重された」データ**
生データを、多数の人口動態や投票傾向を表す変数を基に加重したり階層化し、有権者の構成や特徴とほぼ一致するように調整されたもの。

3. **「強制修正」または「修正」されたデータ**
「誰に投票しましたか?」に対する出口調査と投票集計結果を合致させるため、調査機関がすでに施された加重を覆して修正したデータ。しかし、このような修正はサンプルの人口動態を歪めることになる(ゆえに「強制修正」と呼ぶ)。

NEPは、同団体が主催する出口調査の選挙後の利用については、選挙のダイナミズム(力関係)や人口動態の学術的な分析のための資料に限定されることを想定している(たとえば「一八歳から二五歳の年齢層は誰に投票したか」や「投票と経済の関連性」など)。そのためNEPは出口調査の結果が実際の集計と一致するように、「訂正」あるいは「修正」を行う手法を用いる。それは投票所が閉鎖され、実際の投票結果が判明した後に行われる。注意しておきたいのは、出口調査の「訂正」は、投票集計が正しいという強固な前提に基づいて行われているということだ。その前提は絶対的な真実として、他の測定の基準とされ、投票集計と合致する出口調査が有権者の人口動態や投票動向を表す最も正確な情報だとされた。したがって修正された出口調査が示す**歪曲された**有権者像は、投票結果が正しくないという強力な指標になる。

　我々は、二〇〇六年下院選挙についてNEPが公表した「加重された」出口調査と「修正された」出口調査の両方を調べた。二〇〇六年一一月七日、投票日当日午後七時七分にCNNドットコムが公表したデータは、人口動態に合わせて加重されてはいるが、投票集計に一致させる修正は施されていない全国出口調査だ[5]。これを**加重された全国出口調査**と呼ぶ。投票所が閉まり、投票集計が公表されていく一八時間の間に、加重された全国出口調査は公表された投票集計と一致するよう、徐々に「訂正」されていった。そして最終的には二〇〇六年一一月八日午後一時、完全に修正された全国出口調査結果となってCNNドットコムにアップロードされた。これを**修正された全国出口調査**と呼ぶ。この二つの出口調査について、分析していく。

　二〇〇六年下院選の加重された全国出口調査では、民主党五五・〇パーセント、共和党四三・五パーセントで、民主党が一一・五パーセントのリードであった。しかし一一月八日午後一時の修正された全国出口調査では民主党五二・六パーセント、共和党四五・〇パーセントと、その差は七・六パーセントだった。(6) この七・六パーセントという民主党のリードはもちろん実際の集計と一致するが、前夜の加重された出口調査結果の記録より三・九パーセント差が縮まり、票数にして民主党の支持票が三〇〇〇万票少なくなったことになる。

二〇〇六年の出口調査で民主党員はオーバーサンプリングされたのか？
クロス集計による回答

エジソン／ミトフスキーがNEPのために行う全国出口調査の質問は、「誰に投票しましたか」だけではない。実は四〇から五〇にも上る質問があり、人口動態データから政治傾向、精神状態など多岐にわたる。人種、性別、所得、年齢のほか、教会に行くかどうか、支持政党、イデオロギー、支持する著名人、投票に際して重視する問題、支持候補を決めた時期など内容も様々だ。

出口調査を公表する時には、回答によってサブグループに分かれる「クロス集計表」と呼ばれる形式が取られ、投票内容が表示されるようになっている。次に掲げる加重された出口調査のクロス集計は、「アメリカは正しい方向に進んでいると思いますか」という問いに対し、四〇パーセントが「はい」と答え、五六パーセントが「いいえ」と答えている（表9）。「はい」と答えた人のうち二一パーセントが民主党に投票し、七八パーセントが共和党に投票したこと、「いいえ」と答えた人のうち八〇パーセントが民主党に投票、一八パーセントが共和党に投票したことが分かる。「悲観論者」の五人に四人が民主党に投票した人であることから、この質問と投票傾向は関連性が強いことが分かる。

合計	民主党	共和党
はい（40%）	21%	78%
いいえ（56%）	80%	18%

表9：「アメリカは正しい方向に進んでいますか?」への回答

クロス集計表の結果は、回答者の特徴と投票傾向との相関関係によって大きく違ってくる。相関関係が強ければ強いほど、クロス集計がその出口調査の有効性を評価する上で重要な判断材料になる。

出口調査のデータは、公表される前に多様な人口動態に合わせて加重される。その方法は、クロス集計の結果が予測される選挙民をしっかりと反映し、その全体的特徴を独自に測定できる方法が取られる。逆に言えば、クロス集計の結果はサンプルの構成、その「代表性」といった詳細な情報を示すものとなる。この情報は我々の分析にとって非常に重要だった。回答者が受けた多くの質問には、サンプルが妥当であるか、あるいは**政治的に偏向**しているかを示す質問がいくつか含まれていたからだ。これが先述した「本質的な基準」である。

最も有効な指標となる質問は次の三つ。

- ・ブッシュ大統領に対する支持
- ・議会に対する支持
- ・二〇〇四年大統領選で投票した候補

三つの指標について、サンプル構成と投票者全体の測定結果を比較することは、サンプルの有効性を測る上で優れた判断材料となる。報道機関から「民主党支持者のオーバーサンプリングの典型」と烙印を押された、午後七時七分の加重された全国出口調査のクロス集計結果を見てみよう。

・ブッシュ大統領に対する支持　四二パーセント
・議会に対する支持　三六パーセント
・二〇〇四年大統領選で投票した候補　ブッシュ四七パーセント、ケリー四五パーセント

これらの数字を二〇〇六年選挙の投票日以前になされた世論調査と比べると、民主党票が機械の集計より三〇〇万票多かったとする出口調査の結果は、民主党のオーバーサンプリングではないことがただちに分かる。基準を順に見ていこう。

大統領支持率

大統領選前の数週間、重要な政治的選択の結果を占おうと、大統領支持率に関する世論動向調査が多数行われた。加重された全国出口調査で出たブッシュ大統領の支持率四二パーセントという結果は、これらの世論調査と比較することができる。支持率の比較では、質問の仕方で回答も変わるため、質問は同一であることが重要だ。候補者の支持について尋ねる時の基本パターンは「……を支持する、支持しない」あるいは「……を強く支持する、どちらかといえば支持する、どちらかといえば支持し

合計	民主党	共和党
支持（42%）	15%	84%
不支持（58%）	83%	15%

表10：ジョージ・W・ブッシュに対する評価

ない、断じて支持しない」だ。ただし、二択と四択の質問を同じ日に続けて尋ねた調査では、四択の支持率が二択より三〜四パーセント高く出ることが分かっている。(7)

これを念頭におきつつ、加重された全国出口調査でブッシュ大統領支持と回答した数と、事前の世論調査を比較すると、両者がきわめて似た結果であることが分かる。世論調査レポート（PollingReport.com）によると、一〇月一日から投票日までの間に二択式で行われた三三の全国世論調査の平均（中間）支持率は、三七・六パーセント。(8) 加重された全国出口調査で使われる四択に換算すると四一パーセントとなる。ラスムセン調査は他の世論動向調査と違って四択式を採用しているので、直接比較できる。二〇〇六年一〇月に行われたラスムセンでのブッシュ支持率も四一パーセント、不支持は五七パーセントだった。(9) このように加重された全国出口調査におけるブッシュ支持率四二パーセントは、投票前に全国で行われた世論調査と一致し、むしろ一パーセント「上回る」。**表10**からも、ブッシュの支持率は支持政党との関連性が非常に強いことが分かる。民主党支持者がオーバーサンプリングされたのであれば、大統領支持率は低くなるはずだ。加重された全国出口調査が既存の世論調査と一致あるいは上回っていることは、加重された全国出口調査の有効性を最初に確認するものとなる。

合計	民主党	共和党
強く支持（5%）	29%	70%
どちらかといえば支持（31%）	25%	73%
どちらかといえば不支持（32%）	62%	37%

表11：議会に対する支持

議会支持率

大統領支持率と同じく、議会支持率も指標になる。加重された全国出口調査で議会運営を支持すると答えた三六パーセントのサンプルと、様々な世論動向調査に見られる有権者の議会評価の比較によっても加重された全国出口調査の有効性が裏付けられる。

世論調査レポートのまとめによると、一〇月一日から投票日までの間に二択式で行われた一七の全国世論調査の議会支持率中間値は二七・五パーセントだった。[10] 出口調査で使われた四択式に換算すると、支持率は三一パーセント相当となり、加重された全国出口調査の三六パーセントより五パーセントも**下回った**。大統領支持と同じく（共和党が過半数を占めていた）当時の議会に対する支持は、支持政党との相関関係が強い質問だ（**表11**）。加重された全国出口調査で民主党支持者がオーバーサンプリングされ、有権者を反映していないのであれば、議会への支持はもっと**低く**なるはずだ。だが加重された全国出口調査の議会支持率は、世論動向調査より明らかに**高かった**。このことは、むしろ共和党支持者のオーバーサンプリングを示唆している。

合計	民主党	共和党
ケリー（45%）	93%	6%
ブッシュ（47%）	17%	82%

表 12：2004 年大統領選で投票した候補（加重された全国出口調査）

二〇〇四年大統領選で誰に投票したか

エジソン／ミトフスキーは出口調査の回答者全てに、二〇〇四年の大統領選での投票について尋ねている。加重された全国出口調査によると、四五パーセントがケリーに、四七パーセントがブッシュに投票したと答えた（表12、八パーセントは投票をしなかったか、この二人以外の候補者に投票したことを示す）。ここでブッシュが得た二パーセントのリードは、ブッシュが二〇〇四年選挙の一般投票で享受した公式発表の二・八パーセントに近い。

こうした調査では、次期大統領選（つまり四年後の）で誰を選ぶかという質問に、現職大統領と答える傾向があるものだ。しかし当時ブッシュが空前の不支持率を記録したこと、この調査が大統領選のない中間選挙の年に行われたこと、問題の前回選挙から日が浅かったことが相まって、二〇〇六年の選挙が「現職優勢」になる可能性は低かった。

我々は二〇〇四年に報告されたブッシュのリードである二・八パーセントを本書でも提示している。しかしこの論考で立証しようとしている投票集計の改竄は二〇〇四年選挙でも指摘され、二〇〇四年の出口調査がその証拠となること、当時の電子投票システムの改竄可能性が明らかであることは見過ごされないだろう。

しかし、過去のデータ分析をもとに、調整前の二〇〇四年出口調査が二〇〇六年出口調査と同様に正確と想定し、さらに二〇〇四年のケリーのリード二・五パーセントを適切な基準値とすると、正確に加重された二〇〇六年のサンプルでは、エジソン／ミトフスキーの加重された全国出口調査よりもケリー票はさらに多くなり、ブッシュ票は少なくなることが分かった。民主党は説明のつかない三〇〇万票より大きくリードしていたはずなのだ。

図17は、加重された全国出口調査と一般調査による平均値の比較である。

表13で見るように、加重された全国出口調査の回答者の構成は、八〇パーセントが白人、一〇パーセントがアフリカ系アメリカ人、八パーセントがラティーノだった。白人票は民主・共和党できれいに分かれたが、ラティーノそして特に黒人は圧倒的に民主党に投票した。

人口動態は、ミシガン州立大学政治学センターが出版している有名な有権者データとも比較できる。この『世論と有権者の行動に関するANESガイド』は、長期にわたって人種構成などアメリカの有権者の実態を様々な側面から調査したものだ。[11] 表14は、ANESによる一九九四年から二〇〇四年までの選挙結果である。[12]

表14を見ると、加重された全国出口調査のように白人投票率が高くなったり、黒人投票率が低くなったりした年は一度もない。[13] 投票者に占める白人割合の平均値は七四パーセント、出口調査の八〇パーセントより六パーセント低く、黒人割合の平均は一三パーセントと出口調査より三パーセント高い。出口調査の回答者の人種別集計を見ると、民主党支持傾向が強い階層が全てANESガイドより少なく、しかも最も民主党支持者が少ない選挙ブロックでもANESガイドより民主党に好意的だっ

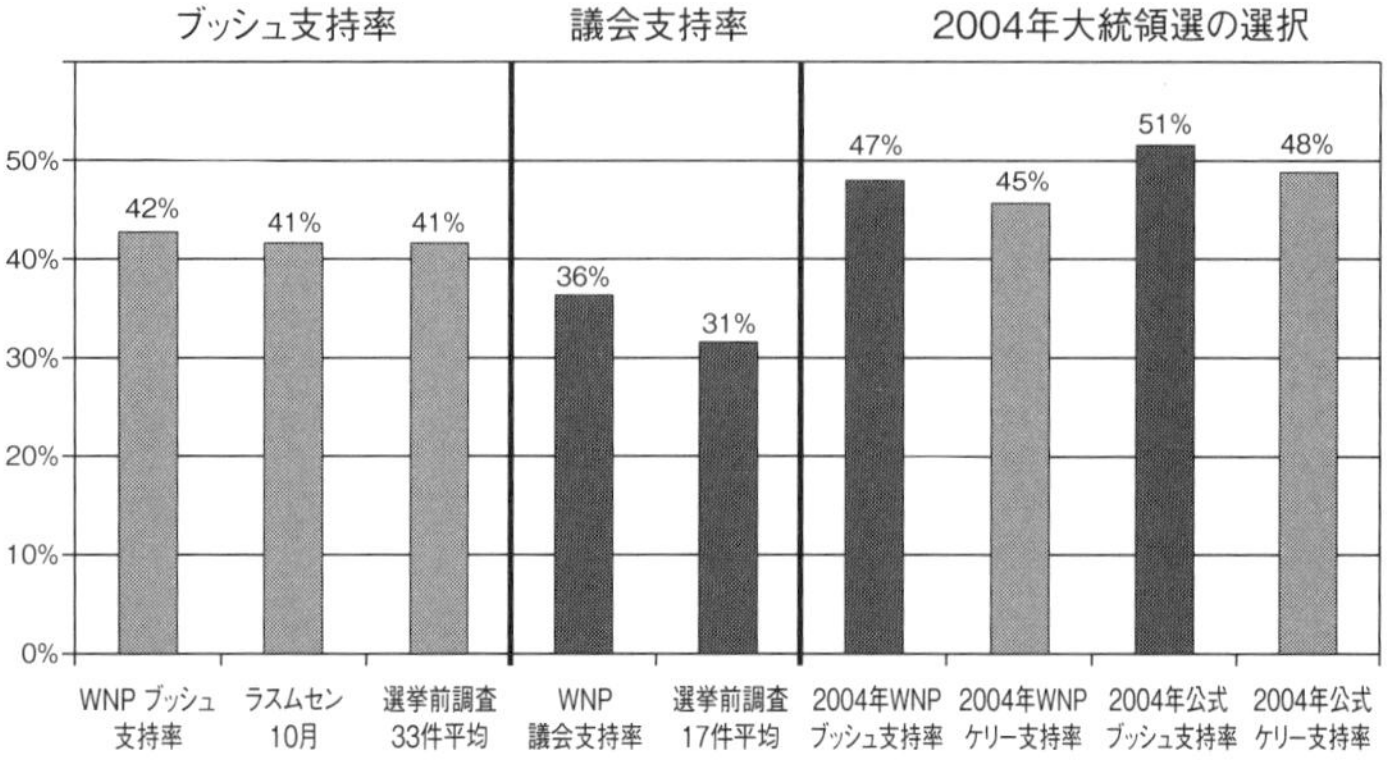

図 17：2006 年の加重された全国出口調査（WNP）と一般調査の比較

合計	民主党	共和党
白人（80%）	49%	49%
アフリカ系アメリカ人（10%）	88%	12%
ラティーノ（8%）	72%	26%
アジア系（1%）	65%	35%
その他（2%）	59%	36%

表 13：人種別投票率

	1994	1996	1998	2000	2002	2004
白人	78	72	74	74	75	70
黒人	12	14	12	13	12	16
アジア系	2	2	1	3	2	3
アメリカ先住民	3	5	3	3	2	4
ヒスパニック	6	8	9	7	8	8
その他	-	-	-	-	2	-

表 14：ANES による 1994 ～ 2004 年の選挙結果　人種別（単位：%）

たという結果が出ている。これは、加重された全国出口調査に対して揚々と貼られた「民主党支持者がオーバーサンプリングされたデータは無効」というレッテルとは、相容れないものだ。

登録政党別の投票

登録政党別に見た投票傾向は一般的に大きく変化しないものだが、投票率に予想外の変化があった時は、その影響を受けても驚くにあたらない。二〇〇六年中間選挙の投票率に働いた力については後に述べるが、共和党支持者が様々な理由から直前になって投票をとりやめる中、民主党支持者の投票率は急上昇したと見られる。

表15によると、加重された全国出口調査の回答者のうち民主党支持と答えたのは三九パーセント、共和党支持者は三五パーセントだった。

支持政党を登録する州は二〇州しかないため実際の登録との直接の比較はできないが、ここで再びANESガイドが利用できる。**表16**は、有権者に支持政党を七択で答えさせたものだが、この比較は説得力がある。(14)

一九九四年から二〇〇四年までの国政選挙を追跡したこのデータを見ると、全ての選挙で民主党支持者が共和党支持者を上回っている。年度別では一九九四年が四パーセント、一九九六年が一〇パーセント、一九九八年が一一パーセント、二〇〇〇年が一〇パーセント、二〇〇二年が四パーセント、二〇〇四年が五パーセント共和党を上回り、二大政党いずれの支持者でもない人たちも含めると

合計	民主党に投票	共和党に投票
民主党（39%）	93%	6%
共和党（35%）	9%	90%
無党派（26%）	58%	38%

表 15：支持政党別の投票

	1994	1996	1998	2000	2002	2004
強固な民主党支持者	15	18	19	19	17	17
弱い民主党支持者	19	19	18	15	17	16
無党派の民主党支持者	13	14	14	15	15	17
完全な無党派	11	9	11	12	8	10
無党派の共和党支持者	12	12	11	13	13	12
弱い共和党支持者	15	15	16	12	16	12
強固な共和党支持者	15	12	10	12	14	16
無関心	1	1	2	1	1	0

表 16：ANES による 1994 〜 2004 年の選挙結果　支持政党別（単位：%）

民主党のリードはそれぞれ五パーセント、一二パーセント、一四パーセント、一二パーセント、六パーセント、一〇パーセントに増加する。これらの数字から、民主党支持の有権者がどの選挙でもコンスタントに多数派だったことがわかる。(15) 加重された全国出口調査では民主党のリードが四パーセントとされたが、これは一九九四年以降の差から見ると著しく低い数字と見ることができる。四%に近いのは一九九四年と二〇〇二年だが、これは**共和党**が勝利をおさめた年だ。しかし二〇〇六年の中間選挙では**民主党**が大勝利をおさめた。後に、これは投票率による圧勝だったことが分かるだろう。

こうした指摘は、二〇〇六年選挙の加重された全国出口調査はオーバーサンプリングのため「実態を反映していない」

と宣言した解説者の情報分析力を侮辱するものだろう。彼らにとっては、民主党対共和党が三九対三五でも、民主党支持者のオーバーサンプリングになる。しかしその誤った解釈はたちまち広がり、投票日当夜のニュース解説の主流を占めた。選挙当夜のテレビ解説者たち、その後の解説者全員が、受け入れやすいとは言え、明らかに誤りだと分かる結論に達したことは、他のどんな方法によっても理解することは難しい。

加重された全国出口調査による民主党票は、機械の全国集計よりおよそ三〇〇万票多かった。しかし、調査の中に民主党支持者のオーバーサンプリングを示唆するものはない。慣例や傾向にとらわれず先入観なしに事実を見れば、結果は正反対だったことが分かる。二〇〇六年の出口調査で民主党支持者はおそらくアンダーサンプリングされ、民主党の勝差一一・五パーセントも、**低く見積もられていた可能性があるのだ。**

修正された全国出口調査　票集計との合致

加重された全国出口調査の有効性を分析した後で、修正された全国出口調査を補足的に見てみたところ、我々の結論をさらに裏付ける結果になった。

先述の通り、「修正された」あるいは「訂正された」出口調査とは、「誰に投票しましたか？」に対する（一連の）出口調査と投票集計結果を合致させるため、出口調査の人口動態を歪めてまでも、調査機関がすでに施された加重を覆して修正したデータである。投票日の翌日に、ＣＮＮはインター

合計	民主党	共和党
ケリー（43%）	92%	7%
ブッシュ（49%）	15%	83%

表 17：2004 年大統領選で投票した候補（修正された全国出口調査）

ネット上に修正された全国出口調査結果を掲載した。それは（我々の分析には影響しない程度の更新をしながら）そのまま掲載され続けた。そこでエジソン／ミトフスキーには、全国的な集計結果と出口調査の修正結果を一致させる仕事が課せられた。民主党候補に投票したと答えた人を減らし、共和党へ投票したと答えた人を増やす加重措置により、民主党のリードが一一・五パーセントから七・六パーセントに減った。もちろん「強制措置」と呼ばれるこの作業は、これまで考察してきた人種年齢や政治傾向に関する質問など、出口調査用紙のあらゆる設問の回答に影響する。

最も大きな影響を受けたのは、「二〇〇四年大統領選で投票した候補」だった（**表17**）。公式集計結果と合わせるため、修正された全国出口調査は二〇〇四年にブッシュに投票した人がケリーに投票した人より**六パーセント多くなる**ように書き換えられた。この数字は、今回我々がブッシュの「実際の」リードとして甘受した二・八パーセントの二倍にあたる。この二・八パーセントは、この分析の目的のため我々がそのまま受け入れたブッシュのリードだ。

他の基準も予想通りの影響を受けた。ブッシュの支持率は四三パーセントに、議会支持率は三七パーセントに上昇。党派別支持率は民主党三八パーセント、共和党三六パーセントと信じがたい数字となった。

前段で確認したように、加重された全国出口調査そのものが、下院選で民主党

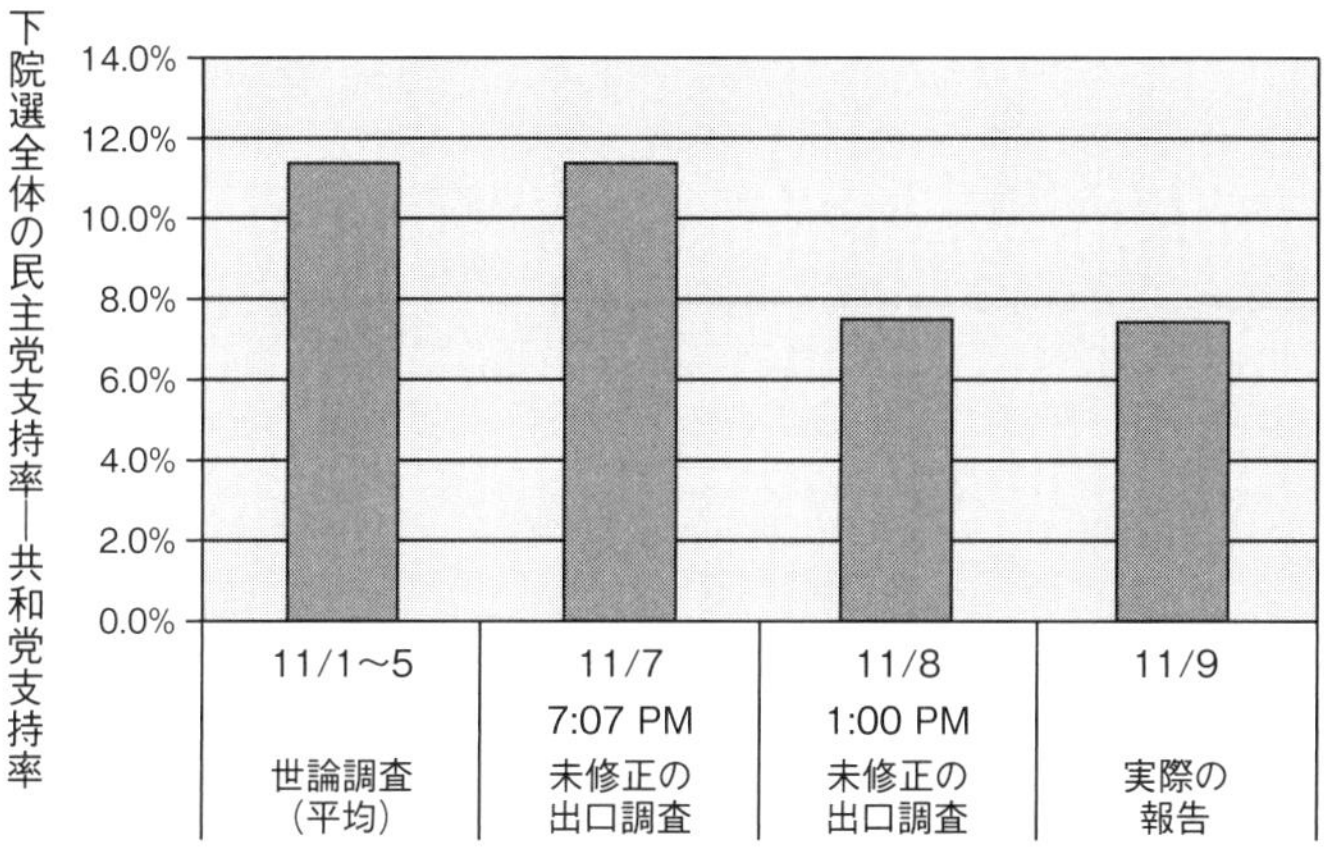

図 18：2006 年アメリカ下院選挙出口調査の修正

世論調査と報道された投票結果の比較　＊時刻はアメリカ東部標準時

に投票した人を過少にサンプリングしていた可能性がある[16]。修正された全国出口調査は、投票者数を公式集計にぴったり一致させるため、こうした改竄が施されたものである。修正された出口調査の選挙民の人口動態や投票パターンが不正確でゆがめられているとすれば、強制的に一致させねばならない票の集計自体が無効だとするのが筋だろう。このことは加重された全国出口調査ばかりでなく、**図18**が示す選挙前の調査結果からも裏付けられる[17]。

詳しい表形式のデータは、章末の附表（**表19**）を参照されたい。

もっともらしい説明とは?

今まで見てきたように、加重された全国出口調査における民主党に投票した人（正確に言えば、民主党候補に投票しそうな特徴を持つ投票者）の割合が、世論調査で確かめられた有権者の基準と同じかやや下回る程度である以上、公式集計との大きな開きが生じた説明として考えられるのは二つしかない。共和党員が突如こぞって投票に行き、投票率の争いで民主党を大敗させたか、公式集計が劇的に「実態を反映していない」かのどちらかだ。

我々が知る限り、前者を主張する者はいない。選挙区ごとの得票数や、次節で述べる投票数のデータといった多くの検証から、二〇〇六年中間選挙では投票推進争いで民主党が大勝していたことが明白だからだ。実際、選挙の終盤で起きた数々のスキャンダル、不利なニュースや失策に意気消沈した共和党支持者がごっそりと投票に行くのをやめたというのが一般的な受け止め方だ。[18] そうだとすると誤っているのは全米集計結果でなければならない。控えめに言っても歓迎されない知見だが、不運にもこの説は、二〇〇六年選挙で報告された表示エラーや集計ミスなど、多数の具体的なエピソードと一致する。またその事象は接戦地区に集中していたようで、電子投票機がアメリカに導入されるに伴って浮上した他の証拠や分析とも一致する。[19]

ではなぜ共和党は負けたのか？

それほど大がかりな票操作が可能なら、なぜ得票総数で民主党の勝利を阻止できなかったのかという反論は必ずあるだろう。公正な選挙を求める団体が不断の努力で監視を強め、メディアが気付き始め、国民が知識と慎重さを備えるといったことに期待したいが、代わりにもっと恐ろしい説が浮上してきた。選挙の終盤に発覚したスキャンダルや不利なニュースが民主党との得票差を広げる前に、差を埋める操作技術（主にソフトのモジュール）が配備されていたに違いないというものだ[20]。

様々な「一〇月のサプライズ」による桁外れな影響を数値化するため、我々は通常は数値が安定している『クック政治レポート』から全米世論調査「ジェネリック・コングレショナル・バロット」を使用した[21]。

これによると、「投票に行くのが見込まれる有権者」の中で、民主党のリードが一〇月だけで九パーセント（民主党五〇パーセント、共和党四一パーセント）から二六パーセント（民主党六一パーセント、共和党三五パーセント）に広がり、ひと月で一七パーセントもの急上昇を達成している。この時はすでに票の書き換え操作が仕掛けられていた可能性があるにもかかわらずだ（表18）。

クック世論調査が示した急激な変化をとらえなかった世論動向調査もあったことは言わねばならない。全登録有権者（投票に行く可能性は問われていない）を対象にしたクックの別調査によれば、同じ期間の民主党の優勢はわずか二パーセント増となっている。これは先に述べた現象、すなわち一〇

日付	本調査
サンプル・サイズ／許容誤差	807/3.5%

MLV	民主党	共和党
10月26～29日	**61**	**35**
10月19～22日	57	35
10月5～8日	**50**	**41**
9月27～30日	51	35
9月21～24日	49	41

表18：ジェネリック・コングレショナル・バロットに見るMLVの推移

（MLV: 最も投票しそうな有権者）

月の一カ月間に民主党の優勢を押し上げたのは、民主党支持者の**投票意欲の著しい高まり**だったことを意味する。この現象はそもそも例外的で特異な投票行動だったということは、我々の主張を裏付けるものだが、従来の投票パターンで計算された出口調査では見逃されるのも無理はない。誠実正確に集計された選挙であったなら、加重された出口調査が示す一一・五パーセントを超える得票差で、民主党が勝っていただろう。

これが意味するもの

二〇〇六年中間選挙で民主党は両院の過半数を取り、下院では共和党より三一議席多い二三三議席（共和党二〇二議席）、上院では二議席多い五一議席（共和党四九議席）となった。民主党は二〇の下院選と四つの上院選で六パーセント以内の差をつけて勝った[22]。

しかし中間選挙が一カ月早かったとしたら、全ての、あるいは大半の選挙結果はひっくり返っていた可能性が高い――

一〇月のサプライズの前に集計を改竄するメカニズムが動きだしていたからだ――ジェネリック・バロットが示したような、民主党のリードが一七パーセントも急上昇するという劇的な展開もなかっただろう。一〇月のサプライズがなかった場合の概算は、下院で共和党二二二議席、民主党二一三議席、上院で共和党五三議席、民主党四七議席になる。

頼みの綱の票の書き換えが間に合っていれば、共和党が両院の過半数を維持するのはほぼ確実だった。しかしそうならなかったのは、民主党が破竹の勢いを示した一〇月のサプライズがあまりに土壇場で起きたため、共和党が票の書き換えの力を借りることができなかったからだ。選挙の将来と様々な改革法案を考えるにあたって、民主党はこの考察を粛然と受け止め、選挙システムがどの程度まで崩壊しているのかを評価する必要がある。[23]

結論

コンピューター科学者、[24]セキュリティ専門家、[25]政府当局者、[26]独立系アナリスト[27]の間では、アメリカの電子投票における集計技術が、純粋なプログラミング・エラー[28]にも意図的な操作にも脆弱であることは、かなり一致した見解になっている。不正も辞さない投票機器業者の内部関係者はもちろん、投票機のハードやソフトウェアにアクセスできる人物にも、意図的な改竄は可能である。[29]

アメリカの投票制度はもはや「信頼に基づいた」システムと化した。事実上チェック機構のない秘密のソフトウェアが組み込まれた機械が票を数え、その機械が出した数字を単純に信じなさいと言うのだから。集計に山ほど問題のある選挙がまた行われ、全国の出口調査が描く有権者の傾向と公式集計の食い違いが続くことは、憂慮するだけでは済まない話だ。[30] アメリカの民主主義を尊ぶ人なら、この危険信号を無視することは良心が許さないだろう。

不正選挙がアメリカ人に遺すものは、右派、左派、中道を問わず全てのアメリカ人を巻き込んだ幻想と偽りの生活だ。アメリカを決めるものは果てしなく続く世論調査ではなく、二年ごとの国政選挙だ。権力の座を占める人々が決まるという意味においても、全てのアメリカ人にとってその一枚のスナップショットが少なくともその後二年間、しばしば数十年、自国像として心の隅にとどまる点でも。言うまでもなく、それは我々が外国に送る自画像でもある。

二〇〇六年選挙の公式結果が民主党に歓迎されたのは確かだし、民主党の勝利を望む国民の期待におおよそ応えたものだった。しかし修正前の出口調査データは、二期目の大統領が中間選挙で人気を落としたという類の現象ではなく、史上最大規模の不信任を示していたのだ。

人口動態を正しく伝えた二〇〇六年中間選挙の加重された全国出口調査ほど、明白な警告はないと我々は信じる。アメリカの電子投票システムに対する脆弱性が次々と指摘されるなかで、その悪用は可能であるというだけではなく、**現実に悪用されていることを警告しているからだ。**

次々と出てくる数学的証拠に対して、「悪意はなかった」という場当たり的な言い訳を信じる人に聞きたい。数々の信じがたいアリバイに頼って懸念を払い、実質的な改革を妨ぐことは、何の役に立ち、どんな慰めをもたらすのか?

脆弱性は一目瞭然だ。利害は巨大だ。動機も明らかだ。強固で一貫した証拠もある。妨害や大規模な操作を受けるリスクがこれほど明白なシステムは、将来いかなる選挙で使われてもその投票集計は信用できるものではなく、信用してはならないものである。

	11/1 ～ 5 世論調査 （平均）	11/7 7:07 PM** 修正前 出口調査	11/8 1:00 PM 修正された 出口調査	11/9 報告された 投票結果 （%）	11/9 報告された 投票結果 （票数）
	世論調査数： 7 件	サンプル・ サイズ 10,207	サンプル・ サイズ 13,251		
民主党支持率合計 *	55.0%	55.0%	52.6%	52.7%	40,323,525
共和党支持率合計	43.5%	43.5%	45.0%	45.1%	34,565,872
その他の政党支持率合計		1.5%	2.4%	2.2%	1,694,392
投票数合計					76,583,789
民主党と共和党の開き（%）	11.5%	11.5%	7.6%	7.6%	
出口調査と投票結果の差（%）	3.9%	3.9%	0.0%		
民主党と共和党の開き（票数）		8,807,136	5,820,368	5,820,368	
出口調査と投票結果の差（票数）		2,986,768	0		
投票結果との差					
民主党	2.3%	2.3%	-0.1%		
共和党	-1.6%	-1.6%	-0.1%		
その他	-2.2%	-0.7%	0.2%		

附表（表 19）アメリカ下院選挙の出口調査データ

1. 下院選出口調査の全国的状況まとめ

2006 年アメリカ下院選挙における出口調査

* 2006 年 11 月 9 日付 CBSnews.com より。対立候補のいない候補者の追加情報を含む

** 時刻は全てアメリカ東部標準時

2. 出口調査スクリーン・キャプチャー

出口調査のスクリーン・キャプチャー・ファイルは、http://electiondefense-alliance.org/ExitPollData に掲載。

タミー・ダックワースがたどった運命
イリノイ州デュページ郡の民主主義のための戦い

ジーン・カツマレク

二〇〇六年一一月七日午後一〇時。その日、早朝四時一五分から起き出し、監視のために一日中、投票所を飛び回っていた私は、車を停めたい一心でドルリー・レーン会議場の周りをぐるぐる回っていた。何周かした後にやっと駐車スペースが見つかり、車内で化粧と髪を整えると、黒いバインダーを脇に挟んで、私は会議場の入口に向かった。

その日の会議場は、単なるイリノイ州デュページ郡の民主党員の集合場所ではなかった。ベテラン共和党議員、ヘンリー・ハイドの退職に伴って空席となった、イリノイ州第六下院選挙区の結果が決まる場所でもあった。地元のデイリー・ヘラルド紙記者、エリック・クロルが「全米で最も注目される下院選挙」と呼んだ選挙だ。後任として、共和党からはピーター・ロスカム、民主党からはタミー・ダックワースが名乗りを上げていた。ロスカムはブッシュ政策の現状維持を掲げるイリノイ州上院議員、ダックワースは国際ロータリークラブの元監督職員で、国際関係学の修士号も持っていた。二〇〇四年、州兵の将校としてイラクに赴任したダックワースはヘリコプターの操縦中に攻撃され、両足を失った。彼女の経歴は当時の下院選挙対策委員長ラーム・エマニュエルが掲げた「戦う民主党」戦略にぴったりだった。エマニュエルは戦略の一環として、従軍経験のない多くの共和党の候補者に対して、イラク戦争の退役兵を擁立していたからだ。

デュページ郡はクック郡の西隣にあり、長年共和党の牙城となってきた。しかし人口構成の変化により、選挙戦には新たな局面が作り出されていた。共和党の支持層は高齢者が多く、高額の資産税と陰気な冬から逃れるため土地を離れるか、死亡により減少する一方だったのに対し、民主党の支持層はクック郡や他の都市部から移り住んだ、より若く背景も多様な住民だった。同郡はイリノイ州の中でラティーノ層の人口成長率が最も高く、選挙のたびに民主党が得票を着実に増やしていた。事実、投票日を六日後に控えた二〇〇六年一一月一日付のゾグビーとロイターの共同調査でも、ダックワースが五四パーセント、ロスカムが四〇パーセントと、ダックワースがリードしていた。

投票日の夜、ドルリー・レーン会議場の大広間は民主党の候補者たちとその家族、地元の民主党指導者、選挙職員であふれかえった。数週間の選挙期間に、足を棒にして働いた選挙職員たちも活気を取り戻していた。彼らはみな歴史的勝利を予想していた。民主党が下院選挙で過半数を占めたという知らせが入ると、会場は大歓声と拍手で包まれた。

誰もがダックワースの勝利は間違いなしと胸を高鳴らせていた時、仲間のメリッサ・ウルダと私の関心は一五マイル離れたホイートンにある、一見何の変哲もない郡役所に向いていた。それまでの一八カ月間、デュページ郡選挙委員会の事務所を調査した結果、次のことが判明していたからだ。

・イリノイ州地域記録法に反し、公的記録が廃棄されていた。
・電子投票機、投票機のソフトウェア、集計ルーム、有権者登録データベース、投票日夜のイベント開催に至るまで、デュページ郡の電子投票に関わる全てのことが、地元の党派的な小企業に委任されていた。
・選挙用の備品と公的記録を保管していた倉庫の所有者が、選挙委員長の兄弟にあたる人物だった。
・投票機販売業者が地元の役人に多額の寄付をするなどの縁故主義が浸透していた。
・有権者登録データベースから、数万人規模のデータが排除されていた。
・疑わしいほどの高投票率を記録した選挙が多数あり、州と郡双方の選挙結果に影響を及ぼした。
・イリノイ州選挙関連規則について、疑わしい解釈や恣意的な履行が見られた。

ブラック・ボックス・ボーティング（選挙監視団体）で知られるベブ・ハリスが、すでにデュページ郡は国内で最悪の選挙区だと断言していたが、選挙の裏でその時何が起きていたか、それがどのような影響を与えることになるのかを知る者は、会議場にはほとんどいなかった。

デュページ郡の選挙委員会を理解するためには、まず郡の特徴を知ることが役に立つ。現在イリノイ州上院議員で同郡の元共和党議長カーク・ディラードによれば、デュページ郡はイリノイ州でも飛び抜けて共和党的な郡であり、それが彼の日頃の自慢だった。同郡の市の一つ、ホイートン市にはキリスト教系の大学として有名なホイートン大学がある。ビリー・グラハム牧師を輩出したこの大学は、ミルトン・タウンシップ二一投票区から約八〇〇メートル。ここは、二〇〇六年の中間選挙で一〇六パーセントというありえない投票率を報告することになる投票区だ。ホイートン大学はかなり保守的とみられていたが、今は右派左派を問わず幅広い福音派信者が集まっている。元下院議長のJ・デニス・ハスタートは一九六四年度の卒業生で、彼を称えて設立された附属機関J・デニス・ハスタート経済公共政策センターがある。

ジョン・F・ケネディがニクソンを僅差で下した一九六〇年の大統領選では、隣のクック郡が、シカゴ市長リチャード・J・デイリーの「投票推進」運動によって八九パーセントという投票率を記録していた。このことは、JFKに勝利をもたらしたとして広く報じられる一方で、「不可能な投票率」としてクック郡を悪名高くもさせていた。しかし同じくニクソンを支持した隣のデュページ郡が九三パーセントの投票率を記録していたことを報じた記事は、ほとんどなかった。

二〇〇五年春、私はデュページ郡の選挙委員会で公式に意見を述べた。これが選挙委員会との最初の接触だった。メリッサと私は、州及び連邦選挙の改革のためにすでに活発に活動しており、有権者の抑圧や電子投票の問題点、二〇〇四年の公式投票結果と出口調査の不一致などを知って憤慨していた。しかしその時は、まだデュページ郡の選挙委員会について私は何も知らなかった。委員や地位の高い正規職員の名前はもとより、委員会の場所を知るのにカーナビを使ったほどだ。

会議室はありふれた地方自治体のオフィスそのものだった。くすんだ色調、政府支給の家具、部屋の隅のアメリカ国旗、中央には会議用の大きなテーブル。意外だったのは、一般参加者が入室する前にディボールド社の社員がすでに着席して、選挙委員や職員と冗談を交わしていたことだった。地方自治体についての私の学習はその時始まった。

テーブルを囲んだのは王国へのカギを握る六人。議長はディーン・ウェストロム、委員にシャーロット・ムシャウ、ジニー・マクナマラ、委員長にロバート・T・サー、副委員長はドリーン・ネルソン、外部の弁護士としてパトリック・ボンドがいた。

私は選挙委員会で、ジェフリー・ディーンについて述べた。ディーンは、ディボールドが同社の光学スキャン投票システム用ソフトウェア1・96のプログラマーとして雇ったコンサルタントだ。この投票システムは、デュページ郡のほか三〇州が二〇〇四年の大統領選で導入していた。ディーンはいろいろ問題のある人物だったが、とりわけコンピューターを使った詐欺で二三回も有罪判決を受けたという経歴の持ち主だった。全米で数千人が重罪犯の宣告を受け、選挙権を喪失する中で、数百万人に上るアメリカ人が投票に使うソフトウェアのプログラマーが重罪犯だったとは皮肉なことだ。

それまでにもスピーチの経験は何度かあったが、自分の言葉がセンセーションを巻き起こしたのはこの時が初めてだった。目はうるみ、身体はほてり、震えた。後に聞いたところによると、数メートル離れて座っていたディボールドの社員は怒りに震えていたそうだ。後になって私は、ラジオ番組「リング・オブ・ファイア」の司会を務めるロバート・ケネディ・ジュニアに、ジェフリー・ディーンについて選挙委員会がどう対応したかを尋ねられた。彼らの対応はその投票機を買い増すことでした、と私は答えた。

一方メリッサは、すでにベブ・ハリスに接触していた。ハリスは情報公開法に基づいて、二〇〇四年の大統領選に関する公的記録の開示請求を全米の管轄区域全てにファクシミリで送信していた。デュページ郡からの返答はなかった。三カ月後、再度返答を求めたハリスは、選挙に関する資料の一部が廃棄されたと知って衝撃を受けた。「法令に従って六〇日間保管した」と同郡は説明したが、連邦選挙運動法によると連邦選挙に関する公的記録は最低二二カ月間の保管が義務づけられている。資料の早期廃棄はそれだけで重罪だ。

数カ月後、私たちも情報公開法に基づいてハリスが請求したのと同じ記録をデュページ郡選挙委員会に請求した。私たちが特に関心を持っていたのは、光学スキャナーによる読み取り結果が印刷された、スーパーのレシートに似た投票記録だった。それは投票テープ、あるいは結果票とも呼ばれ、公式結果との比較が素早くできる。各投票所の選挙判定員の署名も入っており、両者の比較は公式結果の精度の証明ともなる。しかし今回私たちが告げられたのは、投票テープは廃棄されていないが「封印され」、「公開対象になっていない」という回答だった。

メリッサはまもなく、デュページ郡選挙委員会の個別経費欄で、「アキュレイト・ドキュメント・ディストラクション（確実な文書廃棄）」という名の会社に多額の支払いが発生しているのを発見した。私たちは、選挙委員会が投票記録を廃棄していることを郡及び州当局、メディアに警告した。選挙委員会とその顧問弁護士に対しては廃棄中止を要求する手紙を送った。二〇〇六年六月、イリノイ州地方記録委員会は私たちの要求に基づき、イリノイ州検事総長事務局に対し、イリノイ州地方記録法に選挙記録が含まれるか否かに関する明確な意見を求める手紙を送った。同じ月、私はデュページ郡主任判事アン・ジョーゲンセンと接触した。アキュレイト・ドキュメント・ディストラクション社への支払いを含む、同郡の項目別経費を監査した主任判事だ。八月には記録の廃棄について、当局による警告を要請するため、私はスプリングフィールドのイリノイ州地域記録委員会まで行って意見を述べた。私の要求は受理されたが記録の廃棄は続き、私たちが調査を始めてから今まで九六ガロン容器一九四個分の資料が廃棄されている。廃棄証明書は一度も発行されていない。

執筆時点でもイリノイ州検事総長事務局は、イリノイ州地方記録法に関する見解を示していない。選挙委員会に記録を保存させるか、また保存しないのならその理由を示せという私の要求は無視され続けている。その結果、選挙委員会で何が密かに廃棄されたのかは不明のままだ。

二〇〇六年夏、メリッサは選挙委員会の取引業者であるロビス・エレクションズ社に注目した。ホイートン市街地にあるロビス社は、投票所での有権者登録確認に使われる手のひらサイズのワイヤレス機器、ＡｓｋＥＤを選挙委員会に販売していた会社だ。同社のウェブサイトによると、同社は選挙部門ロビス・エレクションズとロビス・マーケティングの二つの部門に分かれていた。ロビス・マーケティングは地元企業、教会や選挙委員会のウェブサイトを手がける会社だ。同社の社長デビッド・ダバーストには『効果的な教会ウェブサイトの作り方（*Creating Effective Ministry Websites*）』という著書がある。教会のウェブサイト制作を手がけるダバーストが、どのような経緯で選挙に関わるようになったのか、私たちには不思議だった。奇妙なことに、キリスト教原理主義者が電子投票機メーカーのオーナーや経営者を兼ねるのは全国的なパターンになっている。こうした企業の経営陣は共和党への共感を隠そうとしないことが多い。

私たちはやがて、ロビスが電子投票機のプログラミングに関わっていたこと、AskED製品を通して有権者登録データベースに無制限にアクセスできていたことを知った。これではまるで、選挙の集計作業が党派的な一民間企業の手にあるのと同じだ。

二〇〇五年秋、下院第六選挙区の選挙は得票差二パーセントでピーター・ロスカムの「勝利」になると私は予測した。理由は簡単だ。二パーセントは不正疑惑を起こすことなく、かつ票の数え直しを免れるぎりぎりの差だからだ。電子投票機の導入以来、二パーセントの得票差は全国的な決まりごととなっている。

デュページ郡選挙委員会がタッチスクリーン投票機を購入する意思を示したことが分かると、私の予測は現実味を増した。委員会はハート・インターシビック社のe-Slate、ES&S社のiVotronic、ディボールド社のTSxタッチスクリーン投票機を検討するとした。二〇〇五年一二月、イリノイ州選挙管理委員会の役員会が開かれた。ディボールドのマーケティング責任者マーク・ラドキーと、ロバート・サー委員長がその日ずっと行動を共にしていたことから、ディボールド製品が採用されることは明らかだった。サー委員長は同社製品を直ちに認定するよう委員会に要請した。ES&Sとハートのタッチスクリーン投票機がその時点で未認定だったことが、ディボールド製品を選ぶ「正当な理由」になった。委員会は暫定的な認定を六対二で決定した。

＊＊＊

私たちはスピーチや新聞記事を通して徐々にメッセージを発信するようになり、共和・民主両党の関係者たちの不興を買い始めていた。その一方で、投票機の契約を逃した業者や不満を持つ従業員、インサイダーたちに注目されるようになり、階段の吹き抜けや地下室で内部告発者との面会を頼まれるようにもなった。五〇年間に及ぶデュページ郡の有権者登録と投票率の統計を見せられた時のことは忘れられない。見せられた数字は、党派による選挙管理の歴史的記録のようだった。たとえば二〇〇二年の総選挙から二〇〇四年の予備選挙までの一八カ月間に、有権者登録件数は一〇万六〇〇〇件増加した。デュページ郡の人口のほぼ一二パーセントにあたる数だ。しかし予備選から本選までの間を見ると、八万四〇〇〇人近い氏名が有権者登録データベースから削除されているのだ（新規の有権者登録は全体で六万六〇〇〇件減少した）。さらに選挙委員会が有権者登録リストから削除する旨を本人に連絡する時に、常に返信封筒付郵便が使用されたことが分かり、委員会の個別経費を調べてみると思った通りのことが起きていた。二〇〇四年八月、九万ドルに上るビジネス用返信封筒付郵便の手数料と別納郵送料が計上されていたのだ。他の選挙でも多額の郵送料がないか調べたが、二〇〇〇年、二〇〇二年、二〇〇六年のいずれも取るに足りない額だった。

二〇〇三年と二〇〇四年、選挙委員会は「有権者アウトリーチ」コンサルタントとしてフランク・

サルバトを雇っている。右派系参謀のサルバトに有権者登録業務の経験はない。サー委員長は、サルバトに関する詳しい情報は一切公表しなかった。しかし報道によれば、自分の仕事がたいそう気に入ったと述べたという。それもそのはず、二〇〇四年大統領選では投票前の数カ月間で有権者登録数が六万六〇〇〇件以上減った。この有権者排斥がサルバトの仕事であり、大統領選の共和党勝利に照準を合わせたものだということは想像に難くない。

二〇〇六年中間選挙前の数週間、メリッサと私は予測される問題の対応に追われていた。メリッサは投票日に投票監視員が少しでもおかしいと思ったことを記入するシートを作成した。機械の不具合やそのシリアル・ナンバーなど、投票日に問題となることが予測される全てのことを記入するためだ。生化学専攻の彼女は科学的証拠を収集する準備に本領を発揮した。私たちはこの用紙を政党やグループや個人にも配布し、トラブル多発地域の割り出しができることを期待した。

時を同じくして選挙委員会は、PR会社とメディア・コンサルタントの両方を雇い入れた。電子投票機の正確性と選挙システムへの信頼の増加を狙ったものだ。さらに光沢のあるカラー印刷ハガキを有権者に送り、事前投票への注意を呼びかけた。しかしそのハガキには通知されなかったことがあった。事前投票で使われるのはディボールド製タッチスクリーン投票機のみであること、投票日前の三週間、これらの投票機の多くがショッピングモールや教会、カントリークラブなどの投票所に放置されることだ。つまり、投票機に何か仕掛ける気になれば、機会は豊富にあったということである。またタッチスクリーン投票機による事前投票は、手作業の監査は一切受けないということも記載されなかった。

しかし、そのハガキに記されていたきわめて重要な情報は、ほとんどの有権者に見落とされることになった。投票者の住所氏名の左側に印刷された投票所の場所である。選挙委員会は従来、投票日の数週間前になると、財布サイズの有権者登録カードが添付された目立つ色の通知ハガキを送っていた。しかし二〇〇六年の選挙ではこのハガキは送られず、投票日に投票しようとする大半の人にとっては、事前投票の通知ハガキが自分の選挙日の投票所を知る唯一の情報源になった。投票場所の変更がなければ、問題はなかった。しかし事前投票をする有権者が多数に上ることを確信した選挙委員会は、投票所の変更や統合を行ったのだ。そのため投票所が二カ所から四カ所になった投票区もあれば、投票所がなくなった投票区もあった。元の投票所に新しい投票所への案内板を出し、有権者を誘導するのか聞いたところ、選挙委員会の答えは「ノー」だった。

投票日、私は監視のために午前五時一五分に自分の投票所に到着した。施設管理員がドアの施錠を外すと、前日に用意されたタッチスクリーン投票機が目の前に現れた。このディボールド製投票機に関しては、プリンストン大学が書類棚のカギでも開く様子を撮影したビデオを発表し、カギがなければ爪やすりでも一〇秒で開くということを指摘していた。また、票を書き換えるウイルスに感染したメモリーカードが一枚でも使われると、検出されずに拡散することも報告された。サー委員長はメディアに対して、デュページ郡が導入したディボールド製投票機はタッチスクリーン式ではなくTSx式であるから、投票機の精度やセキュリティ上欠陥のあるケースには該当しないと述べたが、両者の違いは、TSx式にはプリンターが付いているということだけだった。

その日、私は投票区を回りながら数多くの問題に遭遇した。投票監視員たちは次のように報告してきた。登録に問題があると指摘された有権者が続出し、タッチスクリーン投票機の設定は間に合わず、まったく機能しない機械があり、プリンターは紙詰まりを起こした、などと。投票記録が作成されない投票所も多かった。イリノイ州ネーパービル市では、タッチスクリーン投票機が最初から州知事にジュディ・バール・トピンカ共和党議員を選んでいた、と報告した監視員もいた。

投票終了時刻、私はロムバードの投票所にいた。タッチスクリーン投票機の導入前は、投票所の閉鎖時刻は比較的早かった。二〇〇四年大統領選では、私は投票記録用紙のコピーを手にして午後七時四五分には作業を終わっていた。しかし二〇〇六年はそうはいかなかった。投票区の判定員が一時間以上も投票機の前にかがみこみ、どうしてよいか分からず諦めてしまったからだ。投票記録テープが印刷されないため、選挙結果の合法性を認める署名ができなかったのである。彼らは選挙委員会の事務所に機械を持ち込むように携帯電話で指示された。投票機はプラグが抜かれたが、内蔵バッテリーで電源はオンのまま、メモリーカードが挿入された状態で搬送された。

デュページ郡では、このような投票所閉鎖時の問題が多発した。投票日の翌日、私は八〇枚のメモリーカードが集計場所に適切に返還されなかったと聞いた。メモリーカードは電子投票箱だ。メモリーカードの置き去りは重大な保管規則違反だ。一晩中置き去りにされ、翌日回収されたメモリーカードも数十枚あった。回収時には確かに警官がいたが、カードにはロックがかかっておらず、保護袋に収納されていなかったものもあったという。

投票日の午後一一時一五分、ダックワースは敗北宣言を行った。ロビスの報告によれば、その時点の差は五パーセントだった。私たちは民主党がおとなしく敗北を認めるだろうと予想はしていたものの、開票率五〇パーセントの段階で早々と敗北宣言を行うとは思わなかった。数日後、信頼のおける情報源が伝えたところによると、当夜の午後一〇時四五分にシカゴ市長リチャード・デイリーがロスカムに電話で祝福を伝え、ダックワースがまだ敗北宣言していないことに驚いたという。そこでデイリー市長はダックワースに電話をかけ「我々が一緒に仕事をするのはこの男でなければならない」ので、彼女は敗北を認めるべきだという意味のことを伝えた。イリノイ州陸軍州兵タミー・ダックワース少佐は、再び足切りされたのだ。

翌朝までに得票差は二パーセントに縮まっていた。(※)

(※) 本エッセイの中で提示した豊富な記録文書および証拠を伴う全情報は、デュページ郡倫理委員会、同郡州検察局、イリノイ州州務長官事務所、イリノイ州検事総長事務局、イリノイ州北部地区連邦検事事務局に提出されている。現時点での対応は皆無である。

2008年
選挙前

本書には二〇〇〇年のフロリダから二〇〇六年のデュページ郡にいたるまで、悪しき選挙が登場する。だが、これらは例外でも異常でもない。むしろ、アメリカの民主主義にそむく共和党による、新たな十字軍的行動の典型的な例だと言える。全米各地でこのような試みが進行し、全ての前線で勝利をおさめている。なぜなら民主党員も、ジャーナリストもこのテーマをタブー視し、語ろうとしないからだ。そして、筋金入りの共和党員にいたっては、口を開こうとしないばかりか、そうした出来事の存在すら認めない。現在、アメリカでは、共和党陣営がこれまでに輪をかけた選挙妨害を繰り広げようとしている。そんな時だからこそ、このような沈黙は、とりわけ有害だ。

オハイオ州では、この非民主主義的な動きが徹底して進められてきた。この州で共和党は二〇〇四年に「勝利をおさめた」が（この快挙には事前工作、少なくとも五〇万票の改竄、捏造、破棄などが必要だった）、その後も手綱をゆるめようとはしなかった。ボブ・フィトラキスがまとめた驚くべき調査結果によると、共和党は悪名高い二〇〇四年の投票日以降も略奪行為（マスコミは、「浮かれ騒ぎ」と呼んでいる）を続けており、党の記録は相変わらず破廉恥な出来事で埋まっている。オハイオ州で二〇〇八年の選挙が徹底的に監視されるのは間違いないだろうし、公式結果も慎重に調査されることになるだろう。共和党に肩入れする選挙管理職員たちが、オハイオ州全域で投票システムを改革しようとするあらゆる取り組みに対して、大々的に宣戦布告したのだ。フィトラキスが指摘しているように、このような職員たちは、それぞれの郡で権力を巧みに使って法を破っても何のお咎めもなく、裁判所の命令に抵抗し、改革派の州務長官に公然と挑戦している。国政レベルでは事態はさらに悪い。今のワシントンには、機能する投票システムを作ろうとする機関は皆無だ。ポール・レートが主張するように、我々はブッシュ対ゴア判決がもたらした壊滅的な意味と真正面から向き合うべきだ。この裁決で最高裁判所は、大統領を独断的に選出したばかりでなく、裁判所の権限を過激に拡張し、今後も選挙を無効にすることができるという前例を作ったのだ。

司法アクティビズムの手によるこの強烈な一撃は、議会にはびこる非民主主義的な風潮に拍車をかけた、とレートは指摘している。今や議会は、現職が議員特権をほしいままにする機構と化している。常に自分が得するように機能してくれる選挙制度を、変えようと思う者などいないのだ。自分の利益だけを重んじるそのような権力との戦いを始めるには、もう一度、全力をあげてアメリカ建国の原則に献身する覚悟が必要だ。アメリカが大英帝国に対して示した、あの根源的な取り組みを、大衆は求められている。

そうでなければ、ハイテクのベルや警報器をあちこちに付けて応急修理した投票システムを、延々と維持し続けるしかない。だが、そんなことをしても先は開けず、プロセスがますます複雑化していくだけだ。こんなシステムは最初から拒否してしまうべきだった、というのがナンシー・トビの主張である。トビは、技術的な修繕にかまけ、透明性と公正という民主主義の基本的な原則を二の次にする選挙改革運動に対して、貴重な批評を投げかけている。トビの評論が我々に思い起こさせてくれるのは、電子投票の集計はそもそも透明性に欠けており、そのため容認できないということだ。また、アメリカ投票支援法（ＨＡＶＡ）の歴史の発端についても教えてくれる。この法は犯罪者たちにより構想され、その意図は共和党の金庫を肥やすことだ（だがもちろん、大半の民主党員はこの法を心から支持した）。

機械にこだわる選挙改革運動のおかげで、アメリカの民主主義は重大な危機に陥っている。電子投票自体が非民主主義的な制度なのだ。党派に肩入れした技術者の手に選挙の最終的な管理をゆだねてしまうからだ。だが、それだけではない。怪しげな新案機械にあまりにも関心が集中し、国が市民に課しているより重大な脅威から、我々の目が逸らされてしまうのだ。その脅威とは、投票日を待たずに大勢の人々から選挙権を奪おうとする試みだ。どんなに機械を改良しても、これではどうにもならない。スティーブン・ローゼンフェルドがレポートするように、最近多くの州で成立したジム・クロウ法（アメリカ南部諸州の人種差別法。公民権法により撤廃された）まがいの法律は、最高裁判所だけではなく、司法省においても強力な支持者を得ている。お役所の公民的な機能は、今では投票権を保護することではなく、抑圧することになり果ててしまった。

端的に言って、政府は多数派の票を事前に排除しようと活動している。党派的な少数派が毎回、確実に「勝てる」ようにするためだ。この企ては、(民主党が犯しているとされる)「投票詐欺」に対抗する強力な防御措置と称して実施され、またそう信じられている。しかし、そのような脅威が現実に存在しているという証拠は皆無だ。結局のところ、民主主義に対する共和党の十字軍的な戦いは、ブッシュ一派が仕掛けた「テロとの戦争」と同じくらい常軌を逸していると言えるだろう(民主党もこれに賛成票を投じている。だが、我々市民はそんなものに票を与えはしなかった)。

オハイオ州で起こることは、全米でも……

ボブ・フィトラキス

オハイオ州選挙管理当局者が同州の票集計システムは不正操作に対して「脆弱」だとついに認めたのは、二〇〇七年のこと。二〇〇四年にジョージ・W・ブッシュがかなりあやしげな勝利をおさめてから三年以上も経っていた。二〇〇七年一二月一四日、州務長官ジェニファー・ブラナーはオハイオ州の電子投票システムにはいたるところに「致命的なセキュリティ障害」があり、「州の選挙の公正さを損ないかねない」と述べた。「票の正確なカウントを邪魔だてするのにたいした道具はいりません。ペーパー・トレイルのコネクタをちょっといじったり、磁石や携帯情報端末（PDA）を使えば簡単に改竄できます」と州務長官は指摘した(1)。

オハイオ州では二〇〇四年の選挙で、膨大な数の異常が発生した。明らかな違法行為と不正行為を疑われるものが混じっていたが、問題の多くは電子投票機に集中していた。機械に公式な説明責任を負わせるわけにもいかず、また信頼できるペーパー・トレイル機能がないことは、激しい紛糾を生んだ二〇〇〇年の選挙以来、問題になっていた。選挙当日、フリー・プレス(www.freepress.org)は、コロンバス市のスラム街の投票所で投票機械が紛失したと報道した。(2)他にも、レポーターと選挙オブザーバーたちが州のいたるところから送ってくる違反の報告で、フリー・プレスのホームページはあふれかえった。選挙後、発行元であるコロンバス現代ジャーナリズム研究所（Columbus Institute for Contemporary Journalism＝CICJ）は公聴会を実施して、投票者たちからの証言を引き出した。主流メディアは後に、「選挙ではただの一つも不正は起こらなかった」というJ・ケネス・ブラックウェル・元オハイオ州務長官の主張をオウムのように繰り返し続けたが、CICJの公聴会では選挙違反の手がかりとなる、オハイオ州史上最大規模の証拠が提出された。たとえば、

・民主党支持者が多いヤングスタウンとコロンバスのスラム街投票区のいくつもの投票所で、タッチスクリーン方式の投票機でケリー候補を押した投票者は、ブッシュ候補の名が点灯するのを目にした。さらに、民主党が強いことで知られるスラム街と大学キャンパス地域で、投票プロセスが定期的に機能不全に陥った。
・マホニング郡のある投票機で、ケリー候補の得票数が「マイナス二五〇〇万票」と記録された。この問題は、修理されたことになっている。
・ガハンナ区1Bの原理主義教会では、「電子転送の誤作動」が生じた。この投票所で票を投じたのは六三八人にすぎなかったのに、ブッシュ候補は四二五八票を獲得した。投票集計は修正

されたと言われたが、（つめかけた群衆にいきわたるよう、わずかのパンを大量に増やした）キリストの奇跡の再現として悪名をとどろかせた。

・フランクリン郡では数十人の投票者が、ケリー候補に投じた自分の投票がペーパー・トレイルのないＤＲＥ（直接記録式）電子投票機から消え失せたと宣誓証言した。

・マイアミ郡では投票日の深夜、郡の中央投票集計機は票集計を百パーセント終了したとしていたが、午前一時四三分に一万九〇〇〇票の謎の票が到着した。そのうち、一万三〇〇〇票はブッシュの得票だったが、この得票率は追加票が加わる以前の割合とぴったり一致していた。このようなことは統計的に見て、まずありえない。

・クリーブランドの、伝統的に民主党を支持するアフリカ系アメリカ人が大半を占める区で、無名の第三党候補者への票が大量に集計された。隣の区の開票では、これらの候補者への投票は実質的にゼロで、票の九割はケリー候補に集中していたことを思えば、まったくありえない結果だった。(3)

このように電子投票機による投票でも投票用紙による投票でも、大きな食い違いが生じる場合には、ほとんど一様にブッシュ陣営の得票につながっていた。たとえばオハイオ州では、ペーパー・トレイルを残さないコンピューター化された投票機を使って投じられた票は全体の一四・六パーセントにすぎなかったが、ほとんど全ての票の集計は、コンピューター化された中央投票集計機で行われた。オハイオ州の投票数は五七〇万を超えたが、公式発表によるブッシュとケリーの得票差は一一万九〇〇

○票を割っており、紙の記録を残さない投票機によって集計が歪められなければ、ブッシュの再選はなかった可能性がある(4)。

アフリカ系アメリカ人が圧倒的な数を占める区で投票機が不足したことは疑惑を呼び、最も広く知られる問題になった。投票機が足りないためにスラム地区の大勢の投票者は、平均して三時間、場合によっては七時間も投票所で待たされた。この事実は、選挙管理当局者及び、地元住民の宣誓証言によって確認されている。オハイオ州ノックス郡のリベラルなケニオン・カレッジの投票所では、投票者の待ち時間は一一時間に及んだが、近くの保守的な聖書学校の投票所では数分も待てば投票できた(5)。

選挙後ジェシー・ジャクソン師はオハイオ州に何度も足を運び、投票を盗まれたと感じたアフリカ系アメリカ人コミュニティの組織化をはかった。ジャクソン師は、この出来事を「セルマ(一九六五年に起きた「投票権を求める大行進」と「血の日曜日」事件で知られる)より大きな問題」と呼び、黒人の投票権が奪われていた一九世紀のジム・クロウ時代の南部になぞらえた(6)。問題を根底から洗い出すためにジャクソンは、二人の下院議員、ジョン・コンヤーズとステファニー・タブズ・ジョーンズの支援を求めた。民主党幹部で下院司法委員会の委員でもあるコンヤーズは、ワシントンとコロンバスで二つの議会フォーラムを招集した。アクティビストたちは、選挙違反を記録した数千の公的記録と、投票者たちの数百の宣誓供述書を提出した。これをもとに、コンヤーズの報告書『民主主義を守る――オハイオで何が起きたのか、下院司法委員会民主党スタッフの状況レポート(Preserving Democracy: What Went Wrong in Ohio, Status Report of the House Judiciary Committee Democratic Staff.)』が作成された。

同じ頃、二〇〇四年一二月一三日に、オハイオ州のある原告団がブッシュの勝利を覆そうと、「モス対ブッシュ」と「モス対モイヤー」と呼ばれる二つの訴訟を起こして選挙結果に挑戦した。同日の朝、コロンバスの連邦裁判所でも、投票の完全な調査と票の数え直しが行われるまでは、オハイオ州の選挙人数を（ブッシュに）割り当てるべきではないと要求する訴訟が緑の党とリバタリアン党の候補者の名で提訴された。

二〇〇五年一月三日、ジャクソン師がコロンバス市のダウンタウンで主催した集会で、タブズ・ジョーンズ下院議員はオハイオ州の選挙人の割り当てには問題があると正式に異議を唱えると宣言した。翌日、バス一台に乗り込んだアクティビストたちが、コロンバスから首都ワシントンに向けて夜を徹しての「冬のフリーダム・ライド」（「自由のための乗車運動」とも訳される。アメリカ南部にバスなどで旅し、州法が認めていた公共機関での人種隔離に違反することで差別法の撤廃を目指した）の旅に出発した。翌朝ワシントンに到着した、できたてほやほやの「選挙保護」連合は、ナショナル・プレス・クラブで記者会見を行い、ABC局の「ナイトライン」をはじめ大手のグローバル・メディアで報道された。その日と翌日を通して、ジャクソン師は本稿の筆者及びその他の人々を従えて連邦議会で陳情を行い、ヒラリー・クリントン上院議員も含めた民主党の主要指導者たちに向けて徹底的なブリーフィングを行った。

二〇〇五年一月六日、ホワイトハウス正面で行った朝の集会で、（大統領・副大統領の選出を行う）選挙人団にオハイオ州の共和党の選挙人が入っているのは問題があるとするタブズ・ジョーンズ下院議員の抗議に、バーバラ・ボクサー上院議員も参加するとジャクソン師からの発表があった。一八七七年に作られた法律を引き合いに出しながら、タブズ・ジョーンズとボクサーはオハイオ州の選挙結果に異議を唱え、二〇〇四年の選挙人団による投票結果を議会が承認することを阻止した。下院の一握りの進歩的な民主党議員と上院のボクサー議員の尽力により、二〇〇四年の大統領選がいかに民主党の投票者から公民権を奪い、投票率を抑えようとする企てに満ちていたかを、共和党が多数派を占める連邦議会で議員たちは二時間にわたり、聞かされる羽目になった。全国メディア、特に大手のテレビネットワーク局は、この挑戦を黙殺したが、(アメリカ議会中継を中心とした下公共ニュースを専門とする非営利のケーブルテレビ局)Cスパン局や公共ラジオ局、インターネットをチェックしていた人々は、投票する権利というアメリカの民主主義の最も基本的な教義を原点に、進歩的な大義のために闘おうとする新世代の民主党指導者たちの登場を目にすることになった。

「モス対ブッシュ」は、オハイオ州での二〇〇四年の大統領選に異議を唱える訴訟だったが、二〇〇五年にブッシュが大統領に就任した後、取り下げられた。原告側は、オハイオ州務長官のJ・ケネス・ブラックウェル、ならびにカール・ローブ、リチャード・B・チェイニー、ジョージ・W・ブッシュに宛てて「宣誓供述書を求める通知を正式に送付したが、受け取った側は出頭して宣誓供述を行おうとしなかった」と言明していた。ブラックウェルは、自分は「公務員」であり、証言の義務はないと主張した。州務省も、宣誓供述書の呼び出し通知は「いやがらせ」だと決めつけた。州務長官の証言を得られず、実際の選挙記録をより子細に点検する権限も得られなかったため、二〇〇四年一一月二日の投票日に何が起きたのかをこの訴訟で証明できる見込みはほとんどなかった[7]。

ところが二〇〇五年三月二一日に、ブラックウェルはついに当時下院議員だったボブ・ネイが委員長を務める下院運営委員会で、論争の的になっていた二〇〇四年の選挙について証言を行った。その委員会でブラックウェルは、「ちまたでは陰謀論が飛び交っているが、アメリカ投票支援法（HAVA）違反として提訴された訴訟はたったの一件だ」とし、「私の関心は、クリーンで公正で透明な選挙にある」と述べた。HAVAは、二〇〇〇年のフロリダ州選挙をめぐる大混乱の後に連邦議会が成立させた「選挙改革」法である。

ブラックウェルはさらに「オハイオ州での今回の選挙は、パンチカードシステムにおいて、これまでで最も成功した例だった。フランクリン郡で黒人から選挙権を奪おうとする組織的な試みがあったなどと言うのは、もちろんたわごとにすぎない。我々には不正のないシステムを確保するために力を注ぐ義務があり、だからこそ、事実を検証するという良識を持たぬ輩からシステムに対するこのような非難を受けるのは、きわめて不快だ」と陳述した。(8)

この委員会では、得体の知れない共和党の選挙運動スタッフも証言を行った。マーク・F・〝トール（雷神）〟・ハーンという名のこの人物は、新設された米国投票権センター（ACVR）という「投票権」団体の相談役と称していた。ハーンは、NAACP（黒人地位向上委員会）がクラック・コカイン（都市部の黒人コミュニティでの需要が多い麻薬）で釣って人々を有権者登録に誘ったことが、オハイオ州で問題を生む原因の一つになったと証言し、自分の「証言」はオハイオ州ウッド郡でNAACPに対して提訴された「オハイオ州の不正行為防止法に照らして有権者登録に不正があったとする」訴訟に基づいていると述べた。彼はまた、二〇〇五年三月に米国連邦司法省に宛てて書簡を送り、「アメリカンズ・カミング・トゥゲザー（ACT）、ACORN（アメリカの低所得者支援団体）、及びNAACPの投票プロジェクトなどの団体が、犯罪の可能性がある行為を行っていることを示唆する実質的な証拠」があると主張した。後で分かったことだが、このハーンという人物は、二〇〇四年の選挙で、ブッシュ／チェイニー・チームの全米相談役を務めた人物だったが、投票権団体で仕事をした経歴など皆無だった。(9)

ところが、共和党が多数を占めるオハイオ州議会は、この「投票詐欺」の話を利用して「オハイオ州下院法案三」と呼ばれる厳しい法案を提出し、二〇〇六年の選挙に間に合うように法制化した。この法案の中で最も話題になったのは、票を投じる前に有権者に身分証明書の提示を義務づける条項だった。さらにこの法律により、有権者登録アクティビストたちを刑事訴追できる道が開かれ、電子投票機は市民による監視を免除され、市民の要求に基づいて州全域の票の数え直しを行う費用は五倍に急騰し、オハイオ州で大統領選の票集計や連邦レベルの選挙の開票結果に異議を唱えることは違法行為になった。おまけに、郡の選挙管理委員会は登録済みの有権者へ二年に一度、カードを送らなければならないという義務を課され、結果的に有権者名簿が縮小した。登録者に送付されたカードが本人に届かず管理委員会に送り返されてしまった場合、その有権者は（通常の投票を許されず）、暫定投票を当てにするしかなかった。

女性投票者連盟（League of Women Voters）は、共和党の議会のリーダーたちに宛てた書簡で次のように指摘している。「オハイオ州下院法案三は投票詐欺の阻止が目的だとしていますが、そもそもオハイオ州で投票者による投票詐欺がはびこっているという前提が間違っています。実際にオハイオ州で起きているのは、当局の準備が不適切なために生じる選挙の不正です。人々の登録が正しく記録されなかったり、何時間も待たされるために投票できなかったり、誤った指示や処置のおかげで投票が数に入れられなかったりする人が出て、そのために投票が抑圧されているのです[10]」。

＊＊＊

二〇〇五年六月、民主党全国委員会は「危機に瀕した民主主義：オハイオ州の二〇〇四年選挙」と題した「調査」報告書を発表した。報告書は、アフリカ系アメリカ人の票が抑圧されたことを認めたものの、白人投票者が列に並んで待つ時間が平均一八分だったのに対してアフリカ系アメリカ人は平均五二分間だったとし、抑圧の規模を軽視した[11]。その上、報告書は、投票区のいたるところで見られた不正――投票用紙は警備されず投票機は不正に操作された――や、オハイオ州ウォレン郡で国土安全保障省から警報が出された（として票集計を行う建物が関係者以外立ち入り禁止にされたが、実はそんな警報など出ていなかった）という説明のつかない出来事、内部告発を行った選挙委員会役員の解雇などについては、一言も触れていなかった。また、ジョージ・W・ブッシュの再選を可能にした、とうていありえそうになく実質的に不可能と言ってよい総得票数と出口調査の結果とのギャップについても、まったく無視していた。この報告書をふまえて、米国司法省の投票課主任ジョン・タナーは、二〇〇五年六月二九日に書簡を送付し、オハイオ州で黒人の投票に対する妨害と隠滅があったことを否定した。

しかしながら、政府説明責任局（Government Accountability Office＝GAO）が二〇〇五年九月に発表した報告書では、二〇〇四年の選挙の明暗を決した制度の脆弱性が指摘された。この報告書は、電子投票機が二〇〇四年の大統領選挙に使用されたことを受け、コンヤーズ議員がGAOに寄せた電子投票機の調査要請に応えて作成されたものだ。最終報告書では、次のような問題点が指摘されていた。

・電子投票機の中には、「投じられた票やシステム監査ログを暗号化しないものがあった。そのため、検知されずに、その両方を改竄できた」。
・「投票用紙の表示法や作動方法を決定するファイルを改変して、有権者がある候補者に投じた票を別の候補者に投じたように記録することが可能だった」。二〇〇四年にオハイオでこれが起きたとする宣誓声明と宣誓供述書が、多数存在する。
・地方自治体レベルで、認証を受けていないバージョンの投票システム・ソフトウェアを設置した業者がいくつもあった。
・投票ネットワークに不正アクセスするのは簡単だった。デジタル記録電子投票システム（DRE）の全てがパスワードで保護された監督機能を備えていたわけではなかったからだ。一つのマシンへのアクセスを獲得すれば、ネットワーク全体にアクセスできた。
・同じユーザーIDを何度も繰り返して使える上に、簡単に連想できるパスワードと組み合わせれば、投票ネットワークへのアクセスが可能だった。
・システムへのアクセスを保護するロックは簡単に手に入り、キーのコピーも簡単だった。
・業者職員のセキュリティ・プロトコルと履歴チェックの実施に問題があった。
・あるDRE型のネットワーク方法は、あまりにも稚拙だったため、機械一台に停電が生じるとネットワーク全体が故障することが明らかにされた。[12]

「脆弱な」電子投票システムのもう一つの例は、GAOによるこの報告書が公表される一カ月前に起きた。二〇〇五年八月に行われたシンシナティ地域における下院の議席をめぐる特別選挙だ。この時には、率直な物言いをするイラク戦争退役軍人で民主党候補のポール・ハケットが、投票日に起きた奇妙な誤作動騒動の後、共和党候補ジーン・シュミットに敗退した。選挙当日の午後九時には、ハケットとシュミットは大接戦を繰り広げており、シュミットがリードしていたものの票差は九〇〇票未満だった。その時、奇妙な「コンピューターの誤作動」が起きたため、クラーモント郡からの報告が遅れていると選挙管理当局者が発表した。クラーモント郡の票は、同選挙区全体で投じられた票の約四分の一にあたっていたが、故障がついに「修復」されると、クラーモント郡ではシュミットが五〇〇〇票の得票差でハケットに勝利していた。クラーモント郡の投票担当職員が行った公式説明によると、光学スキャン投票機の内部で湿度が上がりすぎて、誤作動が起きたのだという。[13]

二〇〇五年のオハイオ州総選挙では、リフォーム・オハイオ・ナウと呼ばれる全州をあげた超党派の取り組みが行われた。この試みには州の票集計に信頼性と呼べるものを少しでも取り戻すことを目指し、十分な資金が投入され、四つの改革対策が州民投票にかけられた。「提案二」は郵送や、有権者が出向いて行う早期投票の提案、「提案三」は選挙資金改革、「提案四」は、党派に有利な選挙区改定（ゲリマンダー）に終止符を打つため、連邦下院選挙区及び立法地区の設定を行う超党派の委員会を設立するよう提案していた。「提案五」は、オハイオ州の選挙管理を州務長官の手から引き離し、超党派の九人の委員による委員会に譲渡させようという提案だった。

また「提案一」も州民投票にかけられたが、これはオハイオ州にハイテク職と産業を創成する州のプログラムを提案していた。投票日前のコロンバス・ディスパッチ紙日曜版は、「成立間近の三つの提案」という見出しを掲げ、「提案一、二、三」を論じた。ディスパッチ紙は、選挙登録を済ませたオハイオ州の有権者一八七二人を対象とした世論調査に基づいて、三つの提案は成立すると予測していた。「提案二」に関しては、投票結果は予測と完璧に一致していた。[14]

この日のディスパッチ紙には、こんな見出しも載っていた。「四四の郡が新型投票機を導入」。そしてそのうち四一の郡では、「ディボールド選挙システムの新型電子タッチスクリーンを使用する」と報道していた。[15]

選挙二日前の一一月六日に行われたディスパッチ紙の世論調査では、「提案二」に賛成票を投じると答えた回答者は五九パーセント、反対は三三パーセント、未定は八パーセントで、賛否の差は「提案一」よりも大きかった。ところが、投票日の公式な票集計で賛否は逆転し、「提案二」は反対六三・五パーセント、賛成三六・五パーセントで否決された。公式発表では「提案三」も否決されたが、これはおそらくオハイオ州史上最も驚くべき逆転で、支持票はわずか三三パーセントに落ち込んでいた。こんなことが起こるためには、「提案三」の支持率が二八パーセントも下落しなければならず、世論調査で賛否を決めていなかった人たち全員が反対にまわらなければ、数字のつじつまが合わない。提案二と三の賛否の逆転は、統計学的に見て不可能とまでは言えないものの、大変な驚きだった。

二〇〇五年の選挙でも二〇〇四年と同様に、いくつかの番狂わせが見られた。デイトン・デイリー・ニュース紙は、モントゴメリー郡の民主党が圧倒的に強いスラム街地域で、「票読み徹夜で続く　問題の中心は、コンピューター化された投票への不慣れと（機械の）エラー」という見出しの記事を掲載した。中でも特筆すべきは、電子投票機から一八六枚ものメモリーカードが紛失したことだ。しかもいくつかのケースでは選挙作業員たちが懐中電灯を手に探し回った末、全て見つかったとされていた。[16] デイリー・ニュース紙はまた、「投票者が正しく画面を押したのに、間違った項目を登録し始めた機械もあった。これらの機械は出荷または設置中にキャリブレーション機能を失い、再調整が必要だった」と報じた。[17] モントゴメリー郡選挙委員会の責任者スティーブ・ハースマンはデイリー・ニュース紙に対し、再調整は現場で実施可能だったと述べたが、投票所係員たちは、そんな作業はそれまで一度もやったことがなかった。

ルーカス郡では、選挙委員会の責任者ジル・ケリーが、スタッフが一三時間かかっても集計を完了できなかったのは、投票所係員たちが「新しい投票機を操作する適切な訓練を受けていなかったから」だと説明した。トレド・ブレード紙は、ルーカス郡選挙委員会は「投票者と投票所係員の教育のために八万七五六八ドルの連邦助成金を与えられていたのだが、そのうちわずか一七一八ドル六五セントしか支出していなかったことをかぎつけた。ブレード紙はまた、二〇〇五年の選挙から一〇日後に、「タッチスクリーン型投票機一四台がトレド大学のスコット・パーク・キャンパスの中央通路に監視人なしで放置されている」と報じた。[18]

APも異例の事態を報じた。ウッド郡では、翌朝の六時二三分まで選挙結果が出なかった。これは四つの投票所で、係員が投票機に間違ったオプションを入力したため、投票機のメモリーカードの自動アップロードが行われなかったからだ。ブラウン、クロフォード、ジャクソン、ジェファーソン、マリオンの五つの郡ではディボールド機を使用したが、不在者投票の集計に問題が生じた。これは、「投票用紙の幅」が原因だった(19)。

さらに多くの州では、外回りの職員に投票機からメモリーカードを取り出して集める作業を担当させた。ルーカス郡では、この「外回り職員」たちは、「何カ所もの場所をまわってから、行政センターの選挙事務所にカードを届けた」。投票所は午後七時半に閉鎖されたが、「最後のメモリーカードが選挙委員会に到着したのは、真夜中直前だった」と、トレドのWTOLチャンネル一一局は報じた(20)。

電子投票機は、二〇〇六年のオハイオ予備選でも故障したが、この選挙ではブラックウェル州務長官が共和党の州知事候補の座を獲得した。コロンバス・ディスパッチ紙によると、フランクリン郡とデラウェア郡では、選挙管理当局者は「一日中、機械をシャットダウンし、再調整」し続けねばならなかった。カヤホガ郡では電気系統と機械の故障で、投票所の開場が遅れた。クリーブランド・プレイン・ディーラー紙も、「カヤホガ郡の選挙作業員は、選挙の翌日もまだ票の集計を続けていた。タッチスクリーン機で投じられた票のうち八五パーセントは翌朝の一一時一五分までに集計が終わった。だが二〇〇の投票区の投票結果が入ったメモリーカード七〇枚が行方不明だった」と報じた(21)。

オハイオ州では二〇〇六年には電子投票機の使用が定例となっていたが、集計されずに終わった票の割合は二〇〇四年の選挙を超えた。また、民主党が勝利したためにメディアには見過ごされたが、この選挙では統計的に不可能なほど共和党に有利なぶれが生じていた。投票日前、最後に実施されたコロンバス・ディスパッチ紙の世論調査では、民主党の知事候補テッド・ストリックランドが共和党候補のブラックウェルに三六パーセントの差で勝つと予測されていた。結局、最終的にはストリックランドが勝利したものの、差は二四パーセントに縮まっていた。消え失せた一二パーセントの票の説明はつかない。さらにディスパッチ紙は、上院議員選でも民主党候補のシェロッド・ブラウンが共和党のマイク・デワイン候補に二四パーセントの差で勝つと予測していた。ブラウンが勝利したが、デワインとの得票差は一二パーセントだった。ストリックランドの場合と同様、偶然にもこちらも最終の世論調査結果から、一二パーセント分の票が消えていた。

二〇〇四年大統領選の投票用紙は、二〇〇六年九月三日に破棄される予定になっていた。しかし、その直前に、オハイオ州の選挙保護アクティビストたちが、「キング・リンカーン・ブロンズビル近隣地区協会ほか対J・ケネス・ブラックウェル」という画期的な法廷闘争を行い、選挙記録保存を勝ち取った。これによりオハイオ州の二〇〇四年選挙の票が、ついに正確に集計されることになるはずだった。さらに、民主党員で州の選挙改革擁護者のジェニファー・ブラナーが州務長官に選出されたことは、投票権擁護コミュニティを勇気づけた。ブラナーは大胆な活動の第一歩として、カヤホガ郡選挙管理委員会の全員を辞職に追い込んだ。この委員会では、二人の委員が二〇〇四年の票の再集計で不正を働いたとして有罪判決を受けていた。

最初は希望の光がさしたかに見えたが、希望は急速に姿を消した。連邦法により保護されていたはずの二〇〇四年の選挙資料が、オハイオ州の八八郡のうち五六の郡で不法に破棄されたことが判明したのだ。使用済みの投票用紙一六〇万枚と未使用の用紙二〇〇四枚が破棄されていた(22)。

破棄については、それぞれの郡がユニークな理由を言い立てた。ハンコック郡では、当時の州務長官ブラックウェルの事務所から、未使用の投票用紙のうち汚れているものは「保持する必要はない」という指示を口頭で受けた。だから、これに当たるものは破棄した」と説明した。だが選挙の監査には、使用済みと未使用の投票用紙が両方そろっている必要がある。未使用の投票用紙が、非合法な水増し投票に悪用されなかったという確証を取るためである。パットナム郡では、未使用の投票用紙の不正使用のおそれを理解したのはよかったが、「安全のため、未使用の投票用紙は全て破棄した」とブラナーに報告した。クラーモント郡では、郡の選挙管理委員会の責任者マイク・キーリーが、未使用の投票用紙が「どこにあるのか、保管場所が見つからない」と述べた。バトラー郡では、「二〇〇四年の総選挙の投票記録」は提出不可能だ、「なぜなら、指令二〇〇七―〇七の指示に従ったつもりで、スタッフが誤って『投票ページ』が入っていた箱を、破棄してしまった。指示が不明瞭で誤解を招くものだったためだ」と、選挙管理委員会責任者のベティ・マクギャリーは弁明した（オハイオ州の選挙区投票循環法に基づく複雑な理由のため、バトラー郡の投票用紙は、紛失した投票ページがなければ再集計できなかった）。ホルムズ郡の選挙管理委員会責任者のリサ・ウェルチがブラナー州務長官に送った書簡は、さらにふるっている。そこには、こう書かれていた。「二〇〇六年四月七日金曜の朝に、選挙委員会の保管室でユニット棚が落下した。棚には、二〇〇四年の選挙の投票用紙、控え、汚れたり破損した投票用の封筒、会計票が置かれていた。棚とそこに保管されていたものはサイドテーブルの上に落ちたが、サイドテーブルではコーヒーメーカーを使用中だった。コーヒーメーカーの容器は事故当時、満杯だった。保管されていた書類の多くは、破損したガラスと熱いコーヒーをかぶったため破壊せざるをえなかった」。

アレン郡では「保管を義務づけられた二二カ月間、投票された用紙全てにラベルを付けて、貴重品保管室で保管した」と、同郡選挙委員会の責任者、キース・カニングハムは述べた。ところが、「二〇〇四年後半から二〇〇五年のはじめにかけて、嵐による浸水が始まった。貴重品保管室も含め、主要な保管区域に次第に水が入るようになった」とカニングハムは州務長官に説明した。カニングハムが後にフリー・プレスのレポーター、パディ・シェイファーに語った話では、この貴重品保管室は、以前にも「六年間」水びたしだったが、棚のスペースをあける必要から、このフロアに二〇〇四年大統領選の投票用紙を保管せざるをえなかったのだという。カニングハムはこう続けた。「こうした出来事の結果、二〇〇四年の総選挙の投票用紙を含め、貴重品保管室に保管されていたものの多くは水による被害を受けて汚損され、二〇〇六年八月二〇日当日、あるいはその頃に破棄された。アレン郡保健省の勧告に従い、かびが生えた箱をよりわけて廃棄するはずだったのだが、困ったことに損傷を受けた箱を棄てるために雇われた請負業者が、うっかり損傷を受けていなかった箱まで廃棄してしまった」。

ガーンジー郡の投票用紙も同様に数奇な運命をたどった。選挙委員会の責任者ジャクリーヌ・ニューハートの話では、「未使用の投票用紙もパンチ・カードの投票記録も誤って破棄された」。なぜなら、「郡のメンテナンス作業員が、ゴミを収集する時に投票用紙が入っていた箱も一緒に集めてしまったから」だ。マホニング郡の選挙委員会は、投票用紙が思いがけず破棄されてしまったのは、環境保護主義者のせいだと言い立てた。「マホニング郡のグリーン・チームが、廃棄スケジュールに従って保管室にあるリサイクル可能な書類を一切合切全て回収した。その結果、一一万五九三六枚の投票用紙が、二〇〇七年三月二三日の金曜日に誤って破棄された」と、選挙委員会責任者のトマス・マッケイブは述べた。タフト一族（アメリカを代表する政治家の一族）の本拠地である（シンシナティの）ハミルトン郡では、使用済み及び未使用の投票用紙は、「二〇〇六年の一月一九日から二六日までの間にうっかりシュレッダーにかけられて」しまっていた。

投票用紙破棄のおそらく最もとんでもないケースで、犯罪として訴追するのが一番容易にみえるのは、すでに述べたモントゴメリー郡の場合だろう。リサーチャーのリチャード・ヘイズ・フィリップスが行ったフリー・プレスのレポートによると、「……委員会は、（投票用紙を）破棄したがっていた。投票用紙の処理を行った従業員自身が、進んでそう述べた」。さらに、選挙委員会責任者のスティーブ・ハースマンは、こんな言い訳をした。「我々にはこういった選挙の資料を準備し、公開し、保管するスペースが不足している。二二カ月間の保管という指針に従って破棄せざるをえなかった。全ての資料を、決められた時間通りに適切に破棄している。このような状況のため（裁判所からの記録保持命令を）順守するのは不可能だった。破棄の認証手続きを始めた時には、裁判所からの正式通告は届いていなかった」。かくしてハースマンは連邦裁判所に公然と楯突き、証拠を破棄したことをすんなりと認めた。破棄の理由は、裁判所からの正式な通告が「破棄の認証手続きを始める前に」届いていなかったから、とされた。

最後に、ウォレン郡の例もあげておこう。二〇〇四年の選挙当日、ウォレン郡の選挙委員会は「国土安全保障省レベル一〇」の警告が出されたと宣言した。しかし、国土安全保障省にもFBIにも、この日そんな警告を出したという記録文書は一切残っておらず、何の説明もない。だが（選挙委員会によると）この警告があったため、票の集計作業は隔離された倉庫に移動し、メディアの目から遠ざけられた。結局、ウォレン郡では、ブッシュが二〇〇〇年の得票をはるかにしのぐ圧倒的多数で当選を果たした。今日にいたるまで、ウォレン郡の二万二〇〇〇枚に及ぶ未使用の投票用紙は行方不明のままだ。ウォレン郡の選挙委員会責任者のマイケル・E・ムーアがブラナー州務長官に宛てた書簡は、法に対する挑戦的態度丸出しだ。「（投票用紙は）たまたま破棄されたわけではありません。ウォレン郡で未使用のパンチカード投票用紙を破棄するのは、長年行っている標準的な慣行です。今回もそれに従ったにすぎません」。さらにムーアは、「未使用の投票用紙は、二〇〇四年の選挙から六〇日後に破棄されました」と述べた。二〇〇四年オハイオ州でのブッシュの勝利は一一万八七七五票の得票差によってもたらされたが、ウォレン郡は、近隣のクラーモント郡、バトラー郡と共に、その票差を超える票を提供した。その結果、この三つの郡は、選挙結果に異議を唱えたモス対ブッシュ裁判で、不正を行った嫌疑があると指摘された。しかしながら投票用紙を破棄してしまえば、不正を告発しても裁判所では検証のしようがない。二〇〇四年のオハイオ州の多くの投票区で起きたのは、この証拠の破壊だった。(23)

ブッシュ対ゴア判決
そして選挙の息の根を止める最高裁

ポール・レート

「初めて自由を実験した者が恐れを抱くのも無理はない。賢明な警戒心は我々市民の第一の義務であるべきだ。権力を奪った者が先例を重ね力をつけるのを待つべきではない」

ジェイムズ・マディソン(1)

「市民の手による選挙は、大統領の権限に対する優れたチェック機能である。そして真に警戒すべきは、このチェック機能を損い、破壊しようとする状況だ。全ての州の人々がそこに注意を払う必要がある」

ユライア・トレイシー上院議員(2)

冒頭に掲げた二つの引用が明らかにするように、国を愛する者たちが掲げてきたテーマは、歴史を通して一貫している。それは、あらゆる市民の第一の義務は「警戒すること」である、という指摘だ。あるいは、こうも言える。市民の第一の義務は、だまされないことだ。マーク・クリスピン・ミラーは選挙をテーマにした前著に、「まただまされる」というまさにぴったりのタイトルを付けたが、「まただまされる」などもってのほかだ。市民のこの義務は「アメリカの革命」（独立戦争）時代の文書に何度も登場し、多くの州の憲法にも繰り返されている。州憲法には、自由の名において行政府の権限を制限する条項がいくつも備わっているが、中でも目を引くのは、未来の市民に向けて書かれたとしか思えない警告だ。そうした警告のテーマには共通点があり、言葉遣いも似通っている。要旨をまとめると、こんな感じだ。「自由と自由な政府を維持するためには、基本的な原則と権利を繰り返し思い起こすことが必要である」。言い換えれば、「民主主義の道具」（基本的な権利と原則）を常に念頭に置かなければ、自由と民主主義は滅亡する、と州及び合衆国の創立者たちは予言していたのだ[3]。

有名なアフリカ系アメリカ人で奴隷廃止論者のフレデリック・ダグラスは、アメリカ建国に際して行われた妥協を強く意識していたが、そんな彼でさえ、権利と原則が最も強力に集約された源泉である「独立宣言」を熱烈に擁護した。たとえば、彼のこんな言葉が遺っている。

独立宣言は国の運命の鎖をつなぎ留めているボルトだ。かねてから述べてきたように、それが私の確信だ。独立宣言に盛り込まれている原則が、様々な原則を守っている。この原則を擁護せよ。あらゆる機会に、あらゆる場所で、あらゆる敵に対し、そしていかなる対価を払っても、独立宣言の原則に忠実であれ。

独立宣言と同じように選挙も、不可譲の権利（「自然法」により全ての人に与えられており、譲ったり奪ったりすることができない権利）を拠りどころにしている。政府を「変える、または無効にする」権利である。つまり市民からの委任で権力を持った代議員を自由に変えることができる。したがって、正当な選挙で市民が「役立たずを退場させる」のはまったく当然のことであり、正当な選挙が行われない場合にはどんな弁明も通用しない。これは、犯罪的な政権を排除する必要がある時、きわめて重要だ。なぜなら、どのような方式であれ、コンピューター化された投票では、票集計は秘密裏に行われるからだ。このため今では、たとえ「我々市民」がそう望んだとしても、犯罪的（詐欺的）な政府を排除する市民の権利と力は、きわめて心もとないものになっている。もはや我々を、自由な市民と呼ぶことはできない。

そもそも我々が政府を制定したのは、自由な選挙を保障するためだ。もし今日の政治家が民主主義――すなわち「市民による統治」――を真に実践するのなら、選挙を管理する権限と力を市民の手に戻すために尽力すべきだ。「人民の人民による人民のための」政府は単なるお題目ではなく、正しく為せば実現できる。数年前に私は、死刑が絡むある裁判で被告側弁護団の一員として、ささやかな支援に携わった。大衆の中から無作為に選ばれた一二人の陪審員が、文字通り一人の人間の生死を決め、最終的にはこの被告の命を救った。司法においては、人民による統治は陪審員制という形を取る。これに対して行政及び立法の分野では、選挙が人民による統治のあり方なのである。

選挙法について考える時、制定法だけではなく、判例法、基本的権利と原則、不可譲の権利、法解釈の基準も考慮する必要がある。そうして初めて、法がものを言う法廷という場で、それがどんな意味を持つのかが理解できる。すなわち、二〇〇二年に連邦議会で成立したアメリカ投票支援法（HAVA）を読み理解しても、アメリカの選挙法について完全に、正確に把握することはできない。ブッシュ対ゴア判決で出された憲法上の平等保護についても、深く考察する必要がある。この判決は二〇〇〇年大統領選で票の再集計を中止させ、ジョージ・W・ブッシュに勝利をもたらした。連邦最高裁判所が大統領選に介入し、決着をつけ、選挙結果そのものを決定できることを、我々はこれ以上ないほどはっきりと思い知らされたのだ。この事実からだけでも、ブッシュ対ゴア判決は「判例にならず」、たとえほんの少しばかり違った形でも二度と起こることはないという社会通念は間違っており、自己欺瞞的妄想にすぎないのは明らかだ。

そもそも、選挙法にはそれを「機能」させるためのインセンティブが欠けている。選挙法を作るのは当然のことながら現職の議員たちだからである。ブッシュ対ゴア判決で我々が目の当たりにしたように、彼らは混乱に乗じて選挙を憲法違反や無効にできるのだ。先ほども述べたように同じことは再び起こりうる。それは間違いない。また下級裁判所は最高裁判所のような政治的勇気を欠いているというのはまったくの的外れだ。というのも、下級裁判所の判事は非公開の投票集計手続きを経て選出されることが多いため、従来の選挙システムを覆すことを恐れる傾向がある。一方、選挙で選ばれるわけではない連邦最高裁判所や上級の上訴裁判所の判事たちには、そうした縛りがない。明らかなのは特に連邦裁判所で、現職議員を保護するまったく新しい戦略が出現していることだ。それはすなわち、選挙アクティビストの主張をもっともだと認め、選挙（あるいは再集計や「監査」に限ることもある）は不当で無効、または憲法違反だと決めつけ、「我々市民」の手から現職の政権を倒す唯一の方法、つまりは正当な選挙を奪うのだ。時間切れを口実にした見切り発車という旧来の戦略を考え合わせると、特に大統領選に関しては（二〇〇〇年に見られたように）、選挙法自体が票の集計と同程度、あるいはそれ以上に八百長ゲームと化していると言っても驚くにはあたらないだろう。特に選挙法は正義をなすものとされているため、余計にたちが悪い。

おまけに、選挙詐欺に成功した（不正な選挙で当選した）議員たちが、その後の選挙法を制定し、影響を及ぼす。選挙に関して我々が置かれている法的に難しい立場を理解するには、銀行強盗が銀行員になるとか、金庫室のセキュリティ対策担当者になった場合を想像するのがよい。選挙でうまく票を盗んだ人物が選挙管理当局者になり、選挙の安全保障政策の制定にあたるのは、これとまったく同じことだ。こうした視点をふまえ、選挙管理当局者やその支援者が、なぜ我々を「信頼」しないのかと不満を口にするのを耳にしたらこう指摘するべきだ。我が国の基盤は信頼ではない。この国は抑制と均衡（権力機構を分割し相互の抑制と均衡によって政治権力の専制を防ぐこと）の上に築かれているのであり、**警戒心を忘れずに**管理し、監督を続けることで成り立っているのだと。

有名な銀行強盗のウィリー・サットンは、銀行強盗を働くのは「そこに金があるからだ」と語った。同様に選挙で不正が行われるのは、そこに権力があるからなのだ。

覆される選挙法の重み

ブッシュ対ゴア判決は、選挙を平等保護の問題として「憲法と絡める」ことにより（二〇〇〇年大統領選挙に際しての訴訟で、フロリダ州最高裁判所が州全体の票の数え直しを求める採決を下したのに対し、連邦最高裁判所は、手作業による投票用紙の数え直しに関する各郡の基準が異なるため事実上の不公平が生じることを理由に、個人の投票の価値が平等に取り扱われることを保障する合衆国憲法修正第一四条の平等保護条項に違反するとして、票の数え直しを認めない判決を下した）、最高裁の縄張りを大幅に拡張した。これにより最高裁は、アメリカの選挙が持つ意味に最終決定を下すことができるようになった。最高裁の判決は上訴できないからである。これまでも最高裁は、アメリカ憲法の解釈に上訴不能の最終判決を下してきた。それを根拠にブッシュ対ゴア判決は、大統領選においても最高裁の役割を拡張した。管轄権上、また手続き上、通常は最高裁による審理を禁じ、フロリダ州最高裁の見解に従うべきとされてきた原則を無視して「連邦政府特有の懸念」を強調することにより、その正当化をはかったのだ。判決文に付けられた反対意見もこの点を指摘している。この裁判は「判例にならない」という社会通念は、むしろ不安材料だ。この裁判が判例にならないとしたら、再びまったく同じことが起こった場合に、最高裁はまったく異なる判決を自由に下すことができるからだ。

似たような例が、カリフォルニア州でも起こりそうだ。州の選挙人をどう分配するかに関するイニシアティブ（州民発案）への裁判所の介入が正当化され、どちらにでも裁決できるオプションが裁判所に与えられる可能性がある。アメリカの大半の州では、一般有権者による投票で最多数の票を得た大統領候補者が、州の全ての選挙人を獲得する「勝者独占」方式が採られている。だがカリフォルニア州では、州の選挙人の投票を下院投票区に分配し、投票区ごとに勝者を決める方式が**イニシアティブ**で提案されている。季刊ヘイスティングス憲法誌の記事は、次のように論じている。(選挙人団を構成する大統領選挙人の選出方法に関して) 憲法に書かれている「立法機関」の意味を、イニシアティブで選挙人の選出方法を決定することにまで敷衍することが妥当かどうかについては、異論が出て当然であり、「最高裁の裁決がいずれを支持したとしても、妥当かつ正当である」(4)。

しかしながら、どちらも「妥当かつ正当」であるなら、もしカリフォルニア州でこのイニシアティブが可決された場合、連邦最高裁は二〇〇八年の大統領選でどちらも選べるという**オプション**を持つことになるだろう。そしてその判決は、二〇〇〇年のブッシュ対ゴア判決以上に（一見）正当化される。このオプションは、連邦巡回裁判所がその問題に連邦最高裁が好みそうな裁決を下す場合にも、まったく同じように機能する。その場合、最高裁は**裁量上訴**の申し立てを却下すればよい。そうすれば十中八九、全国各地の新聞は、政治への介入を避ける最高裁の気高い「節制」に敬意を表するに違いない。だが実際は、下級裁判所ですでに好ましい判定が出ているので、最高裁は手出しをしない、ということにすぎない。

選挙つぶしの手は最初の票集計にまで及ぶ

最高裁に負けじと二〇〇六年六月六日、カリフォルニア州第五〇下院選挙区の特別選挙で、連邦議会の下院は再集計どころか最初の集計中に選挙の息の根を止めた。この悪名高い「CA-50」選挙は、二〇〇五年一一月にランディ・〝デューク〟・カニングハム下院議員が収賄、有線通信不正行為、郵便詐欺ならびに脱税で告発され罪を認めて辞任したため、後任を選ぶために行われた。投票前の多くの世論調査では、民主党候補のフランシーン・バズビーが優勢だった。ところが投票日の夜、透明性を欠いた光学スキャン集計システムを使った票集計中に、共和党のブライアン・ビルブレイ候補が僅差でリードしているというニュースが流れた。一週間後の六月一三日、六万五〇〇〇票以上が未集計で結果が認証されていなかったのにもかかわらず、連邦下院はブライアン・ビルブレイを新任の下院議員として宣誓就任させた。下院で異議を申し立てた者は皆無だった。[5]

この選挙結果について二人の有権者が異議を唱え、票の再集計を求めて州裁判所に提訴した。弁護士のケン・カランと筆者は原告側の代理人となった。これに対してビルブレイは、早々に行われた宣誓就任によりすでに「専属管轄権」が連邦下院に委譲されたため、カリフォルニア州裁判所には、調査、再集計、その他この選挙に関していかなることも行う権限はないと主張した。ビルブレイ側の弁護士は憲法第五項第一条の「資格条項」を盾に、たとえ票の集計完了前に起きたことであれ、議員の資格を選挙も含めて審査できるのは議会だけだと言い張った。

カリフォルニア州には「管轄権がない」というビルブレイの法的主張は、二〇〇六年六月一三日以後に提訴された同州での訴訟は全て無効ということを意味した。第五〇選挙区の住民には、連邦下院に自らの決定を再考するよう求める以外、なす術がなかった。こうしてこの選挙は全ての票が集計されないうちに、法律上、その意義においても効果においても終止符を打たれたのだった。

HAVAとブッシュ対ゴア判決はいかに投票者の意図に関する基準を消し去ったか

二〇〇二年、米国議会は、「中立的で透明」な投票手続きを事実上、排除するために資金を投じた。HAVAが成立し、ブッシュ対ゴア判決を受けて「一律で差別のない票の集計」を義務づけたからだ。HAVAは、それまで使われてきた紙ベースの投票システムを守ると規定していた――この主張は議会で法案成立の鍵となる票を獲得するのに役立った――が、ここで言われる投票用紙の維持は、第六巡回裁判所におけるスチュワート対ブラックウェル判決で見られるように、どう見ても幻想にすぎない。この裁判では、投じられた票がアンダーボート（投票者が誰を選んだか不明と見られ、集計されない票）だということを投票者に「通知」しないあらゆる投票システムは違憲とされた（口をきくことができない投票用紙に「通知」は不可能だ）。その一方で、タッチスクリーン式の電子投票システム（DRE）と投票所で投票者に通知される（投票所で投票者が自分の票をスキャンできる）「光学スキャナー」は、支持された。[6]

「投票者の意図に関する基準」は、投票者の意図が明らかな場合には、細かな規定には目をつぶり、その票を数に入れるべきだと言明している。投票行為は、主権者に与えられた特別な権利だからだ。一九九六年にマサチューセッツ州最高裁が述べたように、「政府を所有するのは有権者である。裁判所が投票者の意図を読み取りそれに実効性を与えようと努めるのは、それが、政府と政府が責任を負う人々との間の適切な関係の表れだからだ」(7)。ブッシュ対ゴア判決が出される前に、連邦最高裁に提出されたゴアの弁論趣意書では、この「投票者の意図」を判別する基準は、アメリカ合衆国で投票機器が導入される以前からある普遍的な基準であるとしている。これに対して、ブッシュ対ゴア判決の最終裁定では、投票者の意図は単なる「糸口」にすぎないとし、一律の詳細な「客観的」規則が必要であるとされた。だが、「投票者の意図に関する基準」が本来意味するところは、投票者の意図が判明している場合に、細事を理由に有権者の投票権を奪ってはならないということだ。

HAVAが票集計に「一律無差別の」規則を義務づけたように、今日の法では「有権者の主権」という基準は時代遅れにされてしまった。アメリカの歴史では、おおむね投票者の意図を重視することが基準とされてきたが、今や有権者は意図に「耳を傾け」てもらえることなく、ルールに「従う」ことを求められる。有権者の声を聴く政府から、有権者に規則の順守を求める政府への転身は、有権者と政府の関係に地殻変動的な転換が起きたことを意味する。票を投じる時、主役は「我々市民」だ(選挙以外の時は、法に従わざるをえない臣民だが)。国家の安全保障のように秘密が正当化されるケースとは異なり、選挙に関してはどんな秘密も認められないのは、この決定的な違いのためだ。

民主主義を守る

ブッシュ対ゴア判決を考えれば、「敗者独占」こそ、真の民主主義ではないかと思えてくる。だが我々は非暴力の手段を持っており、これは何世紀にもわたって、かなり首尾よく機能してきた。独立宣言に謳われている不可譲の権利は、奴隷廃止論者や婦人参政権論者、現代の公民権運動にとっても成功の鍵となった。なぜなら、それはハミルトンが論じたように、どんな「人の力」や政府によっても損なわれることはないからだ。これらの権利は「自明」なものであり、誰に対しても証明の必要がない。だから、我々もトーマス・ジェファーソンにならって、投票に不可譲の権利という究極のカードを使おう。状況は複雑に見えるが、単純ですこぶる明快な問いかけをしよう。「この国は誰のものか?」、「政府の第一の仕事とは?」この国のオーナーは我々市民だ。我々の雇用人である公僕が、我々の目から票集計を隠すことは違法である。ブランダイス判事が透明性について述べたように、「日なたにさらすのが一番の薬」なのである。

無邪気な改革が災いをもたらす
連邦選挙法を問い直す

ナンシー・トビ

二一世紀のアメリカで連邦選挙改革の取り組みを眺めていると、ハイテクを駆使したマジック・ショーを見せられている気がしてくる。舞台に立った魔術師が帽子からうさぎを取り出す様子を、観客は一瞬生まれる疑念を追い払って見つめる。アメリカ人はまさにそんなふうに、選挙改革の魔法を信じている。我々アメリカ人は心底、理想主義的な国民だからだ。生命、自由、幸福の追求という民主主義の夢を信じているのだ。全国での投票のうち、八割近くもの票が民間企業の手で秘密裏に集計されている。それなのに、理想主義的なアクティビストたちは企業が管理する選挙という厳しい現実を脇に置き、選挙改革の幻想を今なお熱心に受け入れている(1)。

だが、魔術師などにだまされてはいられない。選挙改革はあまりにも多くのリスクをはらんでいるからだ。誤った選挙改革立法は、我々の民主主義を破壊しかねない。二〇〇二年に成立したアメリカ投票支援法（HAVA）がその証拠だ。HAVAが「改革」したのは投票権の意味そのものだった。我々が「投票する権利」を、なんと投票機が行った投票を検証する機会に変えてしまったのだ。

「アメリカの共和制」を復元し保護したいのなら、民主主義の基本理念をふまえた選挙改革が必要だ。選挙の危機を「解決」するのに魔術はいらない。解決策はすでにある。必要なのは、実践する意志だけなのだ。

ロビイストの錬金術と選挙改革

一九九五年、下院の多数党院内総務である共和党のトム・ディレイと党の戦略家グローバー・ノークイストが、「Kストリート・プロジェクト」というプロジェクトを立ち上げた。「Kストリート」とは連邦議事堂がある通りの名で、この通りにはロビー会社が軒を連ねている。Kストリート・プロジェクトは毎週恒例の政策と戦略の会議を通して、ロビイストたちにワシントンの政治家と直に接することができるアクセスを提供した。Kストリートのロビイストの中で最も悪名高いのはジャック・エイブラモフで、グリーンバーグ・トローリグ社という法律会社の社員だった。エイブラモフは自分のクライアントであるアメリカ先住民から受け取った金をKストリート・プロジェクトに横流しし、その政治的意図と一致する立法や、政策の実現に便宜をはかってくれる議員たちに賄賂として手渡していた。

またKストリート・プロジェクトは、HAVAという前代未聞の徹底的な選挙改革にも影響を及ぼした。この法が成立したことで、選挙投票業界に何十億ドルもの金がばらまかれることになり、グリーンバーグ・トローリグの顧客である、ディボールド・エレクション・システムズ社も恩恵を被った。しかし、それ以外にもHAVAの成立により、次のようなことが起きた。(2)

・全ての州に電子有権者登録データベースの作成が義務づけられた。
・バリアフリーの投票機器の設置が義務づけられ、特にコンピューター化されたタッチスクリーン機が推奨された。
・アメリカ選挙支援委員会（EAC）が創設された。委員会は、大統領が指名する四人の委員で構成され、国政選挙制度に関してとどまることなく拡大する権力を与えられた。

HAVAの成立後に行われた選挙は、最悪な事態の連続だった。電子投票機の故障、高価なコンピューター機器の不平等な分配、登録データベースの複雑なプロセスによる混乱とその悪用、選挙にまつわる訴訟が相次いだ。おまけに投票機業界は品質基準を満たした製品を一台も提供できないというまったくの無能ぶりをさらしたのだった。(3)

機械の勃興

二〇〇〇年の選挙に対して異議申し立てが行われた時、メディアはその争点を、蝶つがい型のバタフライ投票用紙や、「チャド」と呼ばれるパンチされた投票用紙の紙片に問題があったように報道した。ニュースでは、フロリダの選挙管理当局の職員がパンチ・カードをまじまじと見つめて、投票者の「意図」を推し量るシーンがとめどなく流された。(4) アメリカ国民は、フロリダの大混乱は紙の投票用紙が原因であり、HAVAが成立すればその問題は解決できると聞かされた。「解決」策の一環として三〇億ドル近い金が各州に分配され、電子有権者登録データベースやコンピューター化された投票機の購入が推進された。その結果、コンピューターによって集計された票の数は、二〇〇〇年の四〇パーセントから二〇〇四年には七〇パーセント、二〇〇六年には八〇パーセントにまで増大した。(5) この変化は選挙システムにとって地殻変動的な激変であり、選挙当局者たちは慣れ親しんできた管理可能なローテクの選挙から、HAVAがもたらした複雑でハイテクな選挙への変容に、今なお苦しんでいる。

この法律によりアメリカ民主主義のメカニズムは攪乱され、多大な影響をこうむった。その第一は投票所係員の人手不足だった。平均年齢七二歳の係員たちが、複雑な電子投票を毛嫌いしたのだ。さらに今日の「テクノ選挙」は、各州の選挙管理当局が、電子投票業界のサポートなしに独立して選挙を管理することを不可能にした。(6) その結果、電子投票機器関連企業の社員が選挙プロセスの一部になった。彼らは投票所係員が投票機器を扱うのを助け、機器の不調を「解決」し、さらには投票データと選挙結果を機密の貯蔵庫「ブラックボックス（処理過程が部外者には不明な仕組み）」に保管する役目も負うことになった。これは、公共の監視とはほど遠い事態である。HAVAの立案に関わったある共和党連邦議会法律顧問の言葉を借りれば、「何が起きているのか市民にはまったく分からなくなるように、選挙を複雑化しようとしている」のだ。

選挙改革という錬金術
「投票権」を「投票機検証の機会」へ

HAVAは投票者のニーズではなく、テクノロジーに固執して選挙をデザインすることを前提にした法律だ。現在の選挙改革の規範とされている「検証可能な投票」という言葉が、そのことを何よりも雄弁に物語っている。HAVAは、投票システムについて「投じた票が集計される前に、投票者本人が投票用紙上で選択結果を（プライバシーが守られる環境で自分の目で）検証できなければならない」と規定している。(7) だが、紙ベースの投票で投票用紙に記載された候補者の名前の横に「X」印をつける場合には、自分の選択を「検証する」必要などない。「検証」が必要になるのは、コンピューターによってマークされ、集計される場合だけだ。HAVAの錬金術においては、憲法が保障する国民の「投票する権利」が、「投票機が行った投票を検証する機会」に変じている。その結果、今では多くの選挙改革者は、投票する権利とは、すなわち投票者に投票機が行った投票を検証する機会を与え、選挙当局者に機械を監査する機会を与えることだと思い込んでいる。実際、検証可能な投票を推進する運動は、選挙改革を目指すコンピューター科学者と統計学者の手で、小さいながらも一つの業界を生み出している。テクノロジーに基づく選挙の「検証可能性」と「監査可能性」をサポートするための、精巧なプロトコルを考案するのが彼らの仕事だ。かくして、「検証可能な投票」のおかげで、投票者と選挙管理当局者は電子投票産業の品質管理エージェントと化した。さらにたちが悪いのは、コンピューター化された投票システムが、株式非公開企業によって所有・管理され、その企業が我々の票を数えるソフトウェアの専有権と企業秘密を主張する場合だ。検証可能な投票は、もともと前提が誤っていたにもかかわらず、議会、EAC、そしてアクティビストがこぞって後押ししたために、二一世紀の選挙改革の勇ましいかけ声になっている。

加えて多くの改革者たちは、タッチスクリーン投票機の使用をやめて、光学スキャナーに替えることを歓迎しがちだ。だが、光学スキャン技術は投票者が印をつけた紙の投票用紙を使うとはいえ、集計が非公開に行われるという点でタッチスクリーンと変わらない。光学スキャンは紙の投票用紙を使用するが、特許保護のため、コンピューターの集計がブラックボックス化され、公共の票が非公開の選挙データに変身してしまう。企業が管理する企業秘密の光学スキャナーは、兄弟分のタッチスクリーンと同じく、民主的な選挙のテストでは落第生なのだ。

選挙支援委員会（EAC）の不思議な産物

HAVAに基づいて創設されたEACは、二〇〇七年にアメリカの選挙に関するビジョン、「投票システムに関する自主的指針」（Voluntary Voting System Guidelines =VVSG）を公表した。(8) 二〇〇七年の「指針」（と言っても、二〇〇五年の指針の完全な焼き直し）による推薦には、「ソフトウェアに左右されない」投票システム（投票用紙に印を付ける作業と集計作業を別個のソフトウェアで行う二重構造）が含まれていた（投票用紙用ソフトウェアの欠陥が、集計結果に検知不能な影響を及ぼすことを回避するため）。さらに、完全「ペーパーレス」でありながら、検証可能なシステムの提案もあった。一台のコンピューターが別のコンピューターをチェック（検証）するのだ。EACが提案するこのペーパーレス投票検証スキームにおいては、投票者は二次的な存在として完全に姿を消した。テクノロジーに基づく投票システムを可能にし、普及させることが究極の目標なのだ。そんなわけで、EACが投票者のニーズに対して行った主な推奨は、「投票機が自分の投票を正しく表示したかどうかを必ず検証しましょう」という告知を、大きな文字で会場に掲示してはどうかという忠告だけだった。

EACの権力は、同委員会と連邦議会による立法が違和感を覚えるほど足並みを揃えたことで、ますます拡大された。二〇〇七年に提案され物議をかもした「ホルト法案」とも呼ばれる下院法案HR八一一（上院でもネルソン及びファインスタイン両議員が同様な法案を提出した）は、そのよい例だ。[9]六二ページにわたるこの選挙改革案は、複雑な言葉を使い、全国の全ての選挙区で複雑高価な新テクノロジーの採用をこっそりと義務づけた。だが、この唐突な規定は宙から降って湧いたものではなかった。EACが出した二〇〇五年版「投票システムに関する自主的指針」をそっくり持ち込んだだけだった。

業界はEACの仕様に沿って投票システムを設計し、議会はこの仕様を連邦法に仕立てる。そうした背景の下、監視可能な公共の選挙は姿を消した。我々市民が手にしたのは、私利が支配する、私企業によって複雑化された電子投票機だったのだ。

紙の投票用紙がアメリカの民主主義を復興する

選挙改革が提案されるたびに、市民はこう自問しなければならない。この改革で市民による選挙の監視が可能になるか？　抑制と均衡は可能だろうか？　これは、民主的な選挙を実現するために必要な問いだ。民営化され企業が管理する改革は、この要求に応えない。ブラックボックス内のテクノロジーと企業秘密に守られたシステムでは、検証可能な投票など望むべくもない。それなのに、電子投票は検証可能だという幻想に支えられた選挙改革が、アメリカ国民に売りつけられている。

これに比べて、手で集計する紙ベースの投票は監視可能で信頼性があり、正確で安全な選挙システムを提供してくれる。テクノロジーに基づいた選挙から手集計の選挙へ移行するのは後戻りだと言われるが、実際に民主的な政治を考えるとこの方法がベストなのだ。手集計による選挙では、市民が選挙プロセス、用紙、集計数、そして市民を管理する。適切な方法と管理がなされれば経費は下がり、信頼度は上がる。二人から四人がチームを組んで、全ての集計、全ての計算記録、全ての疑問票、全ての投票用紙を二重にチェックする。この自己認証システムに、アクセス可能な手作業による再集計を組み合わせる。こうすれば、コンピューター化された選挙のように、複雑で高価な監査プロトコルなど必要ない。

選挙管理当局者の中には、機械の採用を断念すれば票の集計作業に十分な援助を受けられないのではないか、「不適切な」人々が票を数えることにならないか、と危惧する人が大勢いる。だが我々のコミュニティには、「適切な」人々が山ほどいる。適切な人材にアクセスすればいいだけの話だ。どんな町や市にも、コミュニティを組織する人たちがいる。すぐさま頭に浮かぶだけでも、教会やロータリークラブ、地域の防犯組織などがある。ニューハンプシャー州リンデボローの選挙管理当局者ウォルター・ホランドは、地元の人々のリクルートについて、次のように述べた。

ここで(手集計する)人々は全員、当地のボランティアで、我々のコミュニティの一員です。彼らが、自分たちの地元の票を扱うことが、とても重要なのです。なぜなら、それは神聖なことだからです。民主主義において、投票できるということは重要です。ボランティアは一票一票を丁寧に扱い、最善を尽くして票を集計します。[10]

ニューハンプシャー州では、コンピューター化された光学スキャナーで票の集計が行われる割合が高い。それでもここでは、草の根民主主義の伝統を頑なに守っている。投票所でボランティアとして手伝う地元住民は、日当の受け取りを断ることが多いという。さらに、この州では手作業による再集計を誰でも監視でき、コストも(住民発議の場合には)州や郡が支払う。公式の「ニューハンプシャー州選挙手続きマニュアル」には次のようなくだりがある。

投票と票の集計は誰でも来て観察できます。選挙が法を順守して行われているかどうか、誰でも自分の目で確認できます。市民から信頼される選挙であること、時に「選挙の正当性」と呼ばれるものは、選挙がオープンに行われているかにもかかっているのです[11]。

ニューハンプシャー州でコミュニティ・ベースの選挙を目にしたアクティビストたちは、「ニューハンプシャーでは、民主主義が本当に機能している！」と感嘆する。実際、投票用紙が手で集計される時には、民主主義は機能し、コミュニティの暮らしにとって、なくてはならないものになる。民主的な選挙をテクノロジーによる選挙という幻想に変える錬金術を封じる唯一の方法は、現実を山と注ぎ込むことだ。紙の投票用紙を手集計するコミュニティに根ざした選挙こそ、市民が手にすることが可能な現実なのである。

「ディキシー」を口ずさむ司法省

スティーブン・ローゼンフェルド

アメリカの選挙にジム・クロウが戻ってきた。と言っても二一世紀には、白いローブをまとったKKKのメンバーや選挙区を威圧的にパトロールする胸板の厚い保安官の姿はない。代わりに我々が目にするのは、フォルダーを抱えた弁護士だ。フォルダーの中には、「投票詐欺」をめぐる法廷資料や法案、そして投票の尊厳の保護と称するその他の立法案がどっさり挟み込まれている。

二〇〇四年の選挙以来、共和党、その大統領選挙運動と結託した活動家タイプの弁護士、共和党議員、そしてさらには最高裁までもが――二〇〇六年のほとんど気付かれることのなかった判決を通して――投票プロセスのほぼあらゆる局面に規制をかけようと躍起になっている。このような動きが一体となって、マイノリティと貧困層が公民権運動を通して獲得した投票権という成果を反故にしようとしている。この人口層は、民主党に票を投じる傾向が強いからだ。

司法省は何十年にもわたり、資格ある市民全てが投票を行えるよう奮闘してきた。ところがここに来て、その流れを逆転させようとする州の後押しを始めた。司法省投票課が最近力を入れているのは、票が投じられ集計される前に厳しい規制をかけることだ。司法省の中でも、政治任用官（政治家によって任命される高官）たちがこの動きを支持し、推進している。この結果、司法省は有権者リストから登録者を追放し、より厳しい制約を投票者に課す投票者ID法や暫定投票法案を導入するよう州に圧力をかけている。おまけにジョージ・W・ブッシュ政権時代のほとんどの期間、司法省は、有権者登録を支援するために作られた連邦法の施行を停止していた。たとえば州の福祉事務所は、公的扶助の受給者に有権者登録の機会を提供する義務を履行していなかったのだ。

司法省の政治任用官たちはまた、連邦検察官に圧力をかけ、ブッシュ政権の敵と見られる人々を「投票詐欺」で訴追しようとした。対象とされたのは、たとえばACORNだ。この団体は大規模な有権者登録運動を推進しているが、彼らが働きかけているのは民主党に投票する傾向が強い層だ（ACORNは国内の低所得者を支援している）。元連邦検事二人が、自分が職を失ったのは、このような団体への訴追を進めることを拒否したからに違いない、と語っている。(1)

有権者を監視するこの新たな動きを推進しているのは、大きな影響力と結束力を持つ共和党の一派だ。彼らは民主党びいきの団体が有権者登録で大量の詐欺行為を行い、他人になりすました偽の投票者を投票所に送り込んでいると信じている。そして、そのような連中から選挙を守る手立てが必要だと確信している。テキサス州の元共和党政務局長ロイヤル・マセットは、二〇〇七年に「我々が選挙で負けるのは、投票詐欺があるからだとする揺るがぬ信念」について語った。マセット自身はそんな説を信じていなかったが、「写真付きIDの提示を法律で義務づければ、合法的に票を投じることができる民主党支持者が減り、共和党の票は優に三パーセント増える」と考えていた。(2)

アメリカの政治には、投票詐欺と（投票権剥奪を含む）投票妨害の長い歴史がある。だが有権者登録制度を悪用したり、一人が何度も投票する例は、今日ではまれだ。二〇〇二年から二〇〇五年までの間に違法な投票で連邦当局から有罪判決を受けたのは、わずか二四人だ。さらに近代の投票詐欺は、二大政党のどちらかが専売特許を持つわけではない。また、選挙結果を逆転させるほど大規模な詐欺はほとんど起きていない。これに引きかえ、有権者登録に新たな規制を課そうとする今日の動きは、投票者に写真付きの政府発行IDの提示を義務づけるなど大規模で、選挙結果に影響を及ぼしかねない。ニューヨーク大学ロースクールのブレナン司法センターが行った調査によると、政府が発行した写真入りIDを所有していない人は、アフリカ系アメリカ人成人の二五パーセント、年収三万五〇〇〇ドル以下の成人の一五パーセント、六五歳以上の高齢者の一八パーセントに及ぶ。(3) トヴァ・アンドレア・ワンとジョブ・セレブロフが作成した二〇〇六年のアメリカ選挙支援委員会（EAC）報告書や、バーナード・カレッジのロレイン・ミナイトが行った二〇〇七年の調査をはじめ、様々な研究が、投票詐欺「クライシス」という昨今の主張に根拠はないと結論づけている。しかし、その事実にもかかわらず、州は有権者全員と有権者登録組織に制約を課す「改善策」の導入を止めようとはしない。

ロヨラ大学のリチャード・ヘイセン法学教授は、二〇〇六年一〇月二四日付けのスレート・ドットコムのコラムで、そのような「改善策」の一つについてこう述べた。「全米各地で投票者ID法をめぐり、党派的紛争が起きている。共和党が多数を占める州議会では、詐欺行為防止のためと称して投票者ID法を施行している。一方、民主党はそのような法により公民権を奪われる有権者が生じかねず、保護が必要だとして反対している」。ヘイセン教授はまた、二〇〇六年に最高裁が出したにもかかわらず、あまり注目されなかったパーセル対ゴンザレス判決についても言及している。二〇〇四年、アリゾナ州が新たに成立させた投票者ID法を最高裁が支持した判決だ。最高裁は満場一致で、「投票詐欺は誠実な市民を民主制度から離反させ、政府に対する不信感を生む。投票者は自らの合法的な一票の重みが偽の票によって軽んじられることを怖れ、選挙権が剥奪されたと感じるだろう」と述べて、アリゾナ州のこの法への支持を表明した。
(4)
この判決は「一見もっともらしく聞こえる」が、実は大きな問題がある、とヘイセンは主張する。なぜなら最高裁は、実際に投票詐欺がはびこっているという証拠をまったく調査せず、「投票者ID法が抱えている問題」をまったく点検しなかったからだ。最高裁はこの問題に関して「何の証拠もないまま」共和党の言い分を鵜呑みにした、とヘイセンは言う。最高裁のこの論拠に関し、彼はハーバード大学歴史学教授、アレグザンダー・キーサーのこんな言葉も引用している。「選挙権を剥奪されたと『感じる』だって？　それは『選挙権を剥奪される』ことと同じだろうか？　選挙権を剥奪されたと『感じた』私には、あなたの投票をより困難にする権利があるのだろうか？　一体、何が起きているのか？」

「一体、何が起きているのか？」

「全てが党派的争いになってしまったのです」とファニタ・ミレンダー・マクドナルドは答えた。マクドナルドはカリフォルニア州選出民主党下院議員で、二〇〇五年三月に同僚議員たちと共に、二〇〇四年の選挙を調査するためにオハイオ州を訪れた。公聴会で「なぜオハイオに調査に来たのか」という質問を受けた時の答えである。今は亡き同議員は、二〇〇四年一一月の大統領選挙の際、オハイオのスラム街で数千人ものアフリカ系アメリカ人が冷たい雨の中、屋外で何時間も列をなして待たされていたことを忘れられないと述懐しながら、こう続けた。「イメージが決定的なのです。特に大事なものがかかっている時には。そして大統領選が、その時でした」。当選した多くの民主党議員と投票権を守る弁護士たちは、投票所の遅滞は党派的な選挙管理による意図的な投票妨害だと見なした。人種隔離時代の南部を思い起こした人もいた。

この公聴会にはクリーブランド選出の民主党議員、ステファニー・タブズ・ジョーンズも出席していた。タブズ・ジョーンズは、この六週間前、カリフォルニア州選出の民主党上院議員バーバラ・ボクサーと共に、二〇〇四年のオハイオ州選挙人団投票に異議を唱えた人物だ。その彼女がこの公聴会の席上、オハイオ州の共和党州務長官ケネス・ブラックウェルと、彼が行った選挙管理をめぐり、数回にわたる辛辣なやりとりを交わした。その一つは、ブラックウェルが費やした何百万ドルにも及ぶ広告予算に関わるものだった。そのような大金を投じながら、地元の投票所で遅れが出ている場合、他にどこに行けば投票できるかをオハイオ州民に知らせなかったことが問題にされた。細かいことだが、選挙管理に党派性が絡んだことを物語るよい例だ。

タブズ・ジョーンズ議員　広告の中であなたは「自分の選挙区で投票してください」と言いました。しかし、自分の投票区で投票できない場合には、選挙委員会に行けば投票できることを説明しませんでしたね？

ブラックウェル長官　確かに言いませんでした。

タブズ・ジョーンズ議員　なんですって？

ブラックウェル長官　聞こえませんかね？「確かに言わなかった」と言ってるんです。(5)

しかしタブズ・ジョーンズのような民主党員が二〇〇四年を回顧していた時、共和党員たちは先を見越し、将来の選挙区を自分たちに有利に編成しようと画策していた。この公聴会が、「投票詐欺」は法的是正が必要な問題だとする共和党のキャンペーンの出発点になったことは、注目に値する。この日展開された質疑応答は、二〇〇五年から二〇〇六年にかけて共和党が多数を占める数々の州議会で、この問題への「対策」が議論されるたびに繰り返された。オハイオ州のケビン・デワイン共和党議員は――後に可決されることになる――投票者ID法案について、「議会が問題とすべきなのはこの法を成立させるかどうかではなく、どの程度厳しくするか、である」と論じた。またオハイオ州は、有権者登録に関する厳しい新規則を二〇〇五年はじめに追加したが、これは二〇〇八年二月、連邦裁判所により撤廃された。しかしオハイオ州はその後、選挙当日に有権者個人の投票資格を問いやすくする法案を成立させた。オハイオ州のジェフ・ジェイコブソン共和党上院議員は、このような法は「登録詐欺」防止のために必要だと述べた。なぜなら、全国の団体から「金を支払われた連中がやってきて、ミッキー・マウスまで有権者登録されるんだ。オハイオ州を動かそうと数百万ドルの金が注ぎ込まれている。とんでもない話だ」と。(6)

ジェイコブソンの言い分はまったくの嘘ではなかったが、背景説明が脱け落ちていた。ACORNやアメリカン・カミング・トゥゲザーなどの団体は二〇〇四年の選挙前に、スイング・ステートで数百万人の新規有権者登録を行った。その際、ACORNの臨時雇用スタッフの中にほんの一握り、実在しない人物名を登録申請書に書き込んで提出した者がいた。誤りを発見したACORNは当局に通報し、刑事告発した。ジェイコブソンのような政治家は、このような失敗例を全国的規模の投票詐欺の危機の証拠だと言い立てた。だが、その一方で、事実を検証し問題を全体像としてとらえるよう下院委員会に促す人もいた。ケースウェスタン大学教授で、クリーブランド地域投票者連合の共同コーディネーターでもあるノーマン・ロビンズだ。彼は下院委員会で、次のように訴えた。

本日取り上げられた全ての問題について、ぜひとも調査が必要です。たとえば、本当の原因は何なのか、長期的に見てどのような影響があるのか。実際に選挙権を奪われた有権者が何人いたのか？　投票に何時間かかったのか？　こういった問いは相互につながっています。IDの提示が投票の信頼性を高めるのか、それとも市民の選挙権を奪うのか？　答えを出すべき質問です。

実際に投票詐欺で有罪となった人は、何人いるのか？　その事例と状況について、何が分かっているのか。(7)

こうした質問に答えるために、この下院委員会の委員長、共和党のボブ・ネイが頼ったのは、長年にわたる共和党工作員、マーク・〝トール〟・ハーンだった（ちなみにネイはその後、収賄で有罪の判決を受け、刑に服している）。ハーンはセントルイスを拠点とする弁護士で、「投票権の擁護者で選挙法に関して経験豊かな弁護士」を自称していた。確かにハーンは経験豊かだった。二〇〇〇年の大統領選では、票の再集計中にフロリダでブッシュの選挙キャンペーンに従事し、党派的な投票監視員の訓練を支援する共和党全国弁護士協会の選挙教育担当副会長でもあった。二〇〇四年にはブッシュ／チェイニー・チームの選挙キャンペーン顧問になり、「ホワイトハウスの大統領顧問カール・ローブや共和党全国委員会と共に仕事をし、スイング・ステートで投票詐欺の可能性がある事例を特定し、選挙結果に関わる六五件の訴訟を監督」した。(8)ハーンは二〇〇四年の選挙後には、ローブとホワイトハウスの勧めで、アメリカ投票権センター（ACVR）を創設した。このセンターは「投票詐欺を探り出す超党派の監視グループ」と称し、連邦政府と州の高官に投票詐欺を訴追し、より厳しい投票者ID法を採用し、有権者名簿からの登録者パージを促す活動を行っている。また、さらに厳しい規制を求めて投票者ID法裁判に訴訟事件摘要書を提出している。

ハーンはこの下院委員会に、有権者登録詐欺が合衆国内で選挙の脅威になっていると示唆する報告書を提出した。報告書には、オハイオ州の中でもアフリカ系アメリカ人の人口が多い諸都市での問題が列挙されていた。これらの都市はもちろん、民主党の拠点だ。ACVRは同じアプローチを用いて、全国各地の投票詐欺「ホット・スポット」も特定してみせた。

全国的なパターン

根拠は薄弱だったにもかかわらず、全米の共和党員は投票詐欺の危機が蔓延しているかのように振る舞った。その結果、ジョージア、インディアナ、ペンシルバニア、ウィスコンシンなど共和党が多数派を占める州議会は、二〇〇四年の選挙後に投票時のID提示を新たに義務づける州法を成立させた。とは言うものの、インディアナ州を除く州では、知事の拒否権や裁判所の命令で、この法は無効にされた（二〇〇八年一月に最高裁判所は、インディアナの投票者ID法に関する審理を行った〔最高裁は二〇〇八年四月、インディアナ州の投票者ID法に合憲判断を下した〕）。その一方で、共和党が議会の多数を占める二つの州――フロリダとオハイオ――では、有権者登録運動を困難にする法案が通過した。登録申請書に記入ミスがあった場合の罰則を強化し、申請書の提出期間を短くしたのだ。登録支援団体が、申請書の間違いや記入漏れを点検するのを阻止するためだった。訴訟とその後の判決により、二〇〇六年選挙の前に、これらの法は破棄された。だがその法が執行中、女性有権者同盟は七五年にわたる活動の歴史の中で初めて、フロリダ州での有権者登録推進運動を中止するよう命じられた。オハイオ州では、ACORNが一週間に約五〇〇〇人もの有権者を新たに登録していたが、この活動も判決が出るまで一時停止させられた。このため、三万人が登録の機会を失ったと推定されている。

ブレナン司法センターと共同でこの種の法に対抗する団体、投票プロジェクトの調査によると、二〇〇四年以来、他にもコロラド、ジョージア、メリーランド、ニューメキシコ、ミズーリの五つの州が、有権者登録推進運動に対抗して新たな規制を導入した。「このような規制によって誰が影響を受けるかは、誰の目にも明らかだ」と投票プロジェクト副代表のマイケル・スレイターは寄稿している（女性投票者同盟の出版物『ナショナル・ボーター』二〇〇七年一〇月号）。スレイターによると「二〇〇四年には、アフリカ系アメリカ人とラティーノの有権者のうち一五パーセントが、組織的な有権者登録推進運動を介して登録を行った。組織的な登録運動を介してアフリカ系アメリカ人やラティーノの有権者が登録される割合は、白人の有権者より六五パーセント高かった。最終分析を見ると、投票詐欺という根拠のない告発は、歴史的に不利な立場に置かれてきたアメリカ人たちが政治的生活に全面的に参加する道に、またしても大きな障害物を課すことになった」のだ(9)。

投票詐欺に対する州レベルのこうした反応は、青天の霹靂ではない。司法省に公民権局が創設されて以来、半世紀の間、連邦政府は州による投票権の扱いについて、強大な権力と影響力を行使してきた。だが二〇〇五年前半になると、ブッシュ政権から任命され、司法省で投票権を監督する地位に就いた政治任用官の中にも、オハイオ州やその他の州の共和党議員、反投票詐欺アクティビストたちと同じ見解を持つ人々が見られるようになっていた。

二〇〇四年大統領選のわずか四日前、司法省の公民権責任者で司法長官補のアレックス・アコスタは、シンシナティの連邦判事に宛てて書簡をしたためた。当時、オハイオ州の共和党は登録有権者二万三〇〇〇人の投票資格に異議を唱えていた。その大半がアフリカ系アメリカ人だった。連邦判事は、共和党のこの異議申し立てを認めるか、裁定を下すことになっていた。共和党の申し立てを支持していたアコスタは判事宛ての書簡の中で、この異議申し立てを阻止する命令を出せば、州と連邦による選挙法の施行に傷をつけると述べていた。「この異議申し立ては、有権者登録と、投票詐欺の排除とのバランスをとるのに効果的です」とアコスタは書いた。[10] 結局、有権者へのこの挑戦にゴーサインが出された。だが裁判所の最終判断が出るのが遅かったため、オハイオ州の共和党が数千人の党員を選挙区に派遣して、投票資格に異議を唱える時間は残されていなかった。

司法省は、有権者の公民権保護という歴史的な使命を果たすことから、公民権法の「選択的な行使」へと方針を転換した。二〇〇五年には、このことを示すもう一つの兆候が表面化していた。この年、いくつもの公民権連合団体が、公的扶助（生活保護）受給者に有権者登録の機会提供を義務づける法を州に実行させようと、司法省の説得を試みた。だがそれは、失敗に終わった。「二〇〇五年一月に入手した一〇年間の報告書を見ると、一九九五年から二〇〇四年までに、登録数が五九パーセントも減少していました」と、中道左派のシンクタンク、デモスのスコット・ノバコウスキは語っている。さらにノバコウスキによると、アリゾナ、コネチカット、フロリダ、マサチューセッツ、ミズーリ、モンタナ、ニュージャージー、ペンシルバニア、テネシーなど数多くの州で、公的扶助受給者の有権者登録義務が無視されていた。「ジョン・コンヤーズ（下院司法委員会委員長）他二九人の議員が、アルベルト・ゴンザレス司法長官にこの件を調査するよう申し入れましたが、反応はありませんでした」。[11]

低所得層の有権者登録による政治的利害は膨大だ。EACの二〇〇五年と二〇〇六年の二年にわたる有権者登録報告書を見ると、州の自動車局経由で提出された新規登録申請書は一六六〇万件だったが、公的扶助を担当する福祉事務所経由の申請書は五二万七七五二件にすぎなかった。これは二〇〇三〜二〇〇四年に比べて五〇パーセントの減少である[12]。このため投票権団体は、二〇〇五年はじめに司法長官補顧問で投票課の監督者であるハンス・フォン・スパコフスキや投票課のジョセフ・リッチ課長など司法省投票課トップの高官たちと会見し、公的扶助受給者に対する有権者登録支援義務を実行するよう申し入れた。フォン・スパコフスキはACVRのハーンと同じく、二〇〇〇年大統領選のフロリダ再集計の時、ブッシュ側で働いていた。共和党は「投票詐欺」に関して定評あるアクティビストを数人、政治任用官として採用していたが、フォン・スパコフスキはその一人だった。一方リッチは、三七年間、公民権局の弁護士を務めた人物だ。六年間、投票課課長を務めた後、二〇〇五年四月に辞任した。辞任に際し、リッチは投票権の行使が政治的に利用されている現状を指摘した。

リッチは有権者登録の義務に関する会合を回想し、事実上の上司にあたるフォン・スパコフスキが公民権法の義務に関する条項を無視し、司法省が州に圧力をかけて有権者名簿からの登録者パージを許可するたった一行の条文だけを重視した、と語っている。「二〇〇五年、私が辞職する四カ月前にフォン・スパコフスキは会合を開き、その席上、司法省が望む州で登録名簿からの登録者パージ・プログラムを開始したいと述べました。有権者の登録ではなく、パージが司法省の優先事項だったのです。共和党の目論見が、はっきりと分かりました。投票のハードルを上げることを目指していたのです。有権者をパージしろ、有権者を登録するな、ということです[13]」。

ブッシュ政権の投票課

司法省はブッシュ政権からの圧力に屈し、歴史的に担ってきた公民権を守る自らの使命を改竄した。このため、同省の投票課で数多くのキャリア法律家が辞任した。リッチもその一人だ。ニューヨーク大学ブレナン司法センターと、法の下での公民権を守る法律家委員会（Lawyers' Committee for Civil Rights Under Law）の報告書によると、二〇〇五年から二〇〇七年の間に司法省投票課に在籍した法律家の五五パーセントが辞任している。辞任した弁護士たちがとりわけ問題にしたのは、「党派的な雇用プロセス」、「実績評価の改竄」、「職務に関する政治的な報復」だった(14)。公民権の施行方針が転換したことを、誰も気付かなかったわけではない。二〇〇六年七月、ボストン・グローブ紙は、司法省公民権局が公民権運動で活動した経歴を持つ弁護士の雇用を拒むようになったと報じた。グローブ紙によると、二〇〇三年に雇用された弁護士一九人中一一人は、保守的な「連邦主義者団体」である「共和党法律家協会」のメンバーか、ブッシュ／チェイニー選挙運動のボランティア経験者だった(15)。さらに投票課は、マイノリティ有権者の代理となって訴訟を起こすことを実質上、中止した。公民権に関するリーダーシップ会議（Leadership Conference on Civil Rights）議長のウェイド・ヘンダーソンは、二〇〇七年三月二二日の下院司法委員会で「投票課が二〇〇一年から二〇〇六年までの五年間に、アフリカ系アメリカ人のために訴訟を起こしたことは一件もなかった」と述べ、「投票課がアメリカ先住民を代表して提訴したことは、ブッシュ政権下では一度もない」と付け加えた。司法省投票課は、先住民とアフリカ系アメリカ人のための提訴をほとんど停止したが、一方でラティーノとアジア系コミュニティで、バイリンガルの投票用紙と選挙資料の提供を義務づける訴訟を倍増させた。二〇〇四年選挙で共和党がラティーノの票を得て以来、ラティーノとアジア系は共和党が浮動票をつかめる有権者層と見なされるようになっていたのだ。

投票権を監督するブッシュ政権の政治任用官たちが投票課を政治化したことは、誰の目にも明らかだった。ブッシュ政権第一期の初期に、ナショナル・ジャーナル誌をはじめとする保守的な出版媒体は、公民権局の大幅な修正を声高に要求した。「連邦政府の中で、リベラリズムがこれほどひどくはびこっている部署はない」と同誌のジョン・ミラーは、二〇〇六年五月六日付けの記事に書いた。(16)フォン・スパコフスキは、「資格のない有権者を登録者名簿からパージすることは、投票詐欺抑止への第一歩だ」と一九九七年のジョージア公的政策財団の記事で述べた。さらに彼は、民主党の党派が「詐欺師を送り込んで投票し、不在者投票用紙を要求し、いかさま行為の投票を行っている」と彼が信じる様々なストーリーを書きつらねてもいる。(17)二〇〇一年七月、フォン・スパコフスキは、上院規則委員会における「選挙改革」に関する証言の冒頭で「今日、有権者登録名簿の現状は有権者の権利と高潔な選挙に対する最大の脅威の一つになっている」と述べた。「現在、多くの司法管轄区で、管轄区内の投票年齢に達した有権者数を上回る数の氏名が、有権者登録名簿に記載されており、これが不正と混沌の呼び水になっている。無効な登録や重複した登録が数多く存在し、詐欺行為の材料として使われかねない」。

ブレナン司法センターと、法の下での公民権を守る法律家委員会の報告によると、二〇〇四年から二〇〇七年の終わりまでに、司法省が投票権の行使を政治利用するために用いた「互いに関連する戦略」が四つあった。「投票詐欺への恐怖をあおる」、「司法省のインフラを解体する」、「登録と投票を制限する」、「政治的動機に基づいて訴追する」の四つだ(18)。同報告書によると、二〇〇三年から二〇〇五年までに、投票課は以下のことを行った。

・二〇〇四年大統領選前に、メリーランド州に書簡を送った。そこでは他の州のデータベースと情報が一致しない登録は、拒否してよいと述べられている。「一致しなければ投票なし」というこの基準は、スペルミスやデータ入力の間違いを考慮すれば、厳しすぎるという批判を受けた。

・テキサス州で、下院選挙区再編の時期を早めることを事前認証した。それまでは、一〇年に一度の国勢調査の報告書を受けて下院選挙区を再編するのが標準的な習慣になっていたが、その半分の五年で再編する認可を与えた。投票権法の管轄下にある州や郡で選挙法を変更するには、司法省の承認が必要とされる。テキサス州のこの選挙区再編は、二〇〇四年の選挙で四人の共和党下院議員候補者の当選につながったと見られている。最高裁は二〇〇六年に、この再編プランを部分的に支持する判決を下した。

・アメリカ投票支援法(HAVA)の下では、個々の市民に私訴(刑事訴追を国家機関でなく私人が行うこと)を行う権利はないと論じた。すなわち、投票権の救済を求めて訴追する権利は市民にはないというのだ。私訴の権利は、一九六五年の投票権法のカギを成す。この権利を行使して二〇〇六年、オハイオ州コロンバスでアフリカ系アメリカ人の有権者は、自分たちの選挙区に置かれた投票機の台数が、周辺の白人層が住む郊外に比べて投票者一人当たりに換算して少なかったとして訴訟を起こした。

・ジョージア州で写真付きID提示を義務づける新法を事前承認した。投票課の経験豊かな法律家は拒否するよう勧告したが、無視された。裁判所は後に、この法が義務づけている政府発行の写真付きIDを取得するには費用がかかることから、（公民権法成立以前に有権者資格の一つだった）「投票税」に匹敵するとして、この法を無効と判断した。ジョージア州ではその後、この法は修正され、IDの基準は緩和された。

・IDがなければ暫定投票できない、という見解を発表した。暫定投票はHAVAによって創られた制度で、有権者名簿に記載のない人々の投票を可能にすることを目的にしている。だが暫定投票者の登録は、票の集計前に実証されなければならない。また投票課は、IDがなくても投票できるが、その暫定票は集計されない、とする見解を明らかにした。

・EACに圧力をかけ、アリゾナ州の投票者ID法に関する決定を変更させようとした。アリゾナ州のID法は、有権者登録の際に市民権を証明する書類の提示を義務づけていた。アリゾナ州はEACを介して、全国の有権者登録申請用紙に市民権の提示義務が追加されることを望んでいた。フォン・スパコフスキはEACにアリゾナ州の見解を支持するメールを送ったが、EACはアリゾナ州の要求を受諾しなかった。

・州に有権者名簿からの登録者パージを求める初の訴訟を起こし、後に続いた半ダースもの訴訟の先鞭をつけた。これに対して、ミズーリ州だけが訴訟を起こして闘い、後に勝利したが、司法省は上訴した。この裁判を担当した連邦地方裁判所のナネット・K・ラフリー判事は、判決の中で次のように述べた。「連邦政府は、書類の不備を政府により指摘され投票権を否定されたミズーリ州民がいると主張しながら、その証拠を提示していない。政府は、投票詐欺があったことの証明もしていない」。ニュージャージー、インディアナ、メインの各州もまた、司法省によって訴追された。調停の結果、合意による同意判決に達したが、これには有権者名簿からの登録者パージも含まれていた。

以上は、二〇〇六年の選挙に向けて勢いを増した数ある政治色の濃い行政措置のうち、ほんの数例である。

二〇〇八年に向けて

二〇〇八年の選挙を前に問われているのは、共和党が推進する投票安全保障戦略がスイング・ステートでの投票に与える影響だ。どんな選挙にも微細な未知の部分があり、それが結果に大きな影響を与えかねない。たとえばインディアナ州は、アメリカの中でも最も厳しい投票者ID法を成立させた。最高裁は、この法によって低所得層とマイノリティの有権者に課される負荷が憲法違反にあたるか否か、判決を下すことになっている。一方で移民が重要な社会的争点になりそうな州の一つ、アリゾナ州では、全国有権者登録申請用紙に記入する際に市民権保持の証明を義務化する取り組みが、子細に検討されるだろう。同州では二〇〇四年、州住民提案二〇〇号が成立し、住民は公的扶助の受給や有権者登録前に、市民権を持つ証拠を提示するよう義務づけられた。市民団体USアクションのジェフ・ブラムによると、フェニックス市があるマリコパ郡は、市民権の証明が不十分という理由で、新規登録申請のうち三割が登録を拒否されている。住民提案二〇〇号が二〇〇五年に実施されて以来、有権者登録を拒否された件数は三万二〇〇〇件に上っている。(19) 一方、二〇〇八年一月、テキサス州議会は新たな投票者ID法の検討を開始した。

またHAVAを順守するために、様々な州が州全域を網羅する有権者リストを作成しようとしているが、これがまったく新しい選挙管理上の問題を生んでいる。二〇〇〇年以来、大半の州は新世代の電子投票システムへの転換に悪戦苦闘してきた。しかし、投票用紙を使わない、こうしたペーパーレスのシステムは信頼がおけず、正確さを欠き、ハッカーにアクセスされやすいと批判されている。投票機の使用制限に向けて動いた州もあるが、このシステムの一環として行われる全州規模の有権者データベースの作成については、広く検討されていない。中には有権者登録が正確であることを立証するために、名前の厳しい照合を義務づけた州もある。カリフォルニアでは二〇〇五年、スペルミスやその他の入力エラーによって合法的な有権者が誤って除去されたが、そのような出来事が再発しないか、予断を許さない。一方、フロリダ州では、ワシントンなどごく少数の州と同様に、氏名照合の厳しい基準により合法的な有権者が公民権を奪われたが訴訟が起き、この措置は最近、撤廃された。

結果が見越せないもう一つの大きな懸念は、有権者名簿からの登録者パージだ。司法省は二〇〇七年四月、一〇州の選挙管理当局トップに書簡を送り、州の有権者名簿で登録者パージを行うよう圧力をかけた——一〇州とはアイオワ、マサチューセッツ、ミシシッピ、ネブラスカ、サウスカロライナ、ロードアイランド、サウスダコタ、テキサス、ユタ、バーモントの各州である。しかし、かつて投票課で働いていた経験を持つ法律家たちは、司法省が登録者パージを求める書簡で引用していた統計には欠陥があり、同省が主張する「登録有権者数が、投票資格のある有権者数よりも多い」という事実は確認されていない、と主張している。「このデータでは、司法省の言い分は証明できない」と市民団体ピープル・フォー・ザ・アメリカン・ウェイの上級投票権担当弁護士、元投票課上級裁判弁護士のデイビッド・ベッカーは、司法省の書簡が引用したデータを点検した後に断言した。「これは有権者から公民権を奪おうとする動きだ。こんなことをすれば資格のある有権者まで排除されてしまう。名簿をここまで洗い直さなければならないような証拠は存在しておらず、投票日に、ますます大きな混乱が生じるだろう。（名簿から削除された）人々は暫定票を投じることができても、集計されずに終わる[20]」。

二〇〇八年の選挙に向けて、新たな投票者ＩＤ法、有権者登録運動への制限、そして暫定票集計規則の厳格化が推進されている。こうした有権者パージは、長年にわたって共和党が仕掛けてきた選挙作戦を合法的に完成させる新しい方法になりかねない。共和党がもくろんでいるのは、民主党に投票しそうな有権者の層を削ることだ。一九六〇年代にまで遡る多数の選挙で、共和党は新規の有権者登録に異議を申し立て、この目標を達成しようと試みてきた。だが一九八一年以来、こうした取り組みのいくつかは、連邦裁判所により非合法な選挙運動として阻止されてきた。

「一九六〇年代半ばまでは、非白人から公民権を剥奪しようと最も熱心に取り組んでいた政治団体は、南部の民主党一派だった」。ライス大学社会学教授のチャンドラー・デイビッドソンは、大学院生との共同論文「共和党の投票用紙安全保障プログラム　投票保護か、マイノリティ有権者抑圧か、あるいはその両者か？」の中でそう述べている。しかしながら、一九六〇年代前半の公民権法成立後、共和党の間で、ジム・クロウ制度を支持してきた南部の民主党員にアピールする動きが生まれた。そのような政治的大転換の一環として、共和党は南部民主党がそれまで使っていた投票妨害作戦を採用した。実際、現代の共和党「投票詐欺」アクティビストが使う議論と対策は、この南部の政治的流れを汲んでいる。論文は、こう述べる。

これらのプログラムには注目に値する特徴がいくつかある。ほとんど例外なくマイノリティの選挙区に焦点を合わせている点、また多くの場合、対象とされた選挙区で、投票詐欺が行われていると思しき証拠は限りなく希薄である点などだ。これらのプログラムでは威圧的な共和党の投票監視人やクレーマーが投票者の列の動きを遅らせ、投票待ちの人々に屈辱的な質問を浴びせた。もっともらしい制服にバッジや腕章を付けた共和党の監視人が、投票者に彼らの市民権や登録について確認を迫ることもあった。その上、不正な登録を行った人物は刑務所送りになるといった恐怖をあおる警告を投票所の周辺に掲げたり、マイノリティのリスナー向けラジオでも同様の広告を流していた。マイノリティの有権者を萎縮させようとしたメッセージだと思われる。(21)

このような投票妨害作戦が、二〇〇八年の大統領選でも繰り返されるのだろうか？　投票妨害という点にかけては、民主党も潔白ではない。覚えているだろうか？　二〇〇四年の大統領選で、ジョン・ケリー民主党大統領候補の支持者たちは、（無所属で立候補した）ラルフ・ネーダーを候補者リストに加えることを求める請願書の署名を無効にしようと画策した（無所属の候補者は、一定数の署名を集めた請願書を提出することにより候補者として投票用紙に名前を掲載させることができる）。とは言え民主党は、共和党ほど大がかりな投票妨害機構を持ってはいない。実際、共和党員は、二〇〇八年選挙のはるか前から、チャンドラー・デイビッドソンがリスト化した手段を次々に使い、投票プロセスに規制をかけようとしている。この戦術は、実際の投票開始以前から実施可能だ。投票者ＩＤ法の厳格化、有権者のパージ、有権者登録運動の阻止、暫定投票法の拡充、そして投票妨害を容易にするルールは、すでにいくつもの州で進行中なのである。

アメリカの民主主義を救う一二のステップ

マーク・クリスピン・ミラー

民主主義の先行きは、どう見てもかなり暗い――どうすれば、その流れを変えられるだろう? 問題がまったくないふりをすれば、事態がさらに悪化するのは間違いない。だが、アメリカの報道機関や政治家は、まさにそのように振る舞ってきた。残念なことだが、歴史がそれを証明している。しかし、歴史は変えられる。「我々市民」はたゆまず学んでいる。植民地としての服従を拒否した時代から、(不完全な)民主的共和制の樹立、奴隷制の廃止、女性参政権、公的な人種隔離政策の廃止、投票権法の成立へと我々は常に学んできた。その後、歩みは止まったように見えるが、今また再開する必要がある。歴史は変え「られる」からだ。だがよりよい方向に変化を起こすためには、民主主義の再生に向けた見識ある政策を実現する必要がある。それは我々市民の不屈の努力と活動を通してのみ、実行可能だ。そうした政策はアメリカの第一原則を堅固にふまえたもので、まったく目新しいものではないのだが、現在のように歴史の歩みに逆行している悪しき時代には、なんとも革命的に聞こえる。ともあれ、政策によってこの恐るべき状態に陥ったのだから、別の政策を採れば、ここから脱け出せるはずだ。

そうは言うものの、我々市民が最悪な状態にあるのは確かであり、できるだけ早く態勢を立て直す必要がある。我々は皆、選挙というレースの中毒患者になっている——だが、我々に勝ち目はない。そこで行われているのは八百長試合だからだ。だからこそ、我々は全てを失ってしまう前に立ち直り、潔く現実を見据え、流れを変えるために、必要なあらゆる手を打つべきだ。

1．アメリカ投票支援法（HAVA）を撤廃する

撤廃後、投票支援法が成立した経緯について徹底的な調査を行う。

2．「全ての」電子投票を止め、紙の投票用紙で手集計する

政治家や報道陣は、これを理想論だと斥けるが、市民からは国民健康保険や徹底した環境対策、イラクからの撤退、その他の正気のアイディアと同じくらい圧倒的な支持を得るだろう。

3．有権者登録名簿の電子化を止める

我々の自治を妨害しているのは、電子投票機だけではない。USAトゥデイ紙によると、現在、登録者名簿として全国で使われている電子データベースから、何千人もの有権者名が原因不明のまま消去されてしまった。

4. 全ての民間業者を我々の選挙から閉め出す

民間企業は商業的利害を追求し、企業秘密を主張し、結果に責任を負わない。それを考えれば、共和制の自治にとって最も根幹的なプロセスである選挙に、民間企業が関与すべきではない。

5. テレビネットワーク局による票集計完了前の当選者発表を違法にする

企業メディアは憲法修正第一条で謳われる「報道の自由」に基づく権利をふりかざして大騒ぎするだろうが、彼らには我々の選挙に干渉する権利はない。選挙が合法的だったのかさえ分からないうちに、メディアが当選者を発表することにより、全ての監視、再集計、ひいては初回の集計すら、「負け犬の遠吠え」にすぎないという先入観を与えてしまう。

6. 公的支援による出口調査システムを設置し、票の集計が不正なく行われるようにする

出口調査の結果が公的な集計の精度を測るのに役立たないのは、アメリカだけだ。アメリカの出口調査は、メディアに選挙結果の判定を許すだけの存在になっている。

7. 有権者登録規則を撤廃し、全ての市民が一八歳の誕生日に、どこの郵便局でも登録できるようにする

国民参政権を信じるか信じないのか、どちらかしかない。

8. 投票所で州発行ID提示を義務づけている州の法規を撤廃する

最高裁はこの人種差別的な措置に甘い顔を見せているが、そんな法規を禁じる法、または憲法の修正が必要だ。

9. 全ての投票所に監視カメラを設置し、不正投票を見つけ、選挙職員を監視し、投票率を追跡する

我々はどこでも監視されている。斥けられる理由はない。

10. 投票日を国の祝日にし、全ての雇用主が従業員に投票できる時間を与えるよう義務づける

アメリカ市民が誰一人、仕事のために投票権を失わないようにすべきだ。

11. 州務長官が政治キャンペーンの共同議長に就くこと（または支援や、好意的に扱う行為）を違法にする

キャサリン・ハリスは二〇〇〇年のフロリダで、二足のわらじをはいていた。四年後の、オハイオのケン・ブラックウェルとアリゾナのジャン・ブリューワーも同様だ。彼ら共和党員の州務長官たちは、党派への肩入れを許されるべきではなかった。民主党員も同様だ。

12. 不正選挙を重罪とする。再犯者は終身刑とし公民権を剥奪する

三回犯罪を繰り返せば「スリーストライク、アウト」という原則は、民主主義に対するこのような重罪にこそふさわしい。

2008年選挙後〜2014年選挙前

電子投票集計の闇　大規模詐欺とクーデターへの招待状
二〇〇八年以降に起こったこと、そして二〇一四年に向けて

ジョナサン・D・サイモン

本書は、一五人の寄稿者が二〇〇〇年から二〇〇八年までのアメリカの選挙を科学捜査的に検証しているが、その意義は歴史的な考察をはるかに超えている。これは、我々の過去にダメージを与えたばかりでなく、現在や未来も大きく損ねかねない民主主義の危機への証言でもある。マーク・ミラー教授が本書を編纂してから六年、アメリカ選挙の高潔性がどのくらい進歩（または後退）したかについて、正確に伝えることは難しい。しかし、二〇〇八年に本書が鳴らした警鐘を耳にした人がいたとしても、一斉に肩をすくめるか、神頼みの仕草をして終わってしまったと言ってよいだろう。多くのアメリカ人は、いまだに「カーテンの後ろにいる人」に自分の票を渡し、その「人」が票をきちんと数えて処理し、誰が勝ったかを教えてくれると無闇に信じている。不条理なことではあるが、国民が票集計のプロセスを確認できないということは、受け入れるしかない現実なのだ。

この六年間に三つの総選挙が行われ、その予備選や、総選挙以外の年に行われた地方自治体の選挙、特別選挙、リコール選挙、国民投票、住民投票など、それこそ数十億もの票が投じられ集計されたはずだが、その集計プロセスを国民が監視できたのはほんの一部にすぎない(1)。残りの票は、明らかに党派的で秘密主義の少数の企業が専有する（つまり秘密の）ソフトを使って、文字通りそれこそ何兆個もの「1」と「0」の列に置き換えられ、暗闇のサイバースペースで「処理」された。その結果がアメリカ自体の運命と、アメリカの行動や政策によって多大な影響を受けるこの地球上の運命を形作った（または歪めた）のだ。アメリカの選挙は、今もあらゆる点で「信頼」に基づいている。これは本書が出版された時と変わらない。また、このような状況は広く容認されているので、今後の二〇一四年と二〇一六年の総選挙でも、またその後の選挙でも変わることはないだろう。

アメリカ国民がこのような状態に危機感を持たず満足している主な理由は、二〇〇八年の選挙前に本書が出版された後に起こった選挙結果と関連性がある。特に、オバマが二回続けて勝利したことで、ほぼ全ての投票機が右派にコントロールされていたのではと疑念を抱き始めた人々も(2)、これで大丈夫と安心してしまったことがあげられる。しかし、裏では右派の戦略家や工作員による「どんな汚いことをしても勝つ」という倫理観と、選挙結果を「レッド・シフト」（一四一頁参照）させる策略が併用され、民主党員やプログレッシブ（進歩派）と言われる人々、さらには穏健な共和党員さえも、つまりカール・ローブのような戦略家の標的となったものは、誰でも何でも永久に失脚させられるようになった。このレッド・シフトはおびただしい統計的証拠で明らかになっている。しかしオバマが二〇〇八年に勝ち、二〇一二年に再び勝利した時、これらの疑念は妄想的なファンタジーか、少なくとも誇張だったと一般的には印象づけられてしまった。

実際、政治的に洗練されていない目で見れば、本書が出版された後、アメリカの政治的な振り子はいつものサイクルで「正常」に揺れているように見える。二〇〇八年には民主党が勝ち、二〇一〇年は共和党が勝ち（下院の多数党となり、上院でも議席を増やした）、二〇一二年には民主党が勝った。また選挙のグランプリとも言える大統領選は、民主党が掌握してきた。しかし、もっと鋭い目で見れば、戦略的な意図を持った手が暗闇から現れ、振り子の動きを点検して、その動きを歪めようとしていることが見えてくる。コンピューター集計が行われるこの時代、我々はアメリカ政治の振り子が、「グリッドロック」（政治的膠着状態）と「右派による覇権」との間を行き来きして、新しい政治的重心を作るのを目の当たりにした。そしてその重心は、実際に国民が選挙結果以外の世論調査などで示した意思よりも明らかに右寄りなのだ。評論家たちは、アメリカ人が明らかに自分たちの興味や関心と反対の方向に投票して、政治家が強硬な態度をとることを罰するどころかそれを報いていることに頭を悩ませている。このような政治的に理不尽な状況は、コンピューター化された投票の時代に入ってから普通になっている。

こうした魔法のようなトリックが簡単に成功するのは、メディアが大統領選での駆け引きを真正面に押し出して、他の選挙を大統領選の背景として扱っているか、または完全に無視しているからだ。つまり選挙の高潔性に鋭くそして総合的な焦点を当てるには、四年ごとに行われる大統領選を待たなければならない。もし大統領選で大きな警告が発信されず「全てよし」とされてしまうと、少なくともそれから四年後まで、世界的にも全ては大丈夫ということになってしまうのだ。アメリカ政治に詳しい者なら、投票の中でも「ダウン・バロット」（同じ投票日に、国、州、郡、その他の複数の選挙が行われる場合、投票用紙には全国区の候補者が一番上、次に州、郡というように、狭い地域の候補者は下にリストされる。つまりあまり目立たない選挙のこと）と呼ばれる選挙は、その結果が多くの市民に多大な影響を与えることをよく知っている。しかし実際には、ダウン・バロットが大統領選の勝敗と同じように実感されることはない。二〇〇四年の大統領選でジョージ・W・ブッシュが勝ったことは大きな疑念を呼び、多くの調査や、失敗したとはいえ活発な挑戦が起こった。しかし、二〇一〇年の選挙で右派が大勝した時は、大統領選がない「オフ・イヤー」であったため、眉をひそめる者はあまりいなかった。このように選挙への注目、検証、保護が特定の選挙に集中していることは、アメリカの選挙を盗もうとする輩にとっては好都合だったのである。

有名な銀行強盗ウィリー・サットンは、なぜ銀行強盗をするのかと聞かれ「そこに金《かね》があるから」と答えた。金をたくさん保管する二つの銀行のうち、一つはセキュリティ・カメラで保護されており、一つは保護されていないなら、サットンがどちらを襲うかを推測することは難しくない。連邦下院議員の選挙は個別に出口調査が行われているわけではなく[3]、選挙保護の面では対策が取られていない。さらに監視が手薄になるのは、州議会の権力図が決まる重要なダウン・バロットの選挙である。これを制覇すれば、次の選挙時の選挙区割りを自覚に有利になるように制定することもできれば、有権者資格、選挙資金法や選挙管理上の様々な有用な特権を用いて選挙をコントロールすることもできる。加えて、ほぼ完全に見落とされているもう一つの選挙は、投票日が地域によって異なる予備選挙である。予備選は実質的に、その地域の政治的代表権の分布を確立する選挙だ。多くの人が「選挙シーズン前」のイベントだと思っている予備選で、「穏健な共和党員」と言われている候補者がほぼ全滅し姿を消してしまったことは、一一月の本選挙で起こったことよりも大きくアメリカの政治を形作ってきた。あまり目立たず、監視が最小限に抑えられている予備選は、データを改竄するには絶好の低リスク・高リターンのチャンスなのだ。二〇〇八年以後に収集された証拠を精査すると、このようなチャンスは、徹底的にそして効率的に使われてきたと言える。だが二〇〇八年にオバマが勝利したことで、多くの人はコンピューター化された選挙への懸念は大げさなものだった、と信じて満足したのだった。

二〇〇八年選挙でオバマ大統領が勝利したことは、当時刊行されたばかりの本書の英語版の読者にとっては、おそらく驚きだったに違いない。なぜなら、本書を構成する分析やストーリーから浮かび上がってくるパターンが、二〇〇八年の選挙で数多く見られたからである。二〇〇〇年の投票集計コンピューターの普及から、本書刊行の二〇〇八年までに見られたトリックや離れ業、そして結果を操作するスキームは、全て例外なく右派に有利となるよう仕掛けられ、民主党／進歩派の候補者を弱体化し、共和党／保守派の候補者や政策を推進するよう仕向けられた。こう述べると、本書の寄稿者たちが政治的に偏向しているように聞こえるかもしれないが、決してそうではない。私は当時、選挙の科学的捜査アナリストとして、選挙の整合性を監視する超党派組織のデータ・コーディネーターとして働いていた。そこではコンピューター化された票集計システムが改竄されやすいことを証明するため、右寄り左寄りにかかわらず、全ての証拠を調べたと証言できる。そして調査の全期間にわたり、左寄りの赤信号が点いたことは一度もなかった。投票システムの弱点が悪用されていたという証拠が見つかれば、それは明らかに「一方的な」悪用だった。

本書の寄稿者たちは、二一世紀の二年ごとの各選挙で行われた離れ業を検証している。二〇〇〇年の選挙では、フロリダ州のいくつかの郡や州議会で、またFOXニュースのニュース室で起きたことから連邦最高裁判所の判決まで、二〇〇一年にジョージ・W・ブッシュが大統領の座に就くことを確実にしたあらゆるレベルでの攻防が示されている。そして異常な出来事が続出した二〇〇二年の選挙では、技術的な「工作」によって、ジョージア州で優勢だった民主党上院議員マックス・クリーランドなど複数の民主党候補が落選した。それらの選挙結果は出口調査と「あまりにもかけ離れて」いたため、ネットワーク局が出口調査を不採用として公表しなかった。二〇〇四年のオハイオ州選挙では、カール・ローブが雇ったIT専門家マイク・コネルが経営する州外のサーバーで行われた「処理」で、オハイオ州の選挙結果がブッシュ勝利となり、この勝利でブッシュは再選された。また本書では、アリゾナ州で仕掛けられた改竄についての科学捜査的分析も示されているが、これはさながら全国におけるブッシュの電子化された詐欺行為の縮図のようだ。そして二〇〇六年選挙では、アメリカ政治のバランスがコンピューターの集計ミスで右寄りにシフトしてしまったこと、そしてその影響と規模について、証拠をあげて言及している。本書で積み上げられた印象は全体的に悪意に満ちており、また一貫性がある。ミラー教授は「本書では、二〇〇〇年のフロリダ州から二〇〇六年のデュページ郡にいたるまでの悪しき選挙が登場する。だが、これらは例外でも異常でもない。むしろアメリカの民主主義にそむく、共和党による新たな十字軍的行動の典型的な例だと言える」と書いている。

オバマはこうした背景の中で、二〇〇八年の選挙に勝利した。そのため二〇〇八年の選挙は「クリーン」で、二〇〇〇年や二〇〇四年の不快な選挙の二の舞を踏んではいなかったと、安堵のため息が聞こえた。一般的なロジックは単純で、もしシステムが脆弱で改竄が可能だったなら、カール・ローブと彼の右翼工作員は不正を仕掛け、リベラルな黒人がホワイトハウスの住人になることを防いだはずだ、というものだった。オバマがホワイトハウスの住人となったことで、その逆もまた一般に受け入れられてしまった。つまり、オバマがホワイトハウスの住人になったのだから、不正操作はなかった。なぜなら、不正操作はできなかったからだ。つまり投票システムは信頼がおけるものだ、ということになってしまった。

これは確かに論理的に見える——もし我々が、アメリカのメディアや政治家と同様、二〇〇八年にオバマを勝利に導き不正操作を阻止していた一連の出来事と、この年の選挙の力関係を深く掘り下げることを断固拒否するならば。今ではすっかり忘れられてしまったが、二〇〇八年の選挙では、九月第一週の「労働者の日」までは、オバマとマケイン候補の世論調査における支持率は拮抗しており、その年の選挙も二〇〇〇年と二〇〇四年の選挙と同様、接戦になるとみられていた。九月中旬にリーマン・ブラザーズの破綻とその後の金融市場の崩壊という驚くべき事件が起こり、選挙が近づくにつれて、状況は大不況の到来を告げているようにみえた。マケインはこの劇的な出来事のわずか数日前に、アメリカ経済の行方を公の場で褒め讃えたばかりで、不意打ちに遭ったと言っても過言ではない。ブッシュ大統領が見守る間に、この大惨事は明確な形をとり、マケインにとっては大きな頭痛の種となった。大接戦は次第に姿を変え、世論調査の結果にも反映され、ついにマケイン完敗の様相を帯びていった。

厳密に技術的な観点から言えば、正確に集計されれば楽勝な選挙を、結果を無制限に変更するようプログラムしてまったく反対の方向にひっくり返すことは可能である。ただし選挙であれポーカーであれ、不正を行う上での第一ルールは「見つかるな」ということだ。不正行為が発覚して捕まれば、罰せられるというだけでなく、厳格な改革が行われ、不正操作計画そのものを脅かすことになりかねない。選挙を操作するには、悪事の臭いを確かめる「嗅ぎ分けテスト」にも合格しなければならない。しかし、アメリカのメディアは綿を詰めた鼻で臭いを嗅ぐようなテストしかしないため、検証しても、かなりの悪臭が検査をすり抜ける可能性もある。ある選挙が不正を行うのに適したターゲットか、またどの程度操作を調整するかを決める上で、リターン／リスク率がものを言う。リスクを最小限に抑える調整方法は、「勝つために必要な票数だけを盗む」ことだ。(4)

投票機のコンピューター内で票を記録集計するメモリーカードをプログラムし、検知されずに票を変更する方法はいくつもある。最も単純な方法を例にとってみよう。それは「ゼロ・カウンター」と呼ばれる設定だ。勝たせたい候補に「+X」を設定し、負けてほしい候補に「-X」を設定する（候補者に最初に投票された票は「1」の必要がある）。投票日の終わりには、「投票数の合計」は記録簿の「投票者の合計」と一致するため、選挙管理者はこれが「クリーン」な選挙であったと満足するが、実際には全ての投票機で、2X分の投票が不正に操作され、変更されている。このような操作は通常、メモリーカード上の何万ものコードのうち、ほんの数行をプログラミングするだけで済む。だが、その不正を検出するには、カードとコードを相当に骨を折って検査しなければならない。しかしメモリーカードは、厳密には会社の資産とみなされているため公的な検査ができないことになっており、選挙管理者さえも検査することができない。ゼロ・カウンターのコマンドは、投票日に票の集計が始まるまでは有効化されないようにコード化できる。だから、このコンピューターは選挙管理者が行うどんな事前テストにも合格する。またこの操作は自己削除されるコードで書かれているため、操作した痕跡が残らない。これらはいずれも難しいことではなく、高校レベルのプログラミング技術があればできるものだ。(5)

このように「事前設定された」操作の唯一の制約は、非常に稀な例外を除いて、ソフトウェアが選挙日のかなり前に配達され、配備されなければならない点だ。これは非常に重要なポイントである。なぜなら、このために仕掛人たちは最終的な票差が分からないうちに、操作の調整をせざるをえないからだ。これはあらゆる予測が土壇場で変化する政治的な力学が働くためで、アメリカでは時に「オクトーバー・サプライズ」と呼ばれている。リスク/リターン計算と前述の調整手順は、必要以上の票を動かすことを阻止する方向に作用する。特に大統領選は注目度が高い上に、選挙前の世論調査や出口調査が集中的に行われる。これらの結果が基準値となって、票集計を「過剰に操作する」ことを抑制する。操作が大きすぎるとその結果に対して突っ込んだ捜査が行われ、彼らの不正行為が暴露される可能性もあるからだ。

二〇〇八年選挙では――二〇〇六年選挙で共和党下院議員マーク・フォーリーと右翼著名人のセックス・スキャンダルが投票日直前に起こり、共和党がオクトーバー・サプライズで急落した時のように——政治環境が「通常」なら選挙結果を逆転できたはずが、ソフトウェアとハードウェアが設置された後で劇的な出来事があったために、仕掛けの再調整と再配置が間に合わなかった。科学捜査的分析が明らかにしたところによれば、直接検証する方法がないので基準として用いられている出口調査や選挙前の世論調査、そして手集計の結果と比べると、二〇〇八年の選挙結果は二〇〇六年と同様に大きなレッド・シフトが見られた。(6) また二〇〇八年選挙におけるレッド・シフトは、二〇〇六年選挙で発見されたものより大規模な票の書き換えが行われことを示唆している。つまりその操作をもってしても、高い経済危機への懸念がマケインを追い込んだため、最終月にオバマが築いたリードを克服するには十分でなかったということだ。仮に不正操作の再調整と再配置が技術的に可能で、マケインを「選出」するのに十分な操作が行われたとして、それが「嗅ぎ分けテスト」に引っかかり、本格的な調査を誘発できたかどうか、それは分からない。なぜなら実際にはオバマが勝ったため、科学捜査的分析とレッド・シフトはほとんど無視されてしまったからだ。誰もが「信用できるチェンジ」が、ようやく訪れたと思った。そして、ステージは二〇一〇年へと移る。

二〇一〇年選挙の検証に進む前に、統計的に常道を外れた重要な事件の話をしておこう。アメリカでは少数派である急進論者にとっては、アメリカ政治システムの中で喉にささった小骨のような出来事だった。前述のマイク・コネルが、二〇〇八年一二月に早すぎる死を迎えたのだ。コネルは敬虔なカトリック教徒で、情熱的な「プロ・ライフ」（妊娠中絶合法化反対派）支持者でコンピューターの天才だった。彼はカール・ローブの「ITの鬼才」として知られるようになり、長年にわたりローブの様々なビジョンやプロジェクトを技術的に実践してきた。コネルはブッシュ政権の、そして多くの共和党リーダーたちのため、いくつかのウェブサイトを構築し管理していた（この中にはブッシュ政権の秘密ウェブサイトGWB43ドットコムもあった。このサイトでは秘密に内部Eメールの送受信ができるように設計されていたが、これは連邦監督法に違反していた）。また彼は、下院司法委員会と下院情報特別委員会を含む議会のITシステムの設計と管理も行っていた。しかし、コネルが特に注目されたのは、彼がローブのために行った仕事に関してだ。とりわけ二〇〇四年のオハイオ州の票を「処理」するために、テネシー州チャタヌーガにサーバーを設定したことだ。この仕事が、コネルに照準が定められるきっかけとなった。

オハイオ州の票を盗んだとして、[7]ローブとブッシュ陣営を訴えた連邦訴訟の原告は、ローブの必死の異議申し立てにもかかわらず、コネルから宣誓供述を得ることに成功した。これは二〇〇八年選挙の前日、彼の死の六週間前のことである。コネルは二〇〇九年の年明けに、公開法廷での証言を含むさらなる供述をすることになっていた。私は、そのことを知った時「彼はクリスマスまで生きていないかもしれない」と、同僚に話したことを覚えている。コネルの飛行機は二〇〇八年一二月一九日に墜落した。彼の未亡人は事故現場で、他の所持品とともに彼のブラックベリーのイヤホンを見つけたが、連邦捜査官はブラックベリーの本体は見つからなかったと主張している（伝えられるところでは、ブラックベリー本体にはローブと彼の間で交換された膨大な電子メールが保存されていた）。

マイク・コネルについてはさらに語ることがあるが、詳細は他の著書で、より完全な形で伝えられている。[8]しかしこの基本的な叙述だけで、十分身も凍るような恐ろしい話だ。もちろんフロイトが言ったように、時によって葉巻はただの葉巻であり、飛行機事故はただの飛行機事故かもしれない。しかし捜査自体が、それこそ複数の捜査手順に違反し、誰が見ても捜査というよりは証拠隠滅に見えるとしたら――不気味に記憶によみがえる二〇〇二年のミネソタ州上院議員ポール・ウェルストーンの飛行機事故と同様――謀略説もこじつけには聞こえない。この痛ましい事故の背景には、原告側の弁護士が原告の重要証人であるコネルに対し、連邦政府による証人保護を申請して却下されたことや、コネルが壊滅的なことを知っていた可能性、そして良心の呵責が彼を自分が加わったスキームについて、全て暴露する方向に向かわせていたように見えたことなどがある。これら一連の動きの中で吟味すると、この事故がアメリカの電子化された票集計システムの安全性を評価しようとする者にとっては、非常に重要だったことが分かる。

選挙の科学的捜査に戻り、犯罪現場らしき地点から、ほぼ確実な犯罪現場に焦点を移して二〇一〇年の選挙を見てみよう。二〇一〇年は選挙の「オフ・イヤー」、つまり中間選挙の年である。大統領選挙はないが連邦議会議員の選挙が行われ、国民は近い将来のグリッドロックか、右翼の覇権のどちらかを選ぶことになる。大統領選を制することで得るものは大きいが、アメリカで長期的な政治支配を望むなら、連邦下院と重要な「スイング・ステート」（民主・共和党どちらの基盤とも言えず、選挙のたびに勝利する党が変動する州）の議会を制するほうが理にかなっている。特に〇で終わる年、（つまり一〇年ごとに行われる国勢調査の年）は、選挙区を再編成する権力を手に入れるチャンスなのだ(9)。

共和党は二〇一〇年に連邦議会の下院と重要な州の議会を制し、「ゲリマンダー」と呼ばれる選挙区割りを自覚に有利になるよう構成する党派的手法を使って、下院と州議会で現職議員の立場を非常に有利にすることができた。これで実質的に人口動態や世論の動向に関係なく、共和党の議会支配は今後一〇年は堅いという魅力的な展望をもたらした。連邦の下院を制すること(そして上院でフィリバスター〔議事進行妨害〕に必要な四一議席を確保すること)は、民主党の大統領に対して政治的なグリッドロックで対峙することができる。またパープル州(すなわちスイング・ステート)の州議会を支配することで、制度的な構造改革(制約が多い投票者ID法や有権者資格法の成立、労組の弱体化、選挙管理当局と監視委員会の支配)が行われ、有権者の構成と選挙プロセスにも深刻な影響を与える可能性がある。(10)

前述のように、連邦議会下院と州議会の選挙は単独の出口調査が行われず、選挙前の世論調査も稀であるため、科学的捜査アナリストが比較できる選挙戦ごとの基準値がないのが実情だ。手がかりは数百あるが、実質的には目に見えない選挙が各地で繰り広げられ、総合的な結果で党が勝利したか敗北したかが分かるが、それ以上のことは分からない。全体像を構成する個々の要素について、メディアはまったく注目しない(政治中毒と言われるような政治通であっても、下院選のオハイオ州第七区やオレゴン州第四区、フロリダ州第一六区で起こっていることに注意を向けることは難しい。ましてやウィスコンシン州第九区の州上院議員選となると、さらに難しいのは言うまでもない!)。科学的捜査で赤信号が点いても、全体的統計の異常なパターンとして発見されるだけである。もちろん、それがメディアの注目を集めることもない。二〇〇八年選挙におけるオバマ勝利の余韻で選挙保護活動は縮小し、情熱も減退したため、二〇一〇年選挙では大掛かりな窃盗を働いてもリスクは取るに足りないレベルであった。しかしリターンは巨大で、リターン／リスク率は飛び抜けて高かった。

二〇一〇年は年の初めから赤信号が続き、一一月の選挙で何が起きるかを暗示するようだった。その皮切りとなったのは、一月後半に実施されたマサチューセッツ州上院議員の特別選挙で、亡くなったテッド・ケネディ上院議員の空席を埋める選挙だった。共和党のスコット・ブラウンが民主党のマーサ・コークリーを破って勝利するという衝撃的な結果は、ティーパーティーの名を知らしめただけでなく、民主党は上院でフィリバスターを回避できる六〇議席を下回ってしまった。これで、一一月の選挙で右翼シフトが起きるという期待に火がついた。

なぜ、この選挙戦が特に疑わしいのか？　そもそも、コークリー対ブラウンの選挙戦では不正操作を誘発する大きな要因があり、暴露されたとしても捕まる可能性はゼロに近かった。まず、出口調査がなかった（この選挙結果の重大性を考えると、出口調査がないこと自体が尋常ではない）。投票機の現場検証も監査もなく、光学スキャナーによる集計を検証するための手作業による集計は一度も行われなかった。悪質なコードが仕込まれていないか検査された光学スキャナー・メモリーカードは一枚もなかった（つまり前述の+X／-Xのスキームが存在したかどうかなどは検査されなかった）。もし実際に、選挙を取り仕切ったベンダー企業や社内の人間、またはハッカーが、この企業のプログラミングと配信プロセスへアクセスすることができたと仮定して、彼らが国民からの信頼より個人的な政治課題を優先しても、投開票から選挙の認証という公式プロセス上では、それらの違反を検出することができないのだ。つまりこの選挙では、実質的にゼロ・リスクで票を盗み、莫大な見返りを得ることができたのだ。

では、この選挙は盗まれたのか？　それは永遠に分からない。なぜなら実際の投票用紙は、検証のために（光学スキャナーの下に設置されている箱から）一度も取り出されることなく、とうの昔に破棄されてしまったからだ。我々にはただ、その衝撃的な結果が示されただけで、結果を裏付ける証拠は一つも提示されなかった。この選挙が合法的であった可能性はあるが、サイバースペースの闇の中で安手の仕掛けがなされた可能性もある。その確率は五分五分だ。そこで、科学的捜査アナリストたちは入手可能な唯一の証拠を検証した。それは、公共の場で手集計されたマサチューセッツ州内の七一区の票である。[11] これらの投票区では、コークリーが三パーセントの票差で勝利したことが分かった。一方、光学スキャナーが秘密裏に集計した公式結果は、ブラウンが五パーセントの票差で勝利していた。もしこの手集計の結果が州全体にランダムに分布していたとすれば、合計八パーセントの票差が発生する確率は、数十億分の一である。だがアナリストたちは、手集計はランダムに分布しておらず、手集計の地区と光学スキャナーの地区は、異なる選挙区を代表していることを認識していた。もしかしたら、コークリーが勝利した手集計の地区は、過去にも民主党に投票してきた地域だったかもしれないし、たまたま、州内でもコークリーの人気が高かった地域だったかもしれない。

アナリストたちは、これらの「善意の」説明を、メディア市場別に分類した広告費などの関連要因とともに順次検証していった。そして、これらの説明のどれもが事実にあたらないことが分かった。手集計を行った区域は「共和党寄り」の区域だったのだ。過去二回の連邦上院選では、これらの区域は光学スキャナー使用の区域とまったく同じ投票傾向を示していた。この二回の選挙は競争が激しくなかったため、不正操作の標的にならなかったのだ。そして、コークリーが過去に州レベルで立候補した唯一の選挙で彼女が得た得票率は、光学スキャナー使用のコミュニティーよりも低かった。コークリーは当選確実とみて精彩を欠いた選挙戦を展開したのかもしれない。また右派からの熱意が高まり、巨額の資金がブラウン陣営に流入し、簡単に勝てる選挙戦が拮抗した（だから操作もしやすくなった）のかもしれない。しかし、これらの要因は、手集計された六万五〇〇〇もの票が、光学スキャナー使用の有権者とこれほど異なる投票をした、という説明にはならない。しかも、それまではランダムなサンプルより右寄りに投票していた有権者がである。（どんな要因も集計方法にかかわらず、全ての有権者に同じように影響するはずだからである）。つまり、誰かが電子投票を操作したと考えない限り説明がつかない。実際、マサチューセッツ州で何が起こったかについて、他のあらゆる説明がアナリストによって精査され除外された後、唯一検証されずに残ったものが、電子投票の集計方法だった。[12]

次に赤信号が点ったのは、数カ月後のサウスカロライナ州だった。連邦上院に再選を目指す現職で、ティーパーティーが推薦するジム・デミントの対抗馬を選ぶための民主党予備選のことだ。立候補したのは、知名度が高く尊敬を集めていた候補者（州の巡回裁判所判事のビック・ロウル）と、正体不詳で一度も選挙戦に姿を見せない候補者（アルビン・グリーン）だった。グリーンは選挙事務所もウェブサイトもなく、おまけにポルノ関連の容疑で起訴されていた。立候補料を払う資金もないように見えたが、それは匿名の誰かによって支払われた。その時点でロウルのデミントへの挑戦は勢いを増しており、この共和党の支持州で、民主党員であるロウルは州全体での人気も高く、世論調査では、影響力ある現職に対してすでに七パーセント差まで詰め寄っていた。予備選は六月に行われ、投票は紙の記録が残らないタッチスクリーン・コンピューター――つまり暗黒のサイバースペース――で集計された。そしてグリーンが五九パーセントの得票率で勝利した。事実上、無名であったにもかかわらず、彼は公式発表では一〇万三六二票を獲得した。ここで重要な補足をすると、同年一一月の上院選でデミントに三〇パーセントの差をつけられて敗退した後、グリーンはサウスカロライナ州の連邦下院の民主党予備選に立候補した。その時彼は、三六票を獲得しただけだった。

この不可解な敗北を受けて、ロウルは予備選挙実施の第一管轄権を持っていた民主党州委員会に対し、結果への異議申し立てを行った。選挙の整合性に関する専門家数人がロウルに有利な証言をしたが、そこでは（紙の記録が残る）光学スキャナーで投票された事前／不在者投票の集計と、投票日に投票所で使われた紙の記録が残らないペーパーレス・タッチスクリーン集計との間に大きな差があったことなど、明らかな異常が存在したことが述べられた。委員会は公開の公聴会ではロウルに好意的な対応をしたが、非公開で行われた投票では五五対一〇でロウルの異議申し立てを却下し、さらなる調査をせずに、この件を打ち切った。(13)

このような「前菜」の後の二〇一〇年選挙では、腐敗菌が入った「メイン・コース」が一一月に出てきても、それほど驚くにはあたらない。出口調査が――それがアメリカ以外の国で実施されない限りは――まったく「信用できない」ものとなったため、接戦だった一八の連邦上院議員選のうち一六の選挙と、一三の州知事選のうち一一州でレッド・シフトが起こっても、問題にはならなかった。連邦下院選にいたっては、レッド・シフト票は合計一九〇万票に上り、この数字は数十もの下院選の結果を逆転するに十分だった。「ティーパーティーが選挙を一掃」したことは、文字通り報道された。

劇的なレッド・シフトの先を見ると、二〇一〇年選挙で下院を制した共和党票の分布パターンは途方もないものだった。共和党は四三五議席の下院を、安泰と呼べる――そして後に分かるが永続的となった――一二八議席（二九・四パーセント）増で制した。これはオフ・イヤーの選挙としては、一九七〇年以来最大の増加である。それまでの平均議席増加数は、わずか四二議席（九・七パーセント）だった。さらに目を見張るのは、共和党は全国的にこの途方もない成果を達成したが、総得票では、はるかに少ない割合しか得ていなかったということだ。共和党の上院選における全国総合得票数の勝利マージンは、六・九パーセントとかなり「普通」だったが、その勝利率に対する議席増加数はとてつもなく大きい。これとは対照的に、民主党が二〇〇六年選挙で達成した勝利マージンは、二〇一〇年の共和党を上回る八・二パーセントだったが、増えた議席はたったの六一議席だった。これは、二〇一〇年に共和党が増やした議席数の半分にも満たない。(14)

この共和党による「クーデター」がショッキングなのは、規模の大きさだけではない。何度も世論調査が行われ、広く共有されていた「拮抗している」という選挙前の予想を裏切る結果だったからでもある。具体的にあげれば、選挙前のコンセンサスでは四〇の下院選挙区で民主党が「辛勝と予想」され、四二の選挙区では「五分五分」、二九の選挙区では共和党が「辛勝と予想」されていた。つまり民主党は共和党より、一一議席（四〇マイナス二九）多く獲得するはずだったのだ。これに対して、共和党は六八対四三と、民主党寄りの接戦選挙区（事実上全ての下院選挙区）で二五議席多く獲得した。共和党は、民主党が有利と思われていた四〇の選挙区のうち九地域で勝ち、共和党が勝つと思

われていた選挙区では一つも落とさなかった。そして四二の「五分五分」選挙区では、三〇対一二と勝ち越したのだ！(15)

コークリー対ブラウン戦の光学スキャナーと手作業の集計結果に異常な差が見られ、アルビン・グリーンが五九パーセントを獲得するという奇々怪々の二〇一〇年選挙は、ラッキーな出来事が一日に集中した「よくあること」の一つだったかもしれない。しかし、得た票から最大限の勝利を引き出す尋常ではない能力と、数十の接戦を効果的に戦う（つまり、嗅ぎ分けテストに合格する範囲内で操作する）能力は、慎重に仕組まれた改竄事業を示唆する明白な赤信号とみることもできる。二〇〇六年選挙で共和党の敗北が最小限に抑えられた時も（「阻まれた大勝利」を参照）、二〇一〇年選挙で共和党の勝利が最大限となった時も、投票集計は出口調査結果よりもはるかに右寄りだった。特に二〇〇二年選挙では、開票時のレッド・シフトが余りにも大きかったため、出口調査結果の一般公開が控えられたほどだった。この三つは、アメリカにおける最近のオフ・イヤー選挙である（そしてコンピューター化された電子投票時代のオフ・イヤー選挙は、この三回だけだ）。ここには多くの証拠があり、その手口は、かなり浸透したパターンである。二〇一四年のオフ・イヤー選挙が近づいているが、次の選挙で選ばれる議員は、本当に我々が選んだ「代表」なのだろうか？

興味深い二〇一二年選挙の話に移る前に、ウィスコンシン州の事例をあげたい。特にユニークではないが、電子投票集計のとてつもなく腐敗した例として特筆に値するものだ。同州で二〇一一年と二〇一二年の選挙で嗅ぎ分けテストにパスするためには、通常の三倍の操作を必要とした。最初はウィスコンシン州最高裁判事の選挙で、普通なら全国から注目もされず、それほど重要でもない。しかし、今や普通の時代ではない。極端に党派的な、新たな政治の時代なのだ（この時代も電子投票集計の増殖と同時期に到来したように見える）。そしてこれもまた、前年のコークリー対ブラウン戦のように、重要な国家レベルの政治を暗示する選挙となった。州外から多くの資金が投入され、カール・ローブ自身が、この選挙で共和党が勝利することの重要性を力説した。票の多くは、州外のミネソタ州にあるコマンド・セントラル（社名からして意味ありげだ）という怪しげな看板を持つ会社が運営するサーバーで集計された。そして、この選挙の全国的意義にもかかわらず、出口調査はまったく行われなかった。共和党候補への（強制的な再集計を免れるぎりぎりの数である）七五八三票が、投票の翌日、魔法のように（その候補者の会社の元社員によって）発見された。これ以外にもいくつかの郡で、最近の、またその他の選挙と比較しても、通常の投票パターンとはかなり異なった最大級の赤信号が点る異常が発生していた。

この選挙で敗北した民主党候補者が要求した再集計は、選挙そのものより、もっと腐敗していた。集計値に異常ありとされた投票区で、選挙オブザーバーたちは投票用紙を入れたバッグが封印されていなかったこと、しかも破れて完全に開いていたものもあったことを発見した。投票機による集計と合致するように、票がすり替えられたことを示唆する証拠が次々と見つかった。相次ぐ異議申し立ては全て正式に受理され、記録されたが、その後完全に無視された。この民主党候補に対して、党派的で敵対的な最高裁を相手にキャリアを危うくする訴訟を取り下げて、敗北を認めるよう強い圧力がかかった。彼は敗北を認め、このような場合の常として、皆あきらめて別の道を進んだ。(16)

ウィスコンシン州の最高裁選挙と再集計時のうさん臭さを考えると、この州における全ての選挙、またかくも簡単に不正操作ができる集計処理を行う全ての州における選挙を信用することは難しい。またこのような州が、その民主主義プログラムを通じて、世界中の選挙を監視するカーター・センターなどの監視に耐えられるとは考えにくい。[17] 次に同州で行われたのは、二〇一一年の複数の州上院議員リコール選挙だった。その時もまた、過去の選挙や既定のパターンと比較すると異常な投票結果となった。共和党がたった一つの議席差で、州上院の多数派を維持できる票を正確に獲得したのだ。[18] この疑わしいリコール選挙は、二〇一二年の初めに行われたウィスコンシン州知事スコット・ウォーカーに対するリコール選挙の序曲のようなものだった。この州知事リコール選は、大統領選挙の年に「アメリカで二番目に重要な選挙」と言われ、一一月の大統領選の前哨戦として有権者の心情を表すものと見られていた。過激な労組つぶしと言われ、敵が多く、苦境に立たされたこの共和党の州知事のために企業から多額の資金が投入され、勝つためにあらゆる手段が取られた。ウォーカーには民主党の対立候補の八倍もの資金が投入された。

全てが終わってみると、ウォーカーは七パーセント差で驚くべき楽勝を遂げた。テレビに登場する評論家たちは、シチズンズ・ユナイテッド判決[19]によって企業が選挙に資金投入できるようになったため、ウォーカーは資金面で優位性を維持し、また全国的な右傾化にも支えられて勝利した、と評価した。どのメディアもまったく言及しなかったが、国政選挙プール（NEP）が行った出口調査では、五〇パーセント対五〇パーセントのデッド・ヒートが演じられていた。投票日の夜、この出口調査を探していた人は、一カ所だけオンラインで見つけることができただろう。それはミルウォーキー・ジャーナル・センティネル紙のウェブサイトで、それも（ウォーカーのリード七パーセントと一致するように「調整」される前の）、ほんの短い間掲載されただけだった。同じデータをどのネットワーク局のウェブサイトや報道でも見つけることはできなかっただろう。しかしネットワーク局は、その出口調査の数字を見ていたはずだ。なぜなら、どの局も最初は「激しく競り合っている」「、「結果が出るのはかなり遅くなってから」と報道していたのだ。それが一五分ほどすると、手の平を返したように「ウォーカーの楽勝」となり、「民主党には厳しい状況となった」と報道された。二〇〇二年の選挙と同様、ネットワーク局は出口調査を委託し支払いも行ったが、その結果を公表しないことを全局一致で決定した。なぜなら出口調査は二〇〇二年と同様、公表された集計結果と比べてあまりにも「非現実的」だったからだ。しかし、少なくとも公表集計結果と比べれば、この出口調査のほうが「現実的」だったに違いない。ここはアメリカなのだから。[20]

最後に二〇一二年の選挙を見てみよう。直近の主要選挙であるこの選挙は謎に満ちていた。この選挙を謎と表現する大きな理由は、この一〇年以上の間で、電子投票による票のシフトを示す多数の証拠が**出てこなかった**唯一の国政選挙だからだ。「全てよし」とされた二〇〇八年のオバマの初勝利や、少なくとも二〇〇二年以降の二年ごとの選挙とは異なり、二〇一二年選挙では目立ったレッド・シフトは起きなかった。集計された投票と出口調査は、全体的には大体一致しているように見えた。しかし、集計された投票が正直で正確なのか、それとも出口調査が何らかの方法で「予測」に合うように事前調整されたのかは分からない。出口調査の事前調整は票集計をレッド・シフトさせる常套手段だからだ。[21]これは、統計やパターン分析によって間接的に選挙の廉潔を守ろうとする努力が、ますます役に立たなくなっていることを浮き彫りにしている。私が「科学的捜査の証拠を集める袋を持って選挙というサーカスが終わった後をついていく」と呼ぶこの方法は、過去には確かに効果的であった。

また今回の選挙では、電子的操作の仕掛けが配備されたが実行されなかったのか、阻止されたのか、それとも反撃に遭ったのかも分からない。アノニマスから米国司法省まで、操作を阻止できる高度な能力を持ち合わせた人や集団は存在する。一〇年以上もコンピューター化された不快な選挙を見せつけられた後、アメリカの選挙制度は「民主主義の導き手」であり、非の打ちどころがないというフィクションを維持しながらも、ある種の対抗手段や、裏ルートからの「免疫反応」がついに現れたとしても不思議ではない。

何者かが不正操作の仕掛けを解除したという説は、二〇一二年選挙の夜、FOXニュース選挙報道チームのスターとなっていたカール・ローブの「メルトダウン」で信頼性を増した。ローブは自分の**ネットワーク局**が渋々発表したオハイオ州の選挙速報――オバマが大統領選を制したという――に、断固として挑戦した。ローブは、刻々と縮まる票差が、公表された票集計と一致しないことを指摘したのだ。オハイオ州のように重要なスイング・ステートの何百万という票は、もちろん州外のサーバー上で集計されていた。この票「処理」の方法は、票集計の改竄を「リアルタイム」で修正することを可能にするのだ。そしてオハイオ州、フロリダ州、バージニア州、ニューハンプシャー州で、合計で少なくとも一七万票をシフトできれば「選挙人数」で逆転することができ、ロムニーが大統領選に勝っていた。つまりローブの主張は、見た目ほど不合理ではなかった。FOXの番組で右翼仲間と論争中、ローブは「サーバーの問題」に言及した。これは二〇〇四年の選挙で、マイク・コネルがスマーテク社のサーバーで操作したシナリオと、不気味なほど似通っていた。その時も、夜が更けてからコネルの仕掛けがオハイオ州の公式選挙ウェブサイトを乗っ取り、「遅れた」票が入ってきたとして突然ブッシュ票が急増し、ブッシュがリードしたのである。ローブは切れ者で、鍛錬され、慎重に計画を練る人物だ。屈辱を受けるようなことは滅多にしない。彼は明らかに公然と別の結果を期待していた。そして、明らかに実際には起こらなかった「何か」が起こることを、公然と当てにしていた。それは「何」だったのか？　また「なぜ起こらなかったのか？」

二〇一二年の選挙で一つ明らかなことは、票の集計プロセスが本来備えているクレイジーキルトのパターンのようなセーフガードは不完全で、ローブにとって妥当な結果を得ることの障害にはならなかったということである。抑止力――リターン／リスク率におけるリスク要因の上昇――が働いたとすれば、外部からの何らかの介入だったはずだ。それは電子的攻勢や侵入、または暴露や告発といった裏での脅迫だったかもしれない。これは厳しい現実だ。我々アメリカ人は、我々の選挙が電子的に「西部の無法地帯」となっている事実を受け入れるのか、自らに問うべきである。「善玉」と「悪玉」がサイバースペースで撃ち合うことで、選挙の勝敗と我々の将来を決定してよいのか？

二〇一二年の選挙で、もう一つはっきりしたことがある。大きな枠組みで見れば、この選挙はあまり重要ではなかった。リターン／リスク率で言えば、四年ごとの大統領選挙の「リターン」は「巨大だ」と我々は思いがちだが、実際の見返りはずっと少ない。この選挙は極端な右翼政治と「ビッグマネー」を有権者が拒絶したとして歓迎されたが、**二〇一二年選挙の結果、実際の政治的インフラに変化はほとんどなかった。**議会への支持率は一桁で低迷し、また下院選の総得票数では民主党が勝利したにもかかわらず、共和党が魔法のように下院を制し、僅差でグリッドロックを維持して政治的振り子の揺れを阻止している。[22]たとえばペンシルベニア州下院選では、民主党が州全体の得票数で勝ったにもかかわらず、共和党が完璧な「魔法」を使って、同州の一八議席を一三対五で制した。この結果、現在のアメリカのリーダーたちの行いが、なぜアメリカの有権者の民意と不快なほどかけ離れているかが明らかになった。これが純粋に、二〇一〇年選挙で行われたゲリマンダーによるものだったのか、二〇一二年選挙が事前に設定された不正操作――選挙の夜に工作員がリアルタイムで実行するのではなく、事前にメモリーカードを設置しておく方法――によるものだったのかは分からないが、最終的な結果は、非常に反民主主義的となったのだから安心するにはほど遠い。

戦略的な大局的見地からみると、アメリカの右翼にとって二〇一〇年の選挙は「任務達成」に近いものだったに違いない。チェックメイトまでたどり着かなかったとしても、中盤でパンチを食らわせた――ビショップかルークを取った――程度には成功したと言える。ここまで来れば、情け容赦ないエンドゲームまでもう一歩だ。共和党が二〇一〇年に達成したことには特別の戦略的価値がある。なぜなら共和党はこの選挙で、連邦下院で多数派となっただけでなく、アメリカ中のパープル州とも呼ばれるスイング・ステートの――あまり「目立たず」、保護されていない選挙で――州議会選を制したのである。これで共和党は、一〇年ごとに行われる選挙区割りを変更するプロセスの主導権を握り、少なくとも二〇二〇年までは将来「不正のない」選挙に直面しても、ゲリマンダーの威力を発揮して区割りを再編成し、議会で多数派を維持できる権力を得た。加えて、有権者に制限を課す差別的な投票者ＩＤ法[23]やその他多くの規程が制定されたが、これらは投票することをより難しくするものだ[24]（投票者ＩＤ法は、なりすまし投票が「蔓延」しているという、実在しない苦情に反応して強引に制定された。しかし実際には現代版投票税のように使われている）。右派の目的は、（目立たず、警戒されることもなく、疑わしい）共和党の予備選を通して、実質的に全ての穏健派議員を過激派と置き換えることで、ほぼ達成していると言える。こうして見ると、アメリカでは二〇〇四年や二〇一二年のように、注目度が高く監視の厳しい選挙を操作するリスクをとらなくても、政府内の勢力の均衡を大規模に、そして永続的にシフトすることが可能なのだ。振り返ってみると、二〇一〇年の選挙は自前のクーデターで永遠の恩恵にあずかるようなもので、観客の注意が「メジャーな」大統領選へ向けられている間に、マジシャンのトリックのように達成されたのだ。

これらの出来事はアメリカに何を残すのだろう？　問題はかなり深刻で、巧みに盗まれたものを回復することは、ほぼ不可能だ。二〇一四年選挙の予測はかなり厳しい。アメリカ国民は、過去最高の比率で上下院の両議会を支持せず、自分の選挙区の議員も支持していないと答えているのに、予測では共和党がさらに手堅く連邦議会を掌握し、二〇一五年一月には両院を制しているのではないかとみられている。その後はいずれ、「グリッドロックによる疲労」が功を奏することは想像に難くない。また有権者は、「議会と協力できる大統領」を選ぼうという気にさせられるだろう。しかし議会は、ほぼ不変的に右派の手に握られ続けるのである。

両議会の支持率が**一桁台**で、大統領の支持率より三〇〜四〇ポイント低いことは、主として議会における共和党の政治行動に対する有権者の怒りを反映している。この主張に異議を唱える人はほとんどいない。共和党が、上院では法案や職位への指名をフィリバスターで妨害し、下院では過半数支配を利用して梶棒でも振りかざすように、企業の主導権を脅かす法案や、経済活動の場を平等化する法案を提出しようとする動きをつぶしてきたことに、有権者は腹を立てている。全国の有権者がようやく論争に加わるチャンスを得た選挙で、この政治的な強硬姿勢がなぜ罰せられず、報われてしまうのか。さらに平たく言うと、アメリカの右派は民衆の心をつかむことでは決定的に負けたにもかかわらず、どのように選挙に勝ち抜き政治支配を続けることができているのか？　これを遠い国にいる人々に説明することは難しい。実際、説明するには様々なスケールの知識がいる。皮肉な選挙区再編成から、差別的な投票者ＩＤ法やその他の投票制限、対立候補の支持者に「投票は水曜日になった」という嘘の機械音声電話をかけるといった汚いトリック、そしてコンピューターによる票の集計操作という最終手段まで、とにかく数えきれないほどの事件がある。これら全てが、民主主義の名の下で政治的少数派が権力を掌握し、それを維持するために行われている。しかし電子化された選挙時代のアメリカでは、これが現実なのだ。[25]

これらの多くは本書で分析され、警告され、そして予測されたものだった。確かに本書の出版以来、選挙の保護に関しては遅ればせながらも進歩が見られ、場当たり的ではあるがいくつかの州で新たに監査規則が作られたことは事実である。しかし、「サイバースペースの闇の中で行われる票集計は、大規模な詐欺とクーデターへの公開招待状だ」という基本的なメッセージは、うまく届かなかった感がある。[26]アメリカの選挙はいまだに「信頼に基づいて」いる。我々は引き続き「カーテンの後ろにいる人」に投票用紙を渡して、最善を願うしかない。本書に収集された科学的捜査は、我々が信頼に基づいて振る舞うことが、どんな事態を招くかを示している。ミラー教授が本書を締めくくるために書かれた「アメリカの民主主義を救う一二のステップ」に、アップデートの必要はない。ただ一つ、「救う」という言葉は「復活させる」に変更するほうがよいかもしれない。

訳者あとがき

二〇〇八年、初の黒人大統領バラク・オバマの誕生でアメリカは民主主義の底力を世界に示したかに見えた。だが、その輝きは早々に消え、二〇一三年には、共和党右派の横車に引きずられた形での与野党の対立の末、政府機関が一部閉鎖され債務不履行寸前にまでいたり、世界を震撼させた。アメリカの民主主義は、大丈夫なのだろうか？　本書（原題：*Loser Take All : Election Fraud and The Subversion of Democracy, 2000-2008*）は、二〇〇〇年以降のアメリカの選挙に焦点を当て、民主主義の根幹を支えるはずの選挙が、党利党略により激しい攻撃を受け、危機に陥ってしまった現状をあからさまにしている。

不正選挙が心配なのは、民主主義がまだ育っていない国。先進国、ましてや民主主義のリーダーを自認するアメリカ合衆国の選挙システムで、組織ぐるみの大がかりな不正や操作などありえないと、国内外を問わず多くの人が信じてきた。「(権力をゆだねた者に対して) 常に疑いの念を持つ」という、民主主義を支える国民の重要な義務が忘れられてきたのだ。だが、主要メディアがほとんど、あるいはまったく報道しない選挙に関する細かなデータや情報を追跡し分析していくと、入念に張り巡らされた不正操作の跡が浮き上がってくる。本書の著者たちが行っているのは、そのような証拠集めと検証の試みだ。

アメリカの選挙で不正操作が行われているのではないかという疑惑に初めて火がついたのは、二〇〇〇年の大統領選の時だった。この選挙では民主党のアル・ゴアと共和党のジョージ・W・ブッシュ両候補の大接戦となり、人口三億人のアメリカで、ほんの数百票の公式得票差で大統領が選出される事態になった。決戦の場となったのは、フロリダ州だ。ところが一票の重みが異様に重くなったこの州で、その時州知事だったのはブッシュ候補の弟のジェブ・ブッシュ、しかも州の選挙管理の最高責任者である州務長官が州の共和党選挙活動委員会の委員長も兼任しているという、なんともいびつな状況だった。フロリダで何が起きたのか。本書では、その時の共和党の策略が浮き彫りにされる。民主党に投票しそうな有権者から投票権を奪い、一部の票の集計を行わず、再集計を拒否し、マスコミやローカル・ラジオ局、州政府高官、選挙管理当局者、そしてついには連邦最高裁まで動員し、あるいは手玉にとって選挙を歪めていったそのやり口が明らかにされ、時にミステリー小説を読むようなスリルさえ感じられる。

アメリカの選挙システムは、様々な点で日本と大きく異なっている。まず選挙権。日本では満二〇歳になると住民票に基づいて何もしなくても選挙通知が送られてきて投票ができる。これに対して、アメリカでは選挙権は一八歳から発生する。だが全国的な有権者名簿が存在しないため、選挙権年齢に達したら居住地で自ら登録を行わなければならない。またこの有権者登録の手続きは、州によって異なる。公民権法成立前の南部諸州では、この手続きを悪用して黒人に投票権を与えない人種差別法がはびこった。現在も投票者ＩＤ法の新設をはじめ、対立政党に票を入れそうな人口層の有権者を、州の有権者名簿からあの手この手で排除しようとする動きが進行中だ。

アメリカの大統領選をさらに特異なものにしているのは、選挙人団制度の存在だ。有権者は大統領・副大統領候補の名前がペアで記載してある投票用紙の中から、これぞと考えるペアを選んで投票する。だが、実際にはこの票は、そのペアに投票すると誓約した選挙人に票を入れたことを意味するのだ。選挙人の全国総数は五三八名で、人口に応じて各州に配分される。有権者が投じた票は州ごとに集計され、各州の選挙人を選出し、全国の選挙人の過半数の票を得た候補チームが大統領／副大統領に選出される。このため、ごく稀にではあっても、総得票数ではより多くの国民の支持を得ながら、選挙人数で敗北するという事態が起こる。二〇〇〇年のブッシュ対ゴア戦もその例だった。大統領を国民の代表とするのなら、総得票数で最多数を得た人を選出すべきだと思われるのだが、そうはすんなりいかない事情がある。アメリカは、宗主だったイギリスの圧政に抗して革命（独立戦争）により独立を獲得した歴史を持つ。このため建国者たちは国による圧政の危険を怖れ、州と中央政府とが権力を分け合う連邦制を構想した。連邦を代表する大統領選挙制度にもその思想が色濃く反映されている。

さらにことを面倒にしているのは、ほとんどの州が「勝者独占」方式を採っていることだ。これは、投じられた票を州単位で合計し、たとえ僅差であってもより多くの票を得た候補にその州の選挙人全ての票を与えるやり方だ（ちなみに原著のタイトル *Loser Take All* ＝「敗者独占」は、不正操作により敗者独占がまかり通っていることを皮肉っている）。この方式では数多くの州で首位に立つことが勝利の条件とされ、全国的な巨大組織を持たない第三党や無所属の候補には、まず勝ち目がない。また、スイング・ステートと呼ばれる少数の州が選挙結果に大きな影響力を持ってしまう。アメリカの多くの州は、人口動態的にみて二大政党のうちどちらの支持者が多いか、投票前から容易に想定でき、多くの場合、その想定通りの投票結果が出る。だが、ふたを開けてみないと分からない州もいくつかあり、接戦州、激戦州とも訳されるこのスイング・ステートが選挙のカギを握ることになる。スイング・ステートは選挙ごとに変わるが、常連もいる。オハイオ州やフロリダ州だ。特にオハイオ州は、この州で勝てなかった共和党候補が大統領になったことは一度もないというわく付きの州であり、フロリダ州は選挙人の数の多さで重要だ。スイング・ステートは大統領候補にとって、なんとしてでも押さえたい州だ。選挙運動が重点的・集中的に行われる州であり、選挙資金が大量に流れ込み、おそらくは不正操作にも力が入る場所なのである。

また、大統領や連邦議会など連邦レベルの公職選挙も、管理運営は地方に任されるが、これもまた、州や地方自治体における選挙操作や不正に好都合な状況を生み出す。選挙の準備と実施、票集計・認定の責任を取る選挙管理人は郡や市の公職者か事務官だ。彼らは有権者の登録、選挙人名簿の作成、投票設備の選択、投票用紙の作成、選挙当日の投票を管理する大量の係員の採用など、重要かつ複雑で、膨大な仕事を管轄するのだが、このような選挙管理当局者に党派色の強い人物が就いている場合も珍しくない。またお目付役であるべき司法省投票課の高官は政権により任命される人物であり、これまたブッシュ政権時代には州による反民主主義的な動きを監督・是正するどころか、促進してしまったと本書は論じている。

本書の著者の多くは、不正のない透明な選挙を目指し、二〇〇〇年以来の選挙で監視・情報収集・データ分析を行ってきた人たちだ。本書では中間選挙までを含め、また主要メディアが見落としがちな州や地方レベルでの出来事も視野に入れており、貴重な証言になっている。というのも、注目度が低く人目につきにくい州レベルの選挙が、実は大統領選や連邦議会選にとって絶大な重要性を持つからだ。たとえば二〇一二年の連邦下院選挙で民主党は、全国では共和党を一四〇万票上回る票を得たにもかかわらず、当選議員数では二三四対二〇一で共和党に負け、議会のねじれを解消できなかった。これは特に共和党が力を入れているゲリマンダー戦略のたまものだ。選挙区割りは本来、一〇年に一度の人口動態調査を基盤に決めるものだが、州議会で主導権を握れば、自党に都合のよいよう選挙区割りを改変できるのだ。

このような動きを可能にしているのは、州や地方レベルにまで流れ込む潤沢な資金だ。たとえばチャールズとデイビッドのコーク兄弟は州や地方自治体選挙の重要性に目をつけ、様々な組織を通して資金を注ぐ保守派富豪の代表格だ。ニューヨークで一、二を争う金持ちと言われるこの兄弟は、石油関連のビジネスを所有・経営している。だが上場していないため一般にあまり名を知られていない。根っからのリバタリアンでティーパーティーの仕掛け人でもある彼らは、連邦レベルの選挙はもちろん、州や地方自治体の選挙にもきめ細かく資金を注ぎ、組合つぶしや気候温暖化を否定するイデオロギーの普及、保守的な政治システムの強化に努めている。

「金で選挙を買う」というこの流れを加速したのが、連邦最高裁判所による二〇一〇年のシチズンズ・ユナイテッド判決だ。この訴訟の発端は、保守的なロビー団体「シチズンズ・ユナイテッド」が二〇〇八年に作成したドキュメンタリー映画だった。当時の政治資金規正法では、企業や労組などの団体が、総選挙の六〇日前以内、予備選挙の三〇日前以内に、候補者に言及する意見広告に資金を提供することを禁止していた。企業や特定の団体・個人が、選挙で法外な政治的発言力をふるうことを防ぐためである。だがこの年、ヒラリー・クリントンが民主党の大統領候補予備選に出馬すると、シチズンズ・ユナイテッドは、規制の壁を突破するうまい手を思いついた。『ヒラリー・ザ・ムービー』というタイトルのあやしげなドキュメンタリーを制作して衛星テレビで放映し、そのＣＭを規制期間を超えてネットワーク・テレビ局などでも流そうとしたのだ。連邦選挙委員会がこれを阻止するとシチズンズ・ユナイテッドは訴訟を起こし、最高裁に裁定がゆだねられた。注目された判決で、最高裁は企業や団体がテレビの選挙広告などを通して意見を述べるのは憲法第一条で保障された表現の自由であり、政府はそれを規制することはできないという判断を下した。これにより、政府による政治資金の規正は大打撃を受け、政党や候補者が資金欲しさに企業や富豪好みの政策を打ち出す金権政治に拍車がかかった。

この判決の影響はすぐさま表れた。たとえば二〇一二年の共和党予備選挙では、ラスベガスの大金持ち、シェルドン・アデルソンが一人の候補のために総額一五〇〇万ドルを寄付した（ちなみに、支援を受けたニュート・ギングリッチは、かつては混迷していた共和党を再生させ下院議長としてビル・クリントン政権を苦しめて脚光を浴びた大物だったが、二〇一二年には政界の垢にまみれてしまった感があった。また、がんにかかった妻と離婚したり、モニカ・ルインスキー事件でクリントンを激しく糾弾していた当時、自分も不倫中だったなどの過去から女性有権者への人気がまるでなく、ミット・ロムニーに簡単に敗れた。ギャンブルのプロであるべきラスベガスのカジノ王が大金を注いだ候補が勝てなかったのはお笑いだ。だが、イスラエルの超保守派も顔負けのシオニストであるアデルソンの資金欲しさに、次期選挙で共和党候補を取り沙汰されている政治家はイスラエルに関する発言に気を遣っており、今後も予断を許さない)。

企業が献金する際、その受け皿になるのが、政治資金管理団体(Political Action Committee＝PAC)と呼ばれる外郭団体だ。PACは特定の候補者やイニシアティブ、立法を支援するために設立される。以前はPACへの献金には限度額が決められていたが、シチズンズ・ユナイテッド判決後は限度額が原則廃止され、スーパーPACと呼ばれるようになった。また、この他に特定の目標を掲げた非営利団体も選挙資金集めを目的に作られ、利用されている。資金提供者を開示することが義務づけられているPACに対し、非営利団体にはこの義務が課されない。二〇一二年の選挙で、カール・ロープはPACと非営利団体の二本立てで共和党のために巨額の資金を稼ぎ出し、総計一億七〇〇〇万ドル以上を同選挙に注ぎ込んだ。

二〇〇〇年の大統領選で、国民の間で選挙への不信感が広まった。そのため、さすがに連邦議会で選挙改革が叫ばれ、二〇〇二年にはアメリカ投票支援法(HAVA)が成立した。ところが、HAVAには大きな落とし穴があった。電子投票を推進し、地方自治体に向けて新型機械導入のための資金を提供したのだ。だが、コンピューターを使った電子投票機による投票と集計が、従来の投票機や票の手集計より公平であるという証拠はない。それどころか、コンピューターというブラックボックスを介することにより、追跡不可能な不正操作を行える可能性が高まる、と本書の著者たちは指摘する。機械に追跡困難な不正プログラムが仕込まれても、その検証はきわめて困難なのである。また、特許を理由に投票機企業は集計の仕組みを秘密にできる。さらに複雑な機械の保守・故障修理のためには、企業の技術者の介入が必須となる。こうして私企業が選挙プロセスの重要な一部に組み込まれてしまうのだが、このような企業の経営者の中には、あからさまに一党派に肩入れしている者もいる。オープンで透明な選挙どころか、選挙の闇が増すのである。本書では、出口調査や投票直前の世論調査と開票結果とを統計学的に比較分析することにより、二〇〇六年の選挙で共和党に有利な投票集計結果が出るよう電子投票機に不正プログラムが仕込まれていた可能性を論じている。

このような投票時の不正操作に加えて党の工作員たちが力を入れているのが、有権者の追放だ。有権者登録名簿は州ごとに作成されるが、投票資格は州ごとに異なる。たとえば重罪を犯した場合、生涯、その州での投票権を奪われる州もある。こうした州法と杜撰な名簿管理を巧みに利用するのだ。重罪犯と名前が似ているとか、登録時に名前のスペルを間違えて記録した、あるいは数年に一度の住所確認はがきが宛先不明で返送されたなどの理由で、本人が知らないうちに、州の有権者名簿から名前が除去されてしまう有権者がかなりの数で存在する。有権者名簿に名前がなくても暫定投票はできるが、暫定投票が集計されずに終わることも少なくない。切れ味鋭い調査報道を軽妙な味付けでプレゼンテーションする人気ジャーナリストで、不正選挙をテーマにしたベストセラーの著者でもあるグレッグ・パラストは、二〇一二年の選挙では四三〇万票が集計されずに終わり、これとは別に四三〇万人が有権者登録や投票を阻止されたと述べている。

また、投票者ID法の新設も物議をかもしている。この法は、投票者に州政府が発行した写真入りIDの提示を求める法で、架空の人物になりすまして不正投票を行う投票詐欺を防止するためと称して右派により推進されている。だが、このようなタイプの証明書を持たない市民は全人口の一〇パーセントを超えると言われる。しかもこの層には、頻繁に引越しする学生、若者、低所得者、運転免許証を持たない高齢者や障害者、先住民などがあたり、一般に民主党を支持する層でもあるため、共和党が民主党への投票者を減らそうとする策略だとみられている。実際、予防するとされる投票詐欺が実際に起きている、あるいは試みられたという証拠はほとんどない。あまり知られていないが、アメリカには全国の州議会議員と企業重役が州向けの法律モデル草案を秘密裏に検討し推進するALEC（American Legislative Exchange Council＝米国立法交流評議会）と呼ばれる組織がある。近年、共和党が州議会を掌握した州でALECを媒介にして保守的な州法が続々と成立し、政治と社会の保守化に拍車をかけているが、投票者ID法もその一つだ。とは言うものの、二〇一四年四月末に連邦地方裁判所がウィスコンシン州の投票者ID法に違憲判決を下した例もあり、なりゆきが注目される。

二〇〇八年に出版された原書では、以上に述べてきたような選挙にまつわる不正操作と民主主義の破壊を二〇〇〇年から二〇〇八年まで流れを追って紹介しているが、その後、二〇一二年大統領選までの動きと二〇一四年中間選挙の展望については、著者の一人、ジョナサン・D・サイモン氏が日本語版向けに加筆してくださった。氏によると二〇〇八年の選挙後、いくつかの州でいささかの進歩はあったものの、政治的な少数派があらゆる手を使って権力をつかみ死守する「敗者独占」の不正構造は変わらず、民主主義の危機は続いているという。これはかなり悲観的な観測だ。だが、サイモン氏や本書の他の著者たち、数多くの市民や様々な団体が民主的な選挙を取り戻すべく地道な努力を続けていることは、大きな希望だ。

本書の翻訳には三人の翻訳者が携わった。「二〇〇〇年」「二〇〇二年」「二〇〇八年選挙後〜二〇一四年選挙前」の章は関房江、「二〇〇四年」「二〇〇六年」は桜井まり子、「序論」「二〇〇八年選挙前」は大竹秀子がそれぞれ担当し、互いの草稿を点検し担当者が修正を行うという手順をとった。また編集者の中野葉子さんが、数々の有益な助言をくださり、三者の調整をしてくださった。この貴重な本を見つけ、翻訳を企画したのも中野葉子さんだ。ありがとうございました。また、私たち三人に本書翻訳の機会を与えてくださった「デモクラシー・ナウ！　ジャパン」代表の中野真紀子さん、スケジュールの変更に柔軟に対応してくださった亜紀書房の足立恵美さんと小原央明さんのご尽力にも感謝します。

日本でも票読み取り機をめぐり、不正疑惑がささやかれている。政党や政権が国民の信任を真に得ているとは思えない暴挙を行い、国民が無力感を味わわされることが多いのはどちらの国も変わらない。市民が疑問を抱き、ネットワークを作って政治を監視し、情報を交換して問題を追及する必要を本書の著者たちは力説し、自ら実践している。民主的な社会を取り戻すために何よりも効果的なのは、闇に隠されているものを日にさらすことだからである。

二〇一四年五月

大竹　秀子

執筆者紹介（掲載順）

■マーク・クリスピン・ミラー（Mark Crispin Miller）

ニューヨーク大学教授。専門はメディア・文化・コミュニケーション学。世界の雑誌や新聞、そして自身のブログ“News From Underground”（mark-crispinmiller.com）で、映画、テレビ、プロパガンダ、広告・カルチャー産業に関して執筆する。2004年、ニューヨーク・シアター・ワークショップで自ら手がけたショー「愛国者法」を上演、映画版もリリース。著書に *Boxed In: The Culture of TV*（1998）、*The Bush Dyslexicon: Observations on a National Disorder*（2001）、*Cruel and Unusual: Bush/Cheney's New World Order*（2004）、*Fooled Again: The Real Case for Electoral Reform*（2005）がある。ニューヨーク在住。

■デイビッド・W・ムーア（David W. Moore）

ライター、投票コンサルタント。1993～2006年までギャラップ世論調査でマネージング・エディター、後にシニア・エディターとして勤務。1972～1993年はニューハンプシャー大学政治学教授、1975年に自ら創設したニューハンプシャー大学調査センターの責任者も務めた。世論調査ではアメリカの最先鋒として知られるアメリカ世論調査協会（AAPOR）運営審議会委員を2年務めた。著書に *How to Steal an Election: The Inside Story of How George Bush's Brother and FOX Network Miscalled the 2000 Election*（2006）、*The Superpollsters: How They Measure and Manipulate Public Opinion in America*（1995）がある。ニューヨーク・タイムズ、ボストン・グローブ各紙、パブリック・オピニオン・クォータリー、フォーリン・ポリシー、アメリカン・ポリティカル・サイエンス・レビュー、ジャーナル・オブ・ポリティックス、サイエンス・レビュー各誌の他、学術誌、新聞、書籍、雑誌に数多くの記事を寄稿。ニューハンプシャー州在住。

■ランス・ディヘブン - スミス（Lance deHaven-Smith）

フロリダ州立大学教授。専門は公共行政・政策。主な著書に、物議を呼んだ2000年大統領選を分析した *The Battle for Florida*（2005）がある。宗教と政治哲学からフロリダ州政府と政治にいたるまで、幅広いテーマで15冊の著書がある。

■ロバート・F・ケネディ・ジュニア（Robert F. Kennedy, Jr.）

ウォーターキーパー・アライアンス代表、ペース大学ロースクール臨床学教

授、同環境訴訟クリニック監督弁護士。エア・アメリカ・ラジオの番組「リング・オブ・ファイア」の共同司会者。ニューヨーク市地方検事補の経験も持つ。1980年のエドワード・W・ケネディ、2000年のアル・ゴア、2004年のジョン・ケリーの大統領選など、いくつかの政治キャンペーンで活動を行う。著書にニューヨーク・タイムズ紙ベストセラーとなった *Crimes Against Nature* (2004)、*St. Francis of Assisi: A Life of Joy* (2005)、*The Riverkeepers* (1997)、*Judge Frank M. Johnson, Jr: A Biography*（1977）他多数。ニューヨーク・タイムズ、ワシントン・ポスト、ロサンゼルス・タイムズ、ウォール・ストリート・ジャーナル各紙、ニューズウィーク、ローリング・ストーン、アトランティック・マンスリー、エスクァイア、ネイション、アウトサイド・マガジン、ヴィレッジ・ボイス各誌他、多数の出版物に寄稿している。

■ラリサ・アレクサンドロブナ（Larisa Alexandrovna）

ロー・ストーリー（rawstory.com）の調査ニュース部門マネージング・エディター。オルターネットなどのオンライン出版物に論説やコラムを寄稿する。ハフィントン・ポストのブロガーでもある。

■ジェームズ・H・グンドラック（James H. Gundlach）

オーバーン大学社会学名誉教授。1976年、テキサス大学で博士号取得以後、オーバーン大学で教鞭をとった。著書は共著も含め20冊を超える。大学退任後は、投票結果の改竄を検知する統計的手法の開発を手がける。マイノリティの陪審員低採用率に関するコンサルタントも務める。

■マイケル・コリンズ（Michael Collins）

アメリカの選挙、投票権、及び広範な社会正義に関わる問題のレポート、論評を行う。2007年3月の連載 “Fried Federal Prosecutors and Election Fraud（機能不全の連邦検察と不正選挙）” では、司法省が選挙に及ぼす政治的影響を暴露し、全国的なスキャンダルとなったこの事件の概要をいち早く伝えた。2004年大統領選ではオハイオ州の投票用紙不法破棄に全国の注意を喚起した。

■デイビッド・L・グリスコム（David L. Griscom）

1966年、ブラウン大学博士課程修了。博士研究員として勤務後、ワシントンD.C.に移り、海軍研究試験所（NRL）で物理学研究者として2001年まで勤務。同実験所での研究で米国物理学協会フェローシップの他、国内外で数々の賞を受賞。2004～2005年にはアリゾナ大学でマテリアルサイエンスとエンジニアリングの助教授を務めた。妻キャスリンとメキシコ・ソノ

ラ州サンカルロス在住。

■マイケル・リチャードソン (Michael Richardson)

ライター。投票権、選挙法、法の執行、投票機、及び音楽について執筆する。障害者権利保護運動推進者、ネブラスカ高齢者委員会とイリノイ人権局に勤めた。オプエドニュース（opednews.com）シニア·ライター、ビッグ·シティ・リズム&ブルース誌特集ライター。「コインテルプロ」、「ブラックパンサー」に関する調査執筆も行う。ボストン在住。

■ブラッド・フリードマン (Brad Friedman)

調査市民ジャーナリスト / ブロガー、政治論評家、放送キャスター。“BRAD BLOG”（www.bradblog.com）の創設者兼マネージング・エディターで、ハフィントン・ポストにも頻繁に寄稿。マザー・ジョーンズ誌、エディター&パブリッシャー、コンピューター・ワールド、コロンバス・フリープレス、Salon.com、TruthOut.org、ハーバード大学ニーマン·ジャーナリズム財団、ハスラー誌にも記事や論評を執筆する。

■ジョナサン・D・サイモン (Jonathan D. Simon)

ハーバード・カレッジ、ニューヨーク大学法科大学院博士課程修了。マサチューセッツ州弁護士。ワシントンのピーター・D・ハート調査協会の政治調査アナリストも務めた。選挙の公正を求める全米の市民団体や個人をコーディネイトするエレクション・ディフェンス・アライアンス（選挙防衛同盟、www.electiondefensealliance.org）の共同創設者でもあり、選挙の公正を求める他の主要団体とも協働している。

■ブルース・オデル (Bruce O'Dell)

情報テクノロジー・コンサルタント。広範な技術的専門知識で公正な選挙を求めるアクティビストとしても活動。2004 年の選挙後、アメリカの選挙の清廉さと正確さを調査するボランティアによる科学調査プロジェクト、USカウント・ボートの共同創設者になった。現在は透明で安全、正確な選挙の達成に向けて活動する非営利組織エレクション・ディフェンス・アライアンス（選挙防衛同盟）と提携。ミネソタ州ミネアポリス郊外で、妻とおしゃべりな猫と共に良書を愛でて暮らす。

■ジーン・カツマレク (Jean Kaczmarek)

2004 年 11 月 3 日以来、選挙改革アクティビストとして活動。ラジオやテレビでライター業や広報業務に携わる。イリノイ州デュページ郡に 20 年以上在住。二人のティーンエイジャーの母。

■ボブ・フィトラキス（Bob Fitrakis）

フリープレス（www.freepress.org）エディター、コロンバス州立コミュニティ・カレッジ社会・行動科学部教授。専門は政治学。ミシガン州デトロイトのウェイン州立大学で政治学博士、オハイオ州立大学モンツ法科大学で法学士取得。*What Happened in Ohio?: A Documentary Record of Theft and Fraud in the 2004 Election*（共著、2006）他、10冊の著書、共著がある。クリーブランド・プレスクラブ、プロジェクト・センサード、プロフェッショナル・ジャーナリスト協会などから11の調査ジャーナリズム賞を受賞。

■ポール・レート（Paul Lehto）

ワシントンで12年間弁護士を務める。事業法、消費者詐欺、近年は選挙法を専門とし、クリーンな選挙を提唱する。

■ナンシー・トビ（Nancy Tobi）

エレクション・ディフェンス・アライアンス（選挙防衛同盟）立法コーディネーター。デモクラシー・フォー・ニューハンプシャー（www.democracy-fornewhampshire.com）の元議長兼ウェブサイト・エディター。現在はニューハンプシャー公正選挙委員会議長。

■スティーブン・ローゼンフェルド（Steven Rosenfeld）

オルターネットのシニア・フェローで、選挙及び民主主義に関する問題についてリポートを行う。ローラ・プランダースと共に「ラジオ・ネーション」のエグゼキュティブ・プロデューサー、TomPaine.comシニア・エディター、ニューヨーク・タイムズ紙オプアド（意見広告）リサーチの経験も持つ。1990年代末にはナショナル・パブリック・ラジオの番組「マネー、パワー、そして影響力」のレポーターも務めた。共著に*What Happened in Ohio?: A Documentary Record of Theft and Fraud in the 2004 Election*（2006）、著書に*Count My Vote: A Citizen's Guide to Voting*（2008）がある。サンフランシスコ在住。

原　注

＊[　]内 URL はリンク切れ（日本語版刊行時）だが、原書のまま掲載した。

● 序論　コモン・センス

1. Mike Aivaz and Muriel Kane, "MSNBC: 'How Bush became a government unto himself.," *Raw Story*, December 12, 2007, http://rawstory.com/news/2007/MSNBC_probes_How_many_laws_has_1212.html

2. Jeffrey Tobin, "Killing Habeas Corpus: Arlen Specter's About Face," *The New Yorker*, December 4, 2006, http://www.newyorker.com/archive/2006/12/04/061204fa_fact

3. Newsmax.com, "John McCain: Torture Worked on Me," November 29, 2005, [http://archive.newsmax.com/archives/ic/2005/11/29/100012.shtml]

4. Jill Lawrence, "Bush's Agenda Walks the Church-State Line," *USA Today*, January 29, 2003, http://www.usatoday.com/news/washington/2003-01-29-bush-religion_x.htm

5. *Time*, "How They Aced Their Midterms," November 18, 2002, Cover, http://www.time.com/time/covers/0,16641,1101021118,00.html

6. Elisabeth Bumiller and David E. Sanger, "The 2002 Elections: The Strategist; Republicans Say Rove Was Mastermind Of Big Victory," *New York Times*, November 7, 2002, http://query.nytimes.com/gst/fullpage.html?res=9C0DE1DF1F3EF934A35752C1A9649C8B63

7. "Majorities of Voters in Mid-Term Elections Were Ticket Splitters," *The Harris Poll*, #62 (11/21/02), http://www.harrisinteractive.com/harris_poll/index.asp?PID=341.

8. Peter Baker, "Rove Remains Steadfast In the Face of Criticism," *Washington Post*, November 12, 2006, http://www.washingtonpost.com/wp-dyn/content/article/2006/11/11/AR2006111101103.html

9. Joe Klein, "The Realists Take Charge," *Time*, November 12, 2006, http://www.time.com/time/magazine/article/0,9171,1558293,00.html; Eleanor Clift, "Googbye to Red-Meat Rhetoric," *Newsweek*, November 9, 2006, http://www.newsweek.com/clift-goodbye-red-meat-rhetoric-106967

10. Matt Bai, "The Last 20th-Century Election?," *New York Times Magazine*, November 19, 2006, http://www.nytimes.com/2006/11/19/magazine/19wwln_lede.html
11. Julian Pecquet, "Al Gore really did beat George W. Bush in 2000. Six years on, this is still a problem?," *Research in Review Magazine*, Fall/Winter 2005, http://www.rinr.fsu.edu/winter2005/features/battlefield.html; John K. Wilson, "Gore Wins!," Chicago Media Watch, [http://www.chicagomediawatch.org/01_4_gore.shtml]
12. Ford Fessenden and John M. Broder, "Study of Disputed Florida Ballots Finds Justices Did Not Cast the Deciding Vote," *New York Times*, November 12, 2001, http://www.nytimes.com/2001/11/12/politics/12VOTE.html?ex=1201496400&en=b82b9a96d775d918&ei=5070
13. Dan Keating and Dan Balz, "Florida Recounts Would Have Favored Bush: But Study Finds Gore Might Have Won Statewide Tally of All Un-counted Ballots," *Washington Post*, November 12, 2001, http://www.washingtonpost.com/wp-dyn/articles/A12623-2001Nov11.html
14. Jackie Calmes and Edward P. Foldessy, "In Election Review, Bush Wins Without Supreme Court Help," *Wall Street Journal*, November 12, 2001.
15. Doyle McManus, Bob Drogin and Richard O'Reilly, "Bush Still Had Votes to Win in a Recount, Study Finds," *Los Angeles Times*, November 12, 2001.
16. CNN.com, "Florida Recount Study: Bush Still Wins," 2001, [http://www.cnn.com/SPECIALS/2001/florida.ballots/stories/main.html]
17. Tim Nickens, "Recount: Bush," *St. Petersburg Times*, November 12, 2001, http://www.sptimes.com/News/111201/Lostvotes/Recount__Bush.shtml
18. Walter Gibbs and Sarah Lyall, "Gore Shares Peace Prize for Climate Change Work," *New York Times*, October 13, 2007, http://query.nytimes.com/gst/fullpage.html?res=9A07EFDC1430F930A25753C1A9619C8B63&partner=rssnyt&emc=rss; Jackie Calmes, "Al Gore Might Yet Join 2008 Contenders," *Wall Street Journal*, May 8, 2006, http://online.wsj.com/public/

article/SB114704312621046146-lkhKNtLxXyeMs8Oo1vlKOzOKlb0_20070507.html; Peter Baker, "Feats Divide Pair Linked by Election," *Washington Post*, October 13, 2007, http://www.washingtonpost.com/wp-dyn/content/ar-ticle/2007/10/12/AR2007101202296.html

19. Jeffrey Gettleman, "The 2002 Elections: Georgia; An Old Battle Flag Helps Bring Down A Governor," *New York Times*, November 7, 2002, http://query.nytimes.com/gst/fullpage.html?res=9C0CEEDF1F3EF934A35752C1A9649C8B63

20. Steve Freeman and Joel Bleifuss, *Was the 2004 Presidential Election Stolen? Exit Polls, Election Fraud, and the Official Count* (New York: SevenStories Press, 2006).

21. 2004年選挙の不正と思しき出来事の詳細については Mark Crispin Miller, *Fooled Again: The Real Case for Electoral Reform, exp.* ed. (New York: Basic Books, 2005), pp. 368ff を参照。

22. Greg Mitchell, 'Daily Endorsement Tally: Kerry Wins, Without Re-count,' *Editor & Publisher*, November 5, 2004. 2004年の選挙日前に、共和党がブッシュ／チェイニーに反旗を翻したさらなる証拠については Miller, *Fooled Again*, pp. 7-18 を参照。

23. *New York Times*, "Contesting The Vote; Excerpts From Vice President's Legal Challenge to the Results in Florida," November 28, 2000, http://query.nytimes.com/gst/fullpage.html?res=9D0CE3D8173DF93BA15752C1A9669C8B63&sec=&spon=&pagewanted=2

24. Paul Gigot, "Miami Heat: A burgher rebellion in Dade County," *Wall Street Journal*, November 24, 2000, http://web.archive.org/web/20021202233447/http://www.opinionjournal.com/columnists/pgigot/?id=65000673

25. Avi Rubin's Blog, "UConn VoTeR center report: Diebold AV-OS is vulnerable to serious attacks," October 31, 2006, http://avi-rubin.blogspot.com/2006/10/uconn-voter-center-report-diebold-av-os.html

26. Mark Rollenhagen, "Bennett v. Brunner: The Sequel," Openers: The Plain Dealer Politics Blog, January 24, 2008, http://blog.cleveland.com/openers/2008/01/bennett_v_brunner_the_sequel.html

2000年

●「ジェブがそう言ったから」投票日の夜、フロリダ州で何が起こったのか

1. 今日の「選挙が盗まれる」という問題については Mark Crispin Miller, *Fooled Again: The Real Case for Electoral Reform* (New York: Basic Books, 2007) を参照。アメリカ史上、票と選挙がいかに盗まれてきたかについては Andrew Gumbel, *Steal This Vote: Dirty Elections and the Rotten History of Democracy in America* (New York: Nation Books, 2005) を参照。
2. グレッグ・パラスト『金で買えるアメリカ民主主義』(貝塚泉訳、角川文庫、2004)。
3. Lance deHaven-Smith, *The Battle for Florida* (Gainesville, FL: University Press of Florida, 2005).
4. Alan M. Dershowitz, *Supreme Injustice: How the High Court Hijacked Election 2000* (New York: Oxford University Press, 2001), Bruce Ackermann, *Bush v. Gore: The Question of Legitimacy* (New Haven: Yale University Press, 2002), and Vincent Bugliosi, *The Betrayal of America: How the Supreme Court Undermined the Constitution and Chose the Next President* (New York: Thunder Mouth's Press/Nation Books, 2001) を参照。
5. Jane Mayer, "Dept. of Close Calls," *The New Yorker*, Nov. 20, 2000, p. 38.
6. John Ellis, "A Hard Day's Night: John Ellis' Firsthand Account of Election Night," *Inside* magazine, Monday Dec. 11, 2000 10:52 am The article appeared in the Dec. 26 issue of *Inside* magazine.
7. シンシア・タルコフの見解は、全て2005年4月15日と4月18日に彼女に行った対面インタビューに基づいている。
8. Jeffrey Toobin, *Too Close to Call: The Thirty-Six Day Battle to Decide the 2000 Election* (New York: Random House, 2001), p. 20.
9. この研究はワシントン・ポスト、シカゴ・トリビューン、ニューヨーク・タイムズ、ウォール・ストリート・ジャーナル、パーム・ビーチ・ポスト、ペテルブルグ・タイムズ各紙とAP通信社から資金提供を受けて実施された。
10. "Chads, Scanners, and Votes," CBS News Web site, Nov. 12, 2001; http://www.cbsnews.com/stories/2001/11/12/politics/main317662.shtml. Robert Tanner and Sharon L. Crenson, "Florida

Review Shows Narrowest Margin," *Associated Press* news release, in *Portsmouth Herald*, November12, 2001; http://www.seacoastonline.com/apps/pbcs.dll/article?AID=/20011112/NEWS/311129984 も参照。

11. John F. Harris, "A Symbolic but Muddled Victory," *The Washington Post*, November 12, 2001, p. A11; [http://www.washingtonpost.com/ac2/wp-dyn/A12604-2001Nov11?language=printer]

12. Toobin, op.cit., p. 25.

13. Reed Irvine and Cliff Kincaid, "Lasting Damage From Election Night Numbers," Accuracy in Media, Nov. 24, 2000; http://www.aim.org/media-monitor/lasting-damage-from-election-night-blunders/

14. Daphne Eviatar, "Murdoch's FOX News," *The Nation*, March 12, 2001; http://www.thenation.com/article/murdochs-fox-news#

15. Irvine and Kincaid, op. cit.

16. David A. Kaplan, *The Accidental President* (New York: William Morrow, 2001), p. 28.

17. Toobin, op. cit., pp. 35, 56-57.

18. Todd Gitlin, "How TV Killed Democracy on Nov. 7," *Los Angeles Times*, Feb. 14, 2001.

19. Mickey Kaus, "Everything the *New York Times* Thinks About the Florida Recount Is Wrong! It turns out the U.S. Supreme Court really did cast the deciding vote...,." *Slate* posted Tuesday, Nov. 13, 2001.

20. ピーター・ドイチェ下院議員による2001年2月14日の下院エネルギー商業委員会前に行われた公聴会での発言。

21. Vincent Bugliosi, *The Betrayal of America: How the Supreme Court Undermined the Constitution and Chose Our President* (New York: Thundermouth's Press/Nation Books, 2001), p. 51に引用。

22. Kaplan, op. cit., pp. 284-285.

23. ウォーレン・ミトフスキーが2000年11月の選挙直後に、同僚に宛てて書いたコメント。

24. Seth Mnookin, "It Happened One Night," *Brill's Content*, February 4, 2001.

25. Jack Shafer, "Defending the Projectionists," *Slate*, posted Nov. 15, 2000, at 2:24 p.m. PT.

26. ウォーレン・ミトフスキーは2006年、中間選挙の前に死亡したが、

国政選挙プール（NEP）はエジソン／ミトフスキーの名の下に、いまだに選挙戦の夜に稼働している（訳注：2010年からはエジソン・リサーチ社が出口調査・分析を請け負っている）。
27. マレー・エデルマンとの対面インタビュー、2006年3月14日。

● フロリダ州2000年　無法者大統領による無法政治の始まり

1. U.S. Civil Rights Commission, *Voting Irregularities in Florida During the 2000 Presidential Election*, June 2001.
2. David Barstow and Don Von Natta, Jr., "How Bush Took Florida: Mining the Overseas Absentee Vote," *New York Times*, July 15, 2001.
3. David Colburn and Lance deHaven-Smith, *Florida's Megatrends* (Gainesville: The University Press of Florida, 2002).
4. Detailed Bulletin 145, *Florida Population Studies 2006* (Gainesville: Bureau of Economic and Business Research, 2006).
5. U.S. Civil Rights Commission, *Voting Irregularities in Florida During the 2000 Presidential Election*, June 2001. S.V. Date, *Jeb: America's Next Bush* (New York: Penguin, 2007), pp. 120-124 も参照。
6. U.S. Commission on Civil Rights, *Hearing on Allegations of Election Day Irregularities in Florida*, Tallahassee, Florida, January 11, 2001 の議事録。
7. この研究データの詳細な検討と分析は以下を参照。Lance deHaven-Smith, *The Battle for Florida: An Annotated Compendium of Materials from the 2000 Presidential Election* (Gainesville: The University Press of Florida, 2005).
8. deHaven-Smith, pp. 38-42. Steven F. Freeman and Joel Bleifuss, *Was the 2004 Presidential Election Stolen? Exit Polls, Election Fraud, and the Official Count*, pp. 33-54 も参照。
9. David Von Drehle, Dan Balz, Ellen Nakashima and Jo Becker, "A Wild Ride Into Uncharted Territory," *Washington Post*, January 28, 2001. Dan Balz, David Von Drehle, Susan Schmidt and Roberto Suro, "The Inside Story of America's Closest Election," *Washington Post*, February 4, 2001. David Barstow and Somini Sengupta, "The Florida Governor: With Tallahassee All Astir, Jeb Bush Keeps Distance," *New York Times*, November 17, 2001.
10. David Barstow and Don Von Natta, Jr. "How Bush Took Florida:

Mining the Overseas Absentee Vote." *New York Times*, July 15, 2001.
11. Jake Tapper, *Down and Dirty: The Plot to Steal the Presidency* (New York: Little, Brown and Company, 2001). Douglas Kellner, *Grand Theft 2000: Media Spectacle and a Stolen Election* (New York: Rowman & Littlefield, 2001).
12. David Von Drehle, Dan Balz, Ellen Nakashima and Jo Becker, "A Wild Ride Into Uncharted Territory," *Washington Post*, January 28, 2001.
13. Dan Balz, David Von Drehle, Susan Schmidt and Roberto Suro, "Epi-logue: Last in a Series on the 2000 Election," *Washington Post*, February 4, 2001.

2002年

●ドン・シーゲルマンの苦難

1. CNN, "Two lay claim to Alabama governor's mansion," November 6, 2002, http://edition.cnn.com/2002/ALLPOLITICS/11/06/elec02.alabama.governors/index.html
2. Steve McConnell, "The Changing of The Guards: Bay Minette, Election Night," *Baldwin County Now*, July 19, 2007, http://www.gulfcoastnewstoday.com/area_news/article_8eca1697-c5e1-589b-a405-b232e6947510.html
3. Scott Horton, "The Remarkable 'Recusal' of Leura Canary," *Harpers Magazine*, September 14, 2007, http://harpers.org/blog/2007/09/the-remarkable-recusal-of-leura-canary/
4. John Davis, "Siegelman On Trial Today," *Montgomery Advertiser*, October 4, 2004, [http://www.montgomeryadvertiser.com/specialreports/siegelman/sto-ryV5SIEGELMAN04W.htm]
5. Alliance for Justice, "Statement on House Judiciary Subcommittees Joint Hearing on 'Allegations of Selective Prosecution," October 22, 2002, [http://www.afj.org/about-afj/press/10222007.html]
6. House Judiciary Committee, "Judiciary Members Ask AG for Documents, Information on Alabama's Siegelman Case and Allegations of Other Selective Prosecutions," The Gavel: House Speaker Pelosi's Web Site, July 17,2007, [http://www.speaker.gov/

blog/?p=595]
7. Brett J. Blackledge, Mary Orndorff and Kim Chandler, "Lawyer adds to her affidavit on Siegelman," *The Birmingham News*, October 10, 2007, [http://www.al.com/printer/printer.ssf?/base/news/1192005492139550.xml]
8. Muriel Kane and Larisa Alexandrovna, "The Permanent Republican Majority Part One: How A Coterie Of Republican Heavyweights Sent A Governor To Jail," *The Raw Story*, November 26, 2007, http://rawstory.com/news/2007/The_Permanent_Republican_Majority_1125.html
9. Larisa Alexandrovna, "The Permanent Republican Majority Part II: Daughter Of Jailed Governor Sees White House Hand In Her Father's Fall," *The Raw Story*, November 27, 2007, http://rawstory.com/news/2007/The_permanent_Republican_majority_Daughter_of_1127.html

2004年

● 2004年選挙における都市伝説

1. The 2004 National Exit Poll, Edison-Mitofsky, 2004. 2000 National Exit Day Polls, VNS, 2000.「出口調査・投票者の調査は、市民が投票を終えたわずか数分後に行われる。調査結果は、実際の投票の動機やパターンを理解するための主要な情報源となる。出口調査は語る：誰がどの候補者に投票したか、なぜ各選挙区の投票者がその最終決断をしたのか、候補者や議題にまつわる地理的要因がどのように選挙に作用したか」Edison Research, http://www.edisonresearch.com/us_exit_polling.php
2. Charlie Cook, "GOP Turns Out A Win," *National Journal*, November 9, 2004, http://cookpolitical.com/story/1745
3. *USA Today*, "Latest Vote, County by County-2000, 2004," November 16, 2004, http://www.usatoday.com/news/politicselections/vote2004/countymap.htm
4. Bill Nichols and Peter Eisler, "President makes peace offer to political rivals," *USA Today*, Posted 11/2/2004, Updated 11/5/2004, http://usatoday30.usatoday.com/news/politicselections/vote2004/president.htm

5. Michael Collins, "Zogby - Voters Question Outcome of '04 Election," *Scoop Independent News*, September 25, 2006, http://www.scoop.co.nz/stories/ HL0609/S00346.htm
6. 各都市の選挙に関する情報は以下を参照。California: Los Angeles, San Diego, San Francisco, San Jose, General Election - Statement of Vote by California Secretary of State 2000 http://www.sos.ca.gov/elections/sov/2000-general/ Presidential General Election - Statement of Vote by California Secretary of State 2004 http://www.sos.ca.gov/elections/sov/2004-general/ Department of Registrar-Recorder/County Clerk, County of Los Angeles, 2000. http://rrcc.co.la.ca.us/elect/00110020/rr0020pb.html-ssi
Chicago, Illinois Chicago Board of Elections, Chicago Presidential Results 2000 http://www.chicagoelections.com/wdlevel3.asp?elec_code=120 Chicago Board of Elections, Chicago Presidential Results 2004 http://www.chicagoelections.com/wdlevel3.asp?elec_code=90
Davidson-Nashville, Tennessee Secretary of State 2004 Presidential Results http://www.state.tn.us/sos/election/results/2004-11/index.htm Tennessee Secretary of State 2000 Presidential Results http://www.state.tn.us/sos/election/results/2000-11/index.htm
Denver, Colorado David Leip's Presidential Atlas, Presidential Election Returns 2000 and 2004 http://uselectionatlas.org/RESULTS/
Detroit, Election Precinct Result Search (Wayne County, Detroit City), Michigan Department of State, http://miboecfr.nicusa.com/cgi-bin/cfr/precinct_srch.cgi
Milwaukee, Wisconsin City of Milwaukee County Election Commission Election Results http://county.milwaukee.gov/ElectionResults23729.htm
New York, New York State Board of Elections, 2000 Election Results http://www.elections.ny.gov/2000ElectionResults.html 2004 Election Results http://www.elections.ny.gov/2004ElectionResults.html
Philadelphia, Pennsylvania Department of State, 2000 General Election, Philadelphia http://www.electionreturns.state.pa.us/Default.aspx?EID=9&ESTID=2&CID=2340&OID=0&CDID=0&PID=0&DISTID=0&IsSpecial=0 2004 General Election, Philadelphia http://

www.electionreturns.state.pa.us/Default.aspx?EID=13&ESTID=2&CID=2340&OID=0&CDID=0&PID=0&DISTID=0&IsSpecial=0
Washington, D.C. Election Year 2000, November 7 General Election https://www.dcboee.org/election_info/election_results/elec_2000/general_elec.asp Election Year 2004, November 2 Presidential General Election https://www.dcboee.org/election_info/election_results/elec_2004/pres_general_2004_results.asp

●電子投票機を使った票の水増し術 「ハッキング&スタッキング」 アリゾナ州ピマ郡の場合

1. Mark Crispin Miller, "Fooled Again - The *Real* Case for Election Reform," *Basic Books*, New York, 2007, p 132.
2. David L. Griscom and John R. Brakey, "Forensic Statistical Mechanics Applied to Public Documents Prove Poll-Worker Fraud," presentation by Griscom to the 2007 Annual Meeting of the *American Association for the Advancement of Science*, 2/16/07; http://www.drivehq.com/file/df.aspx?isGallary=true&shareID=1720262&fileID=1469997610&forcedDownload=true
3. David L. Griscom, "Sleuthing Stolen Election 2004: John Brakey and the "Hack and Stack," *OpEdNews*, 3/17/07; http://www.opednews.com/populum/printer_friendly.php?content=a&id=32160
4. 暫定投票は、他の二つの投票形式と比べサンプル・サイズが小さい。そのため暫定投票のデータを含む科学的調査は、他の二つの調査に比べて統計的な不確実性が高くなりやすい。アリゾナ州第27選挙区では、投票区あたりの「公式に受理された」暫定投票の平均は36票にすぎなかった。これに対して投票所における投票数の平均は502票、郵便投票は411票だ。しかしながら図13、図14の結果は、暫定投票のデータを使って郵便投票の（大半に）不正がなかったことを証明しようとした私の方法が当を得ていたことを示した。

●「ペーパー・トレイル」付きタッチスクリーン投票機販売戦略 ネバダ州からアメリカ選挙支援委員会（EAC）まで

1. Ed Vogel, "Sequoia Voting Systems: Voting Machines Chosen," *Las Vegas Review Journal*, Dec. 11, 2003.
2. Dean Heller, "V-PAT Certification News Conference," Office of

Secretary of State, July 15, 2004.
3. Tom Wilkey, アメリカ選挙支援委員会（EAC）との電話会議での発言、December 27, 2006.
4. Dean Heller, July 15, 2004.
5. Donetta Davidson, アメリカ選挙支援委員会（EAC）との電話会議での発言、December 27, 2006.
6. Jeannie Layson, アメリカ選挙支援委員会（EAC）との電話会議での発言、December 27, 2006.
7. Anjeanette Damon, “Board OKs Non-Certified Voting Machines.” *Reno Gazette-Journal*, March 9, 2004.
8. Wyle Laboratories, Test Report No. 50932-01, Page 22, April 30, 2004.
9. Wyle Laboratories, Page 23, April 30, 2004.
10. Wyle Laboratories, Page 24, May 3, 2004.
11. Wyle Laboratories, Page 25, May 5, 2004.
12. Wyle Laboratories, Page 28, June 30, 2004.
13. Ellick C. Hsu, “State Certification of AVC EDGE Model II with Veri-Vote Printer: Release 4.3, Build 320,” Office of the Secretary of State, January 11, 2005.
14. Anjeanette Damon, March 9, 2004.
15. Anjeanette Damon, March 9, 2004.
16. Anjeanette Damon, March 9, 2004.
17. フリーマンの手紙はネバダ州務長官の記録には見当たらない。フリーマンは手紙の存在を認めているが、手紙のコピーの提出を拒否している。セコイア社も手紙の存在は認めているが、そのコピーの提出を拒否している。パトリシア・アクセルロッドは手紙の一部を所持しているが、係争中であることを理由に全文の提出を拒否している。EAC は、手紙の記録はないとしている。
18. Michelle Schafer からの E メール、March 27, 2007.
19. Brian Hancock, アメリカ選挙支援委員会（EAC）との電話会議での発言、December 27, 2006.
20. Michelle Schafer への電話インタビュー、February 27, 2007.
21. George Merritt. “City Asked for Pollbook Software,” *Denver Post*, December 1, 2006.
22. Brian Hancock からの E メール、October 12, 2004.

23. Donetta Davidson, December 27, 2006.
24. *Conroy v. Dennis*, Denver District Court, 06-CV-6072.
25. Tom Wilkey, December 27, 2006.
26. Tom Wilkey のセコイア・ボーティング・システムズ社に対するメモ、October 15, 2004.
27. Brian Hancock からの E メール、October 20, 2004.

2006 年

● 阻まれた大勝利　2006 年中間選挙における出口調査と投票集計結果の比較

1. エジソン／ミトフスキーによる上院選挙の出口調査でも驚くべき相違点が示された。これについては別の論考で取り上げる予定。下院選挙が特に重要なのは、上院と違って下院が全米規模の総合的な視点を提供する点にある。
2. このサンプル・サイズは、大統領選挙の全得票総数を測定する時に使われるサイズとおおよそ等しかった。事前投票及び不在者投票のサンプルについては、必要に応じて電話による聞き取りが追加された。
3. NEP がその全国調査の許容誤差を +/-3％としたことについて、我々は興味を感じるとともに憂慮している (Election Polling by Edison Research: FAQ About the NEP Exit Poll, http://www.edisonresearch.com/election-research-services/exit-polling-faq-frequently-asked-questions-about-the-nep-exit-poll#.U6EcW_l_tqU)。2004 年に公表された NEP の調査方法の説明では、同サイズで同じサンプリング方法の調査に +/-1％の予測誤差を割り当てたことを考えると、むしろ奇妙と言える。NEP はおそらく、2008 年の大統領選への調査でこの新しい調査方法を適用すると思われる。NEP はまた、2008 年選挙で全米調査のサンプル・サイズを 75％も縮小することを計画しているが、そうならないことを願う。2004 年あるいは 2006 年にもあてはまるように、全米調査の許容誤差が +/-3％というのはもちろん不合理だ。2000 人規模の州による世論調査が +/-4％の許容誤差を生むと述べているが、これはその「5 倍以上」のサンプル・サイズだ。出口調査と集計結果の許容誤差を大きく超える不一致が巻き起こした議論を鎮めるには確かに便利だが、我々が知る限り、統計学や数学の手法ではない。
4. David Bauder, "ABC Captures Election-Night Ratings Race," *Associated Press*, November 8, 2006 を参照。おかしなことに電子投票

が普及して以来、無党派で働き盛りの専門家集団が不正を防ぐべく熱心に努力したにもかかわらず、民主党「オーバーサンプリング」説は出口調査について回ることとなった。もちろん加重プロセスそのものが、推定される選挙民の全体像にデータを近似させるためであり、当然そこには党派性も含まれる。よって、ある党の支持者が実際に多くサンプルされたとしても、それは公表されない生データには反映されるが、公表された加重済みの出口調査がそれによって偏ったり、有効性が影響を受けることはない。それこそが、加重措置が採用される理由にほかならない。民主党支持者が「オーバーサンプリング」されたと殊更に憂慮することは、誤解を招く以上に、誤った方向への意図的な誘導である可能性が高い。

5. 午後7時7分発表の調査によると、サンプル・サイズは1万207だった。NEPの方法に従って、生データが選挙民の人口構成に近似するように加重されたのだ。

6. 加重された全国調査は1万207人だが、修正された全国調査では1万3251人と大幅に増加している。この「回答者数」の増加に注目したアナリストたちは、この変化について、共和党寄りの回答者が調査後半に集中したからだと結論づけるかもしれない。そう考えるのは理解できるが、誤りだ。この二つはどちらも加重されたデータであり、有効とみられる選挙民のプロフィールに合わせて「調整」済みだ。加重された全国調査については確立された人口動態の変数に、修正された全国調査については投票集計結果に合わせてある。公表された回答者の数はこのプロセスとは関連性がなく、その調査の許容誤差の指標としての有意性があるだけだ。1万人超の回答者数は巨大なサンプルであり（大半の世論動向調査の規模は500から1500の範囲）、加重された全国調査において人口構成による加重を実施する十分な根拠となることは確かだ。

7. Rasmussen Reports, "Polling Methodology: Job Approval Ratings," July 23, 2006, http://www.rasmussenreports.com/public_content/politics/polling_methodology_job_approval_ratings を参照。ラスムセン調査が述べているように、四択式では3％から4％支持率が高く調整される。二択式では頻繁に見られる「どちらとも言えない」とする回答が、四択式では肯定的な回答に吸収されるためである。

8. PollingReport.com, "President Bush: Overall Job Rating in Recent National Polls," http://www.pollingreport.com/BushJob.htm 全国調査の典型例としては Gallup, AP-Ipsos, *Newsweek*, Fox/Opinion Dynamics, CBS/*New York Times*, NBC/*Wall Street Journal*, and ABC/*Washington*

Post などがある。支持率の中間値は 37.4％で、平均値と識別不能だった。10 月 1 日から 11 月 7 日までの期間に、識別可能な上方あるいは下降トレンドはなかった。

9. Rasmussen Reports, "President Bush Job Approval," January 29, 2008, http://www.rasmussenreports.com/public_content/politics/political_updates/president_bush_job_approval を参照。この評価は「強く支持」と「どちらかといえば支持」を合わせたもので、1 カ月間毎日追跡調査を行うラスムセン世論動向調査の月間平均。

10. PollingReport.com, "Congress: Job Rating," http://www.pollingreport.com/CongJob.htm

11. ANES (The American National Election Studies) については www.electionstudies.org を参照。ミシガン州立大学政治学センター発行、アメリカ国立科学財団他、多数のスポンサーが出資する研究を基にしている。

12. 記録は 1948 年からあり、ANES を参照されたい。"Race of Respondent 1948-2004," November 27, 2005, http://www.electionstudies.org/nesguide/toptable/tab1a_3.htm

13. アジア系とアメリカ先住民の有権者もまた強固な民主党の支持基盤だが、これらの層も同様に、加重された全国調査では実際よりかなり過小に反映されている。ANES 調査 2006 年版は 2008 年後半に公表。2004 年選挙では、加重された全国調査の白人の割合は 77％、黒人が 11％、一方 ANES 調査は 70％、16％であった。ブッシュ支持者は「(調査への参加を) しぶる」ので不足したと言われたが、実際にはブッシュを支持する白人有権者を 11％も過剰に反映し、ケリーを支持した黒人有権者は、80％（！）も過少に反映された。全米の得票総数でブッシュを 2.5％差で「勝利」させたのは、実はこの白人に偏ったサンプルだった。

14. 記録は 1952 年からあり、ANES を参照されたい。"Party Identification 7-point Scale," November 27, 2005, http://www.electionstudies.org/nesguide/toptable/tab2a_1.htm

15. 2004 年の修正された全国調査で人口動態の歪曲が最も疑われたのは、党の ID に関するクロス集計だったことに留意されたい。それによると選挙民は、民主党員と自認する投票者と共和党員と自認する投票者が、それぞれ 37％でほぼ同率とされた。推定とは言えこのような均衡は前例がない。そればかりか 2004 年選挙において、いたるところで民主党が投票率で大勝利を得ている兆候が観察されたことに矛盾するものだった。オハイオ州だけでなく全米で、伝統的に民主党有利とされた都市部の投票所

で長蛇の列ができ、長い待ち時間が記録された一方、伝統的に共和党が強い地域では長蛇の列も待ち時間へのクレームも観察されなかった（EIRS data at Voteprotect.org, "Election Incident Report System: All Election Incidents," 2004, [https://voteprotect.org/index.php?display=EIRMapNation&tab=ED04]）。

16. 2006年選挙でも明らかになったが、加重措置が過去の投票率パターンに基づいている限り、投票率の劇的な変化もアンダーサンプリングの原因の一つにあげられる。それに加えて、「実際の」選挙結果が加重プロセスのアルゴリズムに採用されていることはより憂慮される。「実際の」選挙結果は、電子投票の集計過程で歪曲されやすく、実際に歪曲されてきたからだ。

17. 加重された全国調査が示した民主党のリード11.5％は、選挙直前に実施された主要な七つの全国世論調査で示された差の平均値11.5％とまさに合致した。この選挙直前の11.5％リードは、投票日の週に現れた三つの調査の奇妙な結果、すなわち7％、6%、4%という「異常値」によって大幅に引き下げられた。このことを考慮に入れ、この3調査を除外すると、10月初めから投票日までに発表された31の主要全国調査のうち30で、民主党のリードは二桁を示し、唯一の例外は9％だった。Real Clear Politics, "Generic Congressional Ballot," http://www.realclearpolitics.com/epolls/2006/house/us/generic_congressional_ballot-22.html を参照。選挙前の1カ月間に行われる世論調査の大半は、（スクリーニングする一連の質問に基づき）「確実に投票しそうな人以外は『全て』排除する」LCVMと呼ばれるモデルにシフトしているので、注意が必要だ。つまり投票に行く確率が25%の人だけでなく、50％の人までも全て排除する。こうした人々は、一時滞在者や投票権を初めて手にした人たちの割合が極端に高く、教育レベルも収入も低く、民主党支持層が多くを占める。その彼らがごっそり除外されることになる。これらの有権者は、普通は投票の可能性に合わせて下方に加重すべきではあるが、投票する可能性は0％ではない。彼らを全て除外することにより、選挙前の世論調査は共和党支持に2～5％偏ることになる。しかし2006年選挙の場合は、民主党側の投票意欲の高揚によって「変則的に」相殺されたように見えた。このことは、共和党支持者たちが投票する意思があるかを問われて否定的、あるいは曖昧に回答したことから、2006年選挙のLCVMの失敗率が上がったことにも見られる。ペンシルベニア大学組織ダイナミクスセンターの客員教授スティーブン・フリーマンは、この現象を詳しく検証した。もちろ

ん、最近の調査がLVCMにシフトする理由の一つには、世論調査専門家が報酬を得るのは「（調査を）適切に実施する」ことに対してであり、方法論の純度は報酬の対象にならないことがある。LVCMは結果を歪めはするが、調査を「適切に実施する」方法であることは、世論調査の専門家も認めるところだ。専門家から見れば、選挙が真実だろうが歪曲されていようが、調査が適切に実施されることが、自分たちの成功を測る尺度なのだ。現実は歪曲された集計結果と、歪曲されながらも「成功した」とされる選挙前の世論調方法が、お互いを補強し正当化し合う結果、（実際の投票者から引き出された）**出口調査の結果だけが一致していないように見えてしまうのだ。**

18. 実際、現在行われている分析が進み、投票率競争における民主党の勝利が完全に数値化されれば、2006年選挙における集計の誤りを大幅に上方修正することになるだろう。

19. 2006年に接戦地区が集中的にターゲットにされた証拠は、“Fingerprints of Election Theft” (http://www.electiondefensealliance.org/fingerprints_election_theft) を参照。

20. （フォーリー、ハガード、シャーウッドなどの）センセーショナルな一連のスキャンダルによる重大な影響は、加重された全国調査でも明白に表れた。「政治の腐敗・倫理」の重要性について41％が「きわめて重要」、33％が「とても重要」と答えている。これは「テロリズム」を抜いて、「重要性」を尋ねる質問のうちで最も高い率だ。共和党が選挙後半で失速したもう一つの原因であるイラク問題についても、重要だとする答えが高率を占めた（36％が「きわめて重要」と答え、その内訳は民主党支持者が61％、共和党支持者38％となった）。

21. The Cook Political Report, “Question 6: Poll To Be Released,” [http://www.cookpolitical.com/poll/ballot.php]

22. 下院では1％差での勝利が4選挙、2％差が4選挙、3％差が1選挙、4％差が5選挙、5％差が1選挙、6％差が5選挙、7％差が1選挙、8％差が5選挙、9％差が2選挙あった。上院では1％差が2選挙、3％差が1選挙、6％差が1選挙、8％差が1選挙だった。

23. 票移動の規模については、空間的な限界というより時間的な限界があったと我々は判断した。票移動の規模よりも、システムを配置するタイミングの問題だったということだ。この判断が正しければ、2006年選挙直前に起きたような想定外の土壇場の追い上げは、将来の不正行為を克服するに十分と言える。しかし、電子投票の票移動にどのような定量限界が

適用されたとしても、**スーパー・マジョリティの支援がないと選挙に勝てないような事態はごめん被りたいものだ。**
24. たとえば下記。Association for Computing Machinery U.S. Public Policy Committee (USACM) Public Policy Blog, http://techpolicy.acm.org/blog/?cat=6
25. ブレナン司法センターの学術タスク・フォース会員に対する認証を参照。"About the Voting System Security Task Force," http://www.brennancenter.org/page/-/d/download_file_39281.pdf
26. United States Government Accountability Office, "Elections: Federal Efforts to Improve Security and Reliability of Electronic Voting Are Under Way, but Key Activities Need to Be Completed," September 2005, http://www.gao.gov/new.items/d05956.pdf
27. Harri Hursti, "Diebold Tsx Evaluation: Security Alert May 11, 2006, Critical Security Issues with Diebold Tsx," Black Box Voting, http://www.blackboxvoting.org/BBVtsxstudy.pdf ; Harri Hursti, "Diebold Tsx Evaluation: Security Alert May 22, 2006, Supplemental Report, Additional Observations," Black Box Voting, http://www.blackboxvoting.org/BBVtsxstudy-supp.pdf; Harri Hursti, "The Black Box Report: Security Alert July 4, 2005, Critical Security Issues with Diebold Optical Scan Design," Black Box Voting, http://www.blackboxvoting.org/BBVreport.pdf を参照。
28. 投票機器の不具合に関する信頼できる報告はどこにでも見られるものだった。VotersUnite.org, "Malfunctions and Miscounts, Sorted by Vendor," http://www.votersunite.org/info/messupsbyvendor.asp
29. たとえば、The Brennan Center Task Force On Voting System Security, "The Machinery of Democracy: Protecting Elections in an Electronic World," 2006, http://www.brennancenter.org/publication/machinery-democracy-protecting-elections-electronic-world-0 を参照。
30. Election 2006 incidents at VotersUnite.org, "Election Problem Log - 2004 to Date," http://www.votersunite.org/electionproblems.asp

2008年選挙前

● オハイオ州で起こることは、全米でも……

1. Ohio Secretary of State, "Study: Voting Systems Vulnerable," press release, [http://www.sos.state.oh.us/News/Read.aspx?ID=233]

2. Bob Fitrakis, "Is there inner-city election suppression in Franklin County, Ohio?" *Columbus Free Press*, November 2, 2004, http://freepress.org/columns/display/3/2004/977

3. U.S.Congress, Status Report of the House Judiciary Committee Democratic Staff, "Preserving Democracy: What Went Wrong In Ohio," January 5, 2005, http://www.mindfully.org/Reform/2005/America-Stolen-Election1aug2005.pdf. *What Went Wrong In Ohio: The Conyers Report on the 2004 Presidential Election*, (Chicago: Academy Chicago Publishers, 2005) も出版されている。

4. Ohio Secretary of State, 2004 Election Results, http://www.sos.state.oh.us/sos/elections/Research/electResultsMain/2004ElectionsResults.aspx

5. Bob Fitrakis, Steve Rosenfeld and Harvey Wasserman, "The 'Crime of November 2' : The human side of how Bush stole Ohio, and why Congress must investigate rather than ratify the Electoral College (Part Two of Two)," *Columbus Free Press*, January 5, 2005, http://www.freepress.org/departments/display/19/2005/1067

6. Bob Fitrakis, Steve Rosenfeld and Harvey Wasserman, "Ohio Electoral Fight Becomes 'Biggest Deal Since Selma' as GOP Stonewalls," *Columbus Free Press*, December 22, 2004, http://www.freepress.org/departments/display/19/2004/1015

7. Bob Fitrakis, Steve Rosenfeld and Harvey Wasserman, "Ohio GOP election officials ducking notices of deposition as Kerry enters stolen vote fray," *Columbus Free Press*, December 8, 2004, http://www.freepress.org/departments/display/19/2004/1046

8. Steve Rosenfeld, Bob Fitrakis, and Harvey Wasserman, "As Blackwell Says, Ohio's in 2004 was a National Model," *Columbus Free Press*, March 24, 2005, http://freepress.org/departments/display/19/2005/1208

9. Bob Fitrakis, "Fake voting rights activists and groups linked to White House," *Columbus Free Press*, December 30, 2005, http://freepress.org/columns/display/3/2005/1289

10. Ibid.

11. The Democratic Party, "Democracy At Risk: The 2004 Election in Ohio," June 2005, [http://www.democrats.org/a/2005/06/

democracy_at_ri.php]
12. U.S. Government Accountability Office, "Federal Efforts to Improve Security and Reliability of Electronic Voting Systems Are Under Way, but Key Activities Need to Be Completed," September 2005, http://www.gao.gov/new.items/d05956.pdf
13. Bob Fitrakis and Harvey Wasserman, "Did the GOP steal another Ohio Election?" *Columbus Free Press*, August 5, 2005, http://www.freepress.org/departments/display/19/2005/1398
14. Darrel Rowland, "3 issues on way to passage, poll finds," *Columbus Dispatch*, November 6, 2005, [http://www.dispatch.com/live/contentbe/dispatch/2005/11/06/20051106-A1-01.html]
15. *Columbus Dispatch*, "44 counties will break in new voting machines," November 6, 2005, [http://www.dispatch.com/live/contentbe/dispatch/2005/11/06/20051106-A1-03.html]
16. Bob Fitrakis and Harvey Wasserman, "Has American Democracy Died an Electronic Death in Ohio 2005's Referenda Defeats?" *Columbus Free Press*, November 11, 2005, http://freepress.org/departments/display/19/2005/1559
17. Robert C. Koehler, "Poll Shock: Off by 40 points, newspaper's predictions may be disturbingly accurate," *Tribune Media Services*, November 24, 2005.
18. Bob Fitrakis and Harvey Wasserman, "Ohio's Diebold Debacle: New machines call election results into question," *Columbus Free Press*, November 24, 2005, http://freepress.org/departments/display/19/2005/1593
19. Ibid.
20. *Toledo Blade*, "Ohio's Election Problems Not Limited to Lucas County," December 21, 2005, [http://www.wtol.com/Global/story.asp?s=4104855]
21. *Cleveland Plain Dealer*, "Cuyahoga election results delayed until at least Friday," May 04, 2006.
22. Bob Fitrakis and Harvey Wasserman, "The criminal cover-up of Ohio's stolen 2004 election sinks to the fraudulent, the absurd, the pathetic," *Columbus Free Press*, August 2, 2007, http://www.freepress.org/departments/display/19/2007/2730

23. Ibid. 上記の全ての引用は、freepress.org 及びオハイオ州務長官室にアーカイブされている公式記録に収録されている。http://www.freepress.org/departments/display/19/2007/2730

● ブッシュ対ゴア判決　そして選挙の息の根を止める最高裁

1. James Madison, "Memorial and Remonstrance against Religious Assessments," CA.20 June 1785, http://founders.archives.gov/documents/Madison/01-08-02-0163
2. "Debate on Amendment XII to U.S. Constitution," December 1803, [http://presspubs.uchicago.edu/founders/documents/amendXIIs5.html]
3. たとえば Wash. Const. Art. I, § 32; また Arizona Const. Art II, sec. 1; Illinois Const., Art. I, § 23; Massachusetts ALM Constitution Pt. 1, Art. XVIII; New Hampshire RSA Const. Part 1, Art. 38; North Carolina N.C. Const. art.I, § 35; West Virginia W. Va. Const. Art. III, § 20 も参照。
4. Hasen, Rick L., "When "Legislature" May Mean More Than "Legislature:" Initiated Electoral College Reform And The Ghost Of Bush v. Gore," *Hastings Constitutional Law Quarterly*, April 2008.
5. Collins, Michael, "Congressional Election Nullified—Nobody Noticed," Scoop Independent News, August 25, 2006, http://www.scoop.co.nz/stories/ HL0608/S00316.htm
6. United States Court of Appeals for the 6th Circuit, Eric Stewart, et al v. J. Kenneth Blackwell, et al http://www.ca6.uscourts.gov/opinions.pdf/06a0143p-06.pdf
7. Ford Fessenden and Christopher Drew, "Counting the Vote: The Legal Precedent; For Texas and Other States, A Bump Is Sometimes a Vote," *New York Times*, November 23, 2000.

● 無邪気な改革が災いをもたらす　連邦選挙法を問い直す

1. Election Data Services, "69 Million Voters Will Use Optical Scan Ballots in 2006," 2006 Voting Equipment Study, February 6, 2006, [http://www.electiondataservices.com/EDSInc_VEStudy2006.pdf]
2. Help America Vote Act of 2002 Public Law 107-252, http://www.gpo.gov/fdsys/pkg/PLAW-107publ252/content-detail.html
3. Wolf, Richard,"Legal Voters Thrown off Rolls," *USA Today*, January 2,

2008, http://www.usatoday.com/printedition/news/20080102/1a_lede02.art.htm
4. Jackson, Brooks, “Hanging Chads’ often viewed by courts as sign of voter intent”, CNN, November 16, 2000, http://edition.cnn.com/2000/ALLPOLITICS/stories/11/16/recount.chads/
5. Brace, Kimball, “2004 Election Day Survey: A Summary of Findings,” September 7, 2005, Election Data Services, [http://www.electiondataservices.com/home.htm]
6. Drinkard, Jim, “Panel Cites Poll Workers’ Age as Problem,” *USA Today*, August 9, 2004.
7. Help America Vote Act of 2002 Public Law 107-252, Section 301, http://www.gpo.gov/fdsys/pkg/PLAW-107publ252/content-detail.html
8. Unites States Election Assistance Commission. “TGDC Recommended Guidelines.” http://www.eac.gov/vvsg
9. Election Defense Alliance, HR 811 Resource Page, http://www.electiondefensealliance.org/hr_811_holt_bill_resource_page
10. Democracy for New Hampshire, “We’re Counting the Votes Video: Lyndeborough, New Hampshire 2004 Part I and II”, Online Video, November 2004, http://www.youtube.com/watch?v=SxZ0jCoH2BQ and http://www.youtube.com/watch?v=95GRMhotMOQ
11. New Hampshire Department of State, New Hampshire Election Procedure Manual 2006-2007, http://electiondefensealliance.org/files/NH_ElectionManual083006.pdf

● 「ディキシー」を口ずさむ司法省

1. Manu Raju, “Attorney Probe Deepens,” *The Hill*, January 22, 2008.
2. Kristen Mack, “In Trying to Win, has Dewhurst Lost a Friend?” *Houston Chronicle*, May 17, 2007.
3. The Brennan Center for Justice at NYU Law School, “Analysis and Reports: Voter Fraud Resources,” http://www.brennancenter.org/analysis/analysis-and-reports
4. Richard Hasen, “Election Deform: The Supreme Court Messes Up Election Law. Again,” Slate.com, October 26, 2006, http://www.slate.com/id/2152116/

5. House Committee on Administration field hearing, Columbus, Ohio,109th Cong., *Congressional Record*, March 21, 2005.
6. Ibid.
7. Ibid.
8. Murray Waas, "The Scales of Justice," *National Journal*, May 31, 2007.
9. Michael Slater, "Voter Fraud?" *The National Voter*, October 2007.
10. Greg Gordon, "Ex-Justice official accused of aiding scheme to scratch minority voters," *McClatchy Newspapers*, June 25, 2007.
11. 著者によるインタビュー。
12. U.S. Election Assistance Commission, "The Impact of the National Voter Registration Act of 1993 on the Administration of Elections for Federal Office 2005-2006," June 30, 2007.
13. 著者によるインタビュー。
14. The Brennan Center for Justice at NYU Law School and Lawyers Committee for Civil Rights Under Law, "*Using Justice To Suppress The Vote*," Powerpoint presentation at The National Press Club, Washington, D.C., June 7,2007.
15. Charlie Savage, "Civil Rights Hiring Shifted in Bush Era," *Boston Globe*, July 23, 2006.
16. John J. Miller, "Fort Liberalism: Can Justice's civil rights division be Bushified?" *National Journal*, May 6, 2002.
17. Hans A. Von Spakovsky, "Voter Fraud: Protecting the Integrity of Our Democratic System," Issue Brief, Georgia Public Policy Foundation, Inc., 1997.
18. The Brennan Center for Justice at NYU Law School and Lawyers Committee for Civil Rights Under Law, ibid.
19. 著者によるインタビュー。
20. 著者によるインタビュー。
21. Chandler Davidson, Tanya Dunlap, Gale Kenny, Benjamin Wise, "Republican Ballot Security Programs: Vote Protection or Minority Voter Suppression - Or Both: A Report to the Center for Minority Voting Rights and Protection," September 2004.

2008 年選挙後～ 2014 年選挙前

● 電子投票集計の闇　大規模詐欺とクーデターへの招待状
2008 年以降に起こったこと、そして 2014 年に向けて

1.　現在、アメリカの投票の 98％以上は、二つの種類のコンピューターによって記録され集計されていると推定される。一つは直接記録式電子装置（「DRE」または「タッチスクリーン」）であり、もう一つは光学スキャナー（「Opscan」）である。現在使用されている投票機の種類に関する最新情報は、http://ballotpedia.org/State_by_State_Voting_Equipment を参照。
2.　投票機メーカーとその製品については、https://www.verifiedvoting.org/resources/voting-equipment/ を、主要ベンダーの総合的なカタログ、活動、由来、関連会社については、http://blackboxvoting.org/reports/voting-system-technical-information/ を参照。
3．2012 年の連邦下院選では、単独の出口調査が行われたのは（435 のうち）たった二つの選挙区だけである。通常、多くの州で単独の下院議員選の出口調査が行われなかったとしても、下院議席を一つしか持たない 7 州に関しては、出口調査が行われていた（これは独自の出口調査として考慮される）。しかし 2012 年の選挙では、全州レベルでの出口調査が 19 の州でキャンセルされ、その中には例外 7 州のうちの 5 州が含まれた。
4.　場合によっては、これが「強制的な再集計を回避できる程度の票差を達成するのに十分な票を盗む」ことになる。
5.　電子化された投票機の悪質なプログラミングやハッキングへの脆弱性については、[http://www.countedascast.com/california/toptobottomreview.php] 及び http://blackboxvoting.org/BBVreport.pdf を参照。興味深いので記しておくが、カリフォルニア州とオハイオ州が実施した包括的な審査はかつて、それぞれの州の次の二つのサイトで閲覧することができた。しかし、両方とも現在では削除され、公に見ることはできなくなっている［http://www.sos.ca.gov/elections/elections_vsr.htm］、［http://www.sos.state.oh.us/SOS/elections/voterInformation/equipment/VotingSystemReviewFindings/EVERESTtestingReports.aspx］。
6.　Richard Charnin, *Proving Election Fraud* (Bloomington IN: AuthorHouse, 2010), pp. 191 - 207 を参照。
7.　*King Lincoln Bronzeville Neighborhood Association et al v. J. Kenneth Blackwell et al*, filed 8/31/2006 in US District Court for the

Southern District of Ohio.

8. Simon Worrall, *Cybergate: The Mysterious Death of the White House's Cyber-Guru* (Amazon Kindle http://www.amazon.com/Cybergate-White-House-Stolen-Cyberfraud-ebook/dp/B0074NQ5UK を参照。また同様の内容がマキシム誌でも紹介されている。Maxim, February 2010, pp. 74 - 79).

9. 連邦下院の議席は、10年ごとに行われる国勢調査の結果が示す人口に比例しなければならないため、別の州に割り当てられていた議席の再配分をもたらすこともあり、州議会が下院議員選挙区の境界を再編成する機会を与えることもできる。この再編成は、次の選挙時に選挙区割りを自党に有利になるよう編成する党派的手法として使われる場合、それを始めた人物の名をとって「ゲリマンダー」と呼ばれている。下院議員選挙区の編成は非常に緩い制限しか設けられていないため、ほぼ全ての世帯ごとの有権者プロフィールを含む「ビッグデータ」を活用すれば、全体的に自党に有利になるよう、容赦なくゲリマンダーすることが可能である。理想的なゲリマンダーは、同じ人口から、対立政党が票の100%を得る少数の地区と、自政党がほんの小さな差で勝てる多くの地区を作ることだ。2010年の選挙後に再編成された下院議員選挙区は、その理想的な地区作成とほぼ一致する。この選挙区再編成は、州議会の選挙区にも影響を与える。また、最近では大統領選挙の選挙人投票も下院議員選挙区によるべきだという共和党案が浮上している。これは実質的に、大統領選挙でもゲリマンダーを行おうという意図である。

10. たとえば、Steven Yaccino and Lizette Alvarez, "New G.O.P. Bid To Limit Voting In Swing States," *NY Times*, 3/29/2014, http://www.nytimes.com/2014/03/30/us/new-gop-bid-to-limit-voting-in-swing-states.html を参照。

11. マサチューセッツ州は、コミュニティー(市町村)レベルで集計を行う州である。マサチューセッツ州に351あるコミュニティーのうち、手で集計した地区は71、光学スキャナーを使用したのは280であった。

12. Jonathan D. Simon, "Believe It (Or Not): The 2010 Massachusetts Special Election For US Senate," [http://electiondefensealliance.org/files/BelieveIt_OrNot_100904.pdf] を参照、Jonathan D. Simon, *CODE RED: Computerized Election Theft and The New American Century: Post - E2012 Edition*, http://www.amazon.com/CODE-RED-Computerized-Election-American-ebook/dp/B00A0QDJP2 として刊行。

13. Rebecca Abrahams, "South Carolina's Democratic Party Denies Rawl's Protest," Huffington Post, 6/18/2010, http://www.huffingtonpost.com/rebecca-abrahams/south-carolina-democratic_b_616775.html を参照。

14. 私が2010年選挙の投票日前に受け取った情報を考慮すると、この数字はさらに奇妙になる。この情報は、カール・ローブの工作陣営に近い情報源から来たもので、カリフォルニア州は比較的厳しい選挙保護規制が敷かれているため、「放っておかれる」ことになったという。案の定、共和党の2010年の大勝利は、カリフォルニアを避けて通ってしまった。カリフォルニア州の下院議席数は非常に大きい53議席であるが、再分配後の増加数は「0」だった。もちろんこれは、共和党が増やした128議席は、残り382議席のプールから獲得したことを意味する（33.5%）。これらの議席の多くは「安全」に勝てるとみなされていた議席だった。その3分の1を獲得した。

15. 「N」は余りにも大きすぎて、このような結果が偶然起きることはまったくありえない。共和党が111の拮抗した選挙の68以上で勝利する確率は、1%であった。また「五分五分」の選挙戦の30を制する確率は、1%の半分（0.004）だった。

16. この最高裁の選挙（Kloppenburg vs. Prosser）の詳細については、次を参照。http://electiondefensealliance.org/files/IrregularitiesinWI-SupremeCourtElectionandRecount.pdf , http://electiondefense-alliance.org/files/MemorandumToLegalTeamRe.Milwaukee-final.pdf

17. "Considering U.S. Elections In The Context Of International Election Standards," http://www.cartercenter.org/news/documents/doc1866.html を参照。

18. 市民グループが行った、この選挙の唯一の出口調査によれば、大規模なレッド・シフトが起こっていた。このような出口調査は、サンプリング及び回答バイアス両方の影響を受けやすいので、証拠としての価値は不明瞭である。より重要な問題は、市民による出口調査が、党派的に管理されたコンピューターがはじき出す秘密の票集計を検証する唯一のチェック機能であるという、この問題に内在する不条理のほうである。

19. 「シチズンズ・ユナイテッド対連邦選挙委員会」判決は、2010年に連邦最高裁判所で5対4で判定された。この判決により、企業からの事実上無制限の選挙献金に水門が開かれたと言われている。ほとんどの場合、資金源の企業は公表されない。http://en.wikipedia.org/wiki/Citizens_

United_v._Federal_Election_Commission を参照。

20. ウォーカーの選挙とその影響についての詳細な説明は http://electiondefensealliance.org/?q=WisconsinRecall を参照。

21. 出口調査や選挙前の世論調査は、どちらもそれぞれの立場から、公的な選挙結果に責任があることに我々は留意すべきだ。これらの結果がゆがめられれば、汚染されたフィードバック・ループの一部となってしまう。出口調査の場合、生の回答データは、調査担当者の最高の推計に基づく有権者の構成に沿って、層別化されなければならない（単純化になるが、あるサンプルの中で、X％の民主党、Y％の共和党、p％の白人、q％の非白人というように）。もちろん、この層別化は世論調査の結果に影響を与えるため、前回選挙の出口調査の人口動態割合に強く依存することになる。しかし、その目的で使用された前回選挙の出口調査は、**前回選挙の公式投票集計と一致するように「修正」されたものだ**（これは標準的な実務慣行である。理論上、公式の投票集計は疑いなく正確であるため、出口調査が投票集計と一致しなければ、出口調査のほうが不正確に違いないとされる。それは結果だけでなく、その人口動態に関しても同様である）。
従って（また少し単純化すると）、もし前回選挙で公式の投票集計と一致させるため、出口調査結果に5％右寄りシフトの「修正」が必要であった場合、そのシフトは出口調査の人口動態にも同様に反映されているはずである（たとえば、共和党％／民主党％）。そしてそのシフトが、今回の出口調査の層別化にも反映されている。従って、出口調査の結果は右寄りにシフトする。前回選挙のX％のレッド・シフトは事実上、今回の選挙のX％の改竄をカバーしてしまい、前回のレッド・シフトがなければ発生していたはずの公式投票集計と出口調査の間の差異を消してしまったのだ。つまり、もし今回の選挙で前回以上の改竄が行われていなければ、出口調査を基準値とする限り、票の操作はまったくなかったように見える。

22. 2012年選挙は、過去100年間で4回だけ起こった「獲得票では勝ったのに下院議員選で負けた」選挙の一つだ。

23. たとえば、Steven Yaccino and Lizette Alvarez, "New G.O.P. Bid To Limit Voting In Swing States", *NY Times*, 3/29/2014, http://www.nytimes.com/2014/03/30/us/new-gop-bid-to-limit-voting-in-swing-states.html

24. Minnite, L: *The Myth of Voter Fraud*, Cornell University Press 2010, http://www.amazon.com/Myth-Voter-Fraud-Lorraine-Minnite/dp/0801448484/、及び Mayer J: "The Voter-Fraud Myth,"

The New Yorker (10/29/2012), http://www.newyorker.com/reporting/2012/10/29/121029fa_fact_mayer を参照。

25. ここにあげられた例、及びその他の投票抑圧戦略については http://www.sourcewatch.org/index.php/Voter_suppression を参照。

26. このメッセージはまったく実を結ばず、現在見られる動きは「インターネット投票」に向かっているようである。サイバースペースの闇をさらに暗黒にしようと言わんばかりだ。インターネット投票は、おなじみのインサイダー詐欺と、地球上の全てのハッカーの両方に選挙を公開するようなものだ。非常に洗練された「セキュリティ」システムでさえも、大手小売業者や金融機関、ペンタゴンや国際通貨基金（IMF）を彼らから保護することに失敗している。また、最近暴露された国家安全保障局（NSA）の能力とその行動傾向を考慮すると、秘密投票は実質的に終止符を打たれる恐れがある。もしかしたら、インターネット投票で「誰でも操作の仕掛けができる」選挙になったとしたら、将来の不正操作仕掛人と「条件が公平になる」かもしれない。だがそうなったとして、セキュリティや選挙の高潔性が改善されることと混同されてはならない。

■訳者について

大竹秀子（おおたけ・ひでこ）ライター、エディター
「デモクラシー・ナウ！ ジャパン」編集委員。ブログに「アフリカンアメリカン・フォーカス ブログ篇」(aafocusblog.blogspot.jp)、「アフリカン・ディアスポラ・ナウ from NY」(africandiasporanow.blogspot.jp)がある。ニューヨーク在住。

桜井まり子（さくらい・まりこ）翻訳者
NPO法人自立生活センターグッドライフ所属。「デモクラシー・ナウ！ ジャパン」運営委員。パレスチナの子どもの里親運動会員。共訳書に『民衆が語る貧困大国アメリカ　不自由で不平等な福祉小国の歴史』（明石書店）がある。ブログに“Transcribing Noam Chomsky's talks”(readingchomsky.blogspot.jp)がある。東京在住。

関房江（せき・ふさえ）リサーチャー、翻訳者
在ニューヨーク歴21年。投資銀行、商業銀行、証券会社勤務を経て、現在フリーランス。「デモクラシー・ナウ！ ジャパン」運営委員。東京在住。

不正選挙
電子投票とマネー合戦がアメリカを破壊する

2014年7月23日　第1版第1刷発行

編著者　マーク・クリスピン・ミラー
訳　者　大竹秀子／桜井まり子／関房江
発行者　株式会社亜紀書房
郵便番号 101-0051
東京都千代田区神田神保町 1−32
電話 03−5280−0261
http://www.akishobo.com
振替　00100-9-144037
印　刷　株式会社トライ　http://www.try-sky.com
ブックデザイン　藤田知子

ISBN978-4-7505-1411-6 C0030